Helms/Zeppernick

Sachenrecht I

AF532593

Sachenrecht I

Mobiliarsachenrecht

von

Dr. Tobias Helms
o. Professor
an der Philipps-Universität Marburg

und

Dr. Jens Martin Zeppernick, MBA
Präsident
des Landgerichts Heidelberg

6. Auflage 2024

beck.de

ISBN 978 3 406 82544 6

© 2024 Verlag C.H.Beck oHG
Wilhelmstraße 9, 80801 München
Druck: Beltz Grafische Betriebe GmbH,
Am Fliegerhorst 8, 99947 Bad Langensalza

Satz: DTP-Vorlagen der Autoren
Umschlag: Druckerei C.H.Beck Nördlingen

chbeck.de/nachhaltig

Gedruckt auf säurefreiem, alterungsbeständigem Papier
(hergestellt aus chlorfrei gebleichtem Zellstoff)

Alle urheberrechtlichen Nutzungsrechte bleiben vorbehalten.
Der Verlag behält sich auch das Recht vor, Vervielfältigungen dieses
Werkes zum Zwecke des Text and Data Mining vorzunehmen.

Vorwort

Der erfreuliche Zuspruch, den unser Sachenrecht I (Mobiliarsachenrecht) nach wie vor erfährt, hat wieder eine Neuauflage erforderlich gemacht. Diese nutzen wir, um einige aktuelle Fragestellungen aufzugreifen, die wir für prüfungsrelevant halten. Dazu gehört etwa die Grundsatzentscheidung des Bundesgerichtshofs zur Blockade internetfähiger Güter (z.B. Elektroautos oder internetfähige Haushaltsgeräte) im Wege des digitalen Fernzugriffs. An der Konzeption als solches haben wir – auch nach den positiven Reaktionen auf die ersten fünf Auflagen – nichts verändert. Mit den Bänden Sachenrecht I und II aus der Reihe „Jurakompakt – Studium und Referendariat" sollen sich Studierende gezielt auf die Prüfungen vorbereiten können. Deshalb legen wir den Schwerpunkt auf die examens- bzw. prüfungsrelevanten Sachverhalte und klammern andere Themen bewusst aus. Abstrakte Ausführungen zu den allgemeinen Grundlagen haben wir im Einführungskapitel knapp gehalten und gehen stattdessen an den Stellen auf die Themen ein, an denen sie in der Falllösung eine Rolle spielen. Zudem haben wir alle zentralen Fragestellungen mit Beispielen oder Übungsfällen illustriert und Punkte, die aus unserer Lehr- und Prüferfahrung Kandidaten oft Schwierigkeiten bereiten, in grauen Kästen als Prüfungstipps hervorgehoben.

Für die Unterstützung bei der Erstellung der Neuauflage bedanken wir uns sehr herzlich bei Frau Madleen Kreis, studentische Hilfskraft an der Universität Marburg.

Für Anregungen, Kritik und Feedback jeder Art sind wir nach wie vor sehr dankbar. Sie erreichen uns per E-Mail unter:

helms@jura.uni-marburg.de

Marburg und Mannheim, im Juli 2024

Tobias Helms
Jens Martin Zeppernick

Inhaltsverzeichnis

Abkürzungsverzeichnis

a.A.	anderer Ansicht
Abs.	Absatz
AcP	Archiv für die civilistische Praxis (Zeitschrift)
a.E.	am Ende
a.F.	alte Fassung
AGB	Allgemeine Geschäftsbedingungen
allg.	allgemein
Alt.	Alternative
Arg.	Argument
AT	Allgemeiner Teil
Aufl.	Auflage
BGB	Bürgerliches Gesetzbuch
BGBl.	Bundesgesetzblatt
BGH	Bundesgerichtshof
BGH GSZ	Bundesgerichtshof, Großer Senat in Zivilsachen
BGHZ	Entscheidungen des Bundesgerichtshofes in Zivilsachen
bzw.	beziehungsweise
ders.	derselbe
d.h.	das heißt
EBV	Eigentümer-Besitzer-Verhältnis
etc.	et cetera
EV	Eigentumsvorbehalt
f., ff.	folgend(e)
FamRZ	Zeitschrift für das gesamte Familienrecht
GbR	Gesellschaft bürgerlichen Rechts
gem.	gemäß
GewO	Gewerbeordnung
ggf.	gegebenenfalls
Ggs.	Gegensatz
GmbH	Gesellschaft mit beschränkter Haftung
GoA	Geschäftsführung ohne Auftrag
grds.	grundsätzlich
HGB	Handelsgesetzbuch
h.L.	herrschende Lehre
h.M.	herrschende Meinung
Hs.	Halbsatz
i.d.R.	in der Regel
i.H.v.	in Höhe von
InsO	Insolvenzordnung
i.S.v.	im Sinne von

i.V.m.	in Verbindung mit
JA	Juristische Arbeitsblätter
JR	Juristische Rundschau
Jura	Juristische Ausbildung (Zeitschrift)
JuS	Juristische Schulung (Zeitschrift)
KG	Kommanditgesellschaft
KrW-/AbfG	Kreislaufwirtschafts- und Abfallgesetz
lat.	lateinisch
LG	Landgericht
Ls.	Leitsatz
MüKo	Münchener Kommentar zum Bürgerlichen Gesetzbuch
m.w.N.	mit weiteren Nachweisen
NJW	Neue Juristische Wochenschrift
NJW-RR	Neue Juristische Wochenschrift – Rechtsprechungs-Report
OHG	Offene Handelsgesellschaft
OLG	Oberlandesgericht
RGZ	Entscheidungen des Reichsgerichts in Zivilsachen
Rn.	Randnummer
Rspr.	Rechtsprechung
S.	Satz; Seite
s.o.	siehe oben
sog.	so genannt
str.	streitig
u.a.	unter anderem
unstr.	unstreitig
usw.	und so weiter
v.a.	vor allem
Var.	Variante
vgl.	vergleiche
Vorbem.	Vorbemerkung
z.B.	zum Beispiel
ZJS	Zeitschrift für das Juristische Studium
ZPO	Zivilprozessordnung

Literaturverzeichnis

Baur/Stürner .... Sachenrecht, 18. Aufl. 2009
Baur/Stürner/Bruns .... Zwangsvollstreckungsrecht, 14. Aufl. 2022
Canaris .... Handelsrecht, 24. Aufl. 2006
Erman .... Bürgerliches Gesetzbuch, 17. Aufl. 2023
Gerhardt .... Mobiliarsachenrecht, 5. Aufl. 2000
Grüneberg .... Bürgerliches Gesetzbuch, 83. Aufl. 2024
Gursky/Thöne .... 20 Probleme aus dem BGB – Sachenrecht, Das Eigentümer-Besitzer-Verhältnis, 10. Aufl. 2024
Helms .... Erbrecht, 8. Aufl. 2024
Helms/Zeppernick .... Sachenrecht II (Immobiliarsachenrecht), 5. Aufl. 2022
Koch/Löhnig .... Fälle zum Sachenrecht, 7. Aufl. 2022
Larenz/Canaris .... Lehrbuch des Schuldrechts Band II/2: Besonderer Teil, 13. Aufl. 1994
Medicus/Petersen .... Bürgerliches Recht, 29. Aufl. 2023
MüKo .... Münchener Kommentar zum Bürgerlichen Gesetzbuch,
Band 1, Allgemeiner Teil, 9. Aufl. 2021
Band 4, Schuldrecht BT I, 8. Aufl. 2019
Band 8, Sachenrecht, 9. Aufl. 2023
Band 9, Familienrecht, 9. Aufl. 2022
Neuner .... Sachenrecht, 7. Aufl. 2024
Prütting .... Sachenrecht, 38. Aufl. 2024
Soergel .... Bürgerliches Gesetzbuch, Band 22, Sachenrecht 1, 14. Aufl. 2023
Staudinger .... Kommentar zum Bürgerlichen Gesetzbuch, Stand: 13. Aufl. 1994 ff.
Vieweg/Röthel .... Fälle zum Sachenrecht, 5. Aufl. 2021
Vieweg/Lorz .... Sachenrecht, 9. Aufl. 2022
Westermann/Gursky/ .. Eickmann .... Sachenrecht, 8. Aufl. 2011
Wieling .... Sachenrecht, Band 1, 2. Aufl. 2006
Wieling/Finkenauer .... Sachenrecht, 6. Aufl. 2020
Wilhelm .... Sachenrecht, 7. Aufl. 2021
Wellenhofer .... Sachenrecht, 39. Aufl. 2024
Zöller .... Zivilprozessordnung, 35. Aufl. 2024

Kapitel 1. Sachenrechtliche Grundlagen

A. Grundbegriffe

I. Sachenrecht

Das Sachenrecht ist im dritten Buch des BGB geregelt (§§ 854–1296 BGB). Gegenstand des Sachenrechts sind in erster Linie die sog. **dinglichen Rechte**, das sind die Rechte, die unmittelbar an beweglichen Sachen (Mobilien) oder unbeweglichen Sachen (Immobilien) bestehen. Neben dem Eigentum als Vollrecht gehören zu den dinglichen Rechten auch die sog. beschränkten dinglichen Rechte, die dem Berechtigten nur ein vom Vollrecht abgespaltenes Teilrecht zuweisen und vor allem im Immobiliarsachenrecht eine große Rolle spielen (etwa Hypothek (§§ 1113 ff. BGB) oder Grundschuld (§§ 1191 ff. BGB)). Das Mobiliarsachenrecht kennt als beschränkte dingliche Rechte das Pfandrecht (§§ 1204 ff. BGB) und den Nießbrauch (§§ 1030 ff. BGB). 1

Beispiel: Der Eigentümer eines Autos hat die umfassende rechtliche Herrschaft über den Wagen (§ 903 S. 1 BGB), er darf ihn beispielsweise nutzen, als Kreditsicherheit verpfänden oder das Eigentum übertragen. Räumt der Eigentümer einem Dritten einen Nießbrauch am PKW ein, überträgt er ihm die Nutzungsmöglichkeit (§ 1030 Abs. 1 BGB), bleibt aber in seinen sonstigen Eigentümerrechten unbeschränkt. Das bedeutet, dass er den PKW nach wie vor einem Dritten übereignen kann, während der Nießbrauchsberechtigte den PKW zwar fahren (= nutzen) darf, aber etwa zur Eigentumsübertragung nicht berechtigt ist.

Dingliche Rechte basieren auf einer **unmittelbaren Rechtsbeziehung zu einer Sache** und wirken gegenüber jedermann (erga omnes), so dass sie zu den absoluten Rechten zählen, die etwa durch §§ 823 ff. BGB und § 1004 BGB (vgl. Rn. 191 ff.) geschützt werden. Demgegenüber wirken schuldrechtliche Rechtsbeziehungen lediglich inter partes, d.h. sie begründen Ansprüche grundsätzlich nur zwischen den Parteien des Schuldverhältnisses (sog. Relativität von Schuldverhältnissen). 2

Beispiel: V schließt mit K einen Kaufvertrag über ein Auto. Noch bevor K das Eigentum übertragen wird, verkauft und übereignet V das Auto an D, der die Hintergründe genau kennt. Weder D noch V haften K aus § 823 Abs. 1 BGB auf Schadensersatz. Denn dafür müsste ein absolutes Recht des K (z.B. Eigentum) verletzt worden sein. K hat jedoch lediglich einen schuldrechtlichen Anspruch gegen V aus § 433 Abs. 1 S.1 BGB auf Übergabe und Übereignung des Autos. Weil V diese Verpflichtung verletzt hat, haftet er allerdings nach §§ 280 ff. BGB.

II. Sache

3 Sachen sind nach der Legaldefinition des § 90 BGB **körperliche Gegenstände**, also Objekte, die tatsächlich greifbar und beherrschbar sind. Sachen können **bewegliche (= Mobilien) oder unbewegliche körperliche Gegenstände (= Immobilien)** sein. Keine Sachen sind beispielsweise Forderungen, Urheberrechte, Patentrechte oder Gesellschaftsanteile. Auch Tiere sind gem. § 90a S. 1 BGB keine (beweglichen) Sachen, doch finden gem. § 90a S. 3 BGB grundsätzlich die für Sachen geltenden Vorschriften entsprechende Anwendung.

Abgetrennte Teile des menschlichen Körpers (etwa zur künstlichen Befruchtung gewonnene Ei- oder Samenzellen) sind nur dann als Sachen anzusehen, wenn sie nicht wieder in den Körper des Betroffenen eingegliedert werden sollen (z.B. fremdbestimmte Blutspende im Gegensatz zur Eigenblutspende).

4 Sachen gehören neben Rechten zu den **Rechtsobjekten**. Diesen stehen die **Rechtssubjekte** (= Träger von Rechten und Pflichten) gegenüber, das sind die natürlichen und juristischen Personen sowie die rechtsfähigen Personengesellschaften (vgl. § 14 Abs. 1 BGB). Das im dritten Buch des BGB normierte Sachenrecht beschäftigt sich in erster Linie mit Sachen i.S.v. § 90 BGB. In Ausnahmefällen können auch Rechte (= unkörperliche Gegenstände) Objekte von Sachenrechten sein, (einzige) Beispiele sind der Nießbrauch an Rechten (§§ 1068 ff. BGB) und das Pfandrecht an Rechten (§§ 1273 ff. BGB).

III. Eigentum und Besitz

5 Im Alltagssprachgebrauch wird vielfach nicht exakt zwischen Eigentum und Besitz unterschieden. Wer etwa sagt, er besitze ein Grundstück, will damit im Regelfall zum Ausdruck bringen, dass ihm das Grundstück gehört, er demnach – juristisch gesehen – dessen Eigentümer ist. **Eigentum ist das umfassende Herrschaftsrecht über eine Sache**. Dem Eigentümer steht gem. § 903 S. 1 BGB die Befugnis zu, mit seiner Sache nach Belieben zu verfahren und andere von jeder Einwirkung auszuschließen.

6 Vom Eigentum als Recht an der Sache ist der Besitz zu unterscheiden. Gem. §§ 854 ff. BGB ist **Besitzer derjenige, der die tatsächliche Gewalt** über die Sache ausübt (sog. Sachherrschaft). Beim Besitz handelt es sich demnach um eine rein faktische Position, denn die Stellung als Besitzer besteht unabhängig davon, ob dem Betreffenden ein Recht zum Besitz zusteht. Danach ist auch der Dieb ein Besitzer.

IV. Miteigentum und Gesamthandseigentum

7 Eigentümer einer Sache können auch mehrere Personen gemeinsam sein. Beim **Miteigentum** steht das Eigentumsrecht den Miteigentümern

gemeinschaftlich zu (sog. Bruchteilseigentum nach §§ 1008 ff. BGB). Doch gehört den Miteigentümern damit kein reales Teilstück der Sache (etwa die untere Etage eines zweistöckigen Hauses), vielmehr steht jedem Miteigentümer ein ideeller Bruchteil des Eigentumsrechts an der gesamten Sache zu. Miteigentümer bilden eine Bruchteilsgemeinschaft, die in §§ 741 ff. BGB allgemein geregelt ist, ergänzende Vorschriften speziell für Miteigentümer enthalten §§ 1008 ff. BGB. Jeder Miteigentümer kann gem. § 747 S. 1 BGB über seinen Miteigentumsanteil selbständig verfügen. Es gelten die gleichen Vorschriften wie für die Verfügung über Alleineigentum. Über die gesamte Sache können die Miteigentümer nur gemeinschaftlich verfügen (§ 747 S. 2 BGB).

Demgegenüber steht den Mitgliedern einer **Gesamthandsgemeinschaft** (Erbengemeinschaft nach §§ 2032 f. BGB, Gütergemeinschaft nach §§ 1416, 1419 BGB) kein Miteigentumsanteil an den Gegenständen zu, die zum Gesamthandsvermögen gehören. Daher bestimmen § 1419 Abs. 1 und § 2033 Abs. 2 BGB, dass ein Gesamthänder über „seinen Anteil“ an den „einzelnen Gegenständen“ nicht verfügen kann. Das Eigentum am Gesamthandsvermögen steht vielmehr ungeteilt der Gesamthandsgemeinschaft zu. Demgemäß gehört den Gesamthändern kein Anteil an den einzelnen Gegenständen, sondern nur ein Anteil an der Gesamthandsgemeinschaft (vgl. § 2033 Abs. 1 S. 1 BGB). 8

V. Verfügung

Ein zentraler Begriff des Sachenrechts ist die „Verfügung“ (vgl. etwa §§ 185, 816 Abs. 1 S. 1, 878, 883 Abs. 2, 893 BGB). Darunter versteht man ein Rechtsgeschäft, durch das **unmittelbar auf ein bestehendes Recht eingewirkt wird**, sei es durch Übertragung, Belastung, Inhaltsänderung oder Aufhebung. 9

> Die Definition der Verfügung ist von so zentraler Bedeutung, dass Sie diese auswendig lernen sollten. Die vier Verfügungstatbestände können aus **§ 873 Abs. 1** („Übertragung“ und „Belastung“), **§ 875 Abs. 1** („Aufhebung“) und **§ 877 BGB** („Rechtsänderung“) abgelesen werden.

Gegenbegriff zur Verfügung ist das **Verpflichtungsgeschäft.** Dieses begründet lediglich schuldrechtliche Verpflichtungen der Parteien, etwa dergestalt, dass sich die eine Seite zur Vornahme einer bestimmten Verfügung (z.B. Eigentumsübertragung) verpflichtet. Zum Beispiel verpflichtet sich der Verkäufer gem. § 433 Abs. 1 S. 1 BGB durch den Abschluss des Kaufvertrags (= Verpflichtungsgeschäft), dem Käufer das Eigentum an der Kaufsache Zug um Zug gegen Zahlung des Kaufpreises 10

(§ 433 Abs. 2 BGB) zu verschaffen. Will der Verkäufer seiner Verpflichtung nachkommen, muss er dem Käufer das Eigentum gem. §§ 929 ff. BGB übereignen (= Verfügung oder Verfügungsgeschäft).

B. Grundprinzipien des Sachenrechts

11 Auf einige Grundprinzipien des Sachenrechts wird an verschiedenen Stellen dieses Buches immer wieder Bezug genommen:

Trennungs-prinzip	Durch den Abschluss eines schuldrechtlichen Verpflichtungsvertrags wie eines Kauf-, Schenkungs- oder Tauschvertrags geht das Eigentum am versprochenen Objekt noch nicht auf den Vertragspartner über, vielmehr wird hierdurch lediglich eine entsprechende Verpflichtung begründet (vgl. §§ 433 Abs. 1 S. 1, 480, 516, 518 BGB). Die dingliche Rechtsänderung **vollzieht sich getrennt** durch ein selbständiges Rechtsgeschäft (Verfügung, z.B. Übereignung von Mobilien: §§ 929 ff. BGB) – vgl. ausführlich Rn. 24 f.
Abstraktions-prinzip	Ist das schuldrechtliche Kausalgeschäft (etwa der Kaufvertrag) nichtig, hat das keine Auswirkungen auf die **Wirksamkeit** eines dinglichen Verfügungsgeschäfts (etwa die Eigentumsübertragung) – vgl. ausführlich Rn. 26 ff.
Spezialitäts-grundsatz	Dingliche Rechte sowie Verfügungen beziehen sich immer auf **einzelne Gegenstände**, eine Übereignung von Sachgesamtheiten ist nicht möglich. *Beispiel:* Wird ein Kaufpreis in Höhe von 1,01 € bar bezahlt, werden die Münzen (etwa 1-Euro- und 1-Cent-Stück) durch zwei getrennte Verfügungen übereignet – vgl. Rn. 62 und 268.
Bestimmtheits-grundsatz	Dingliche Rechtsgeschäfte müssen wegen ihrer Wirkung gegenüber jedermann inhaltlich so bestimmt sein, dass **auch Dritte erkennen können**, auf welches Objekt sie sich beziehen – vgl. Rn. 60, 62 und 268 ff.
Typenzwang	Die dinglichen Rechte an Sachen (Eigentum und beschränkte dingliche Rechte) sind **gesetzlich abschließend normiert** (sog. numerus clausus der Sachenrechte). Die Vereinbarung eines neuartigen Sachenrechtstypus ist daher nicht möglich. Anders als im Schuldrecht besteht im Sachenrecht insofern keine Gestaltungsfreiheit.

Publizitäts-prinzip	Das Gesetz stellt grundsätzlich sicher, dass die Bestellung und Übertragung dinglicher Rechte in einer nach außen erkennbaren Weise offenkundig wird. Publizitätsmittel ist im Mobiliarsachenrecht der **Besitz**, im Immobiliarsachenrecht die **Eintragung im Grundbuch**.

Das **Publizitätsprinzip**, das im Mobiliarsachenrecht an den äußeren Tatbestand des Besitzes anknüpft, lässt sich in drei Aspekte auffächern: Nach § 1006 BGB gilt zugunsten des Besitzers einer beweglichen Sache eine **Eigentumsvermutung**. Außerdem setzt die Übereignung beweglicher Sachen nach § 929 S. 1 BGB grundsätzlich die Übergabe, d.h. die Übertragung des Besitzes voraus (sog. **Traditionsprinzip**), Ausnahmen: §§ 930, 931 BGB. Für den Erwerb vom Nichtberechtigten ist der Besitz zentrale Legitimationsgrundlage: Einen **gutgläubigen Erwerb** ermöglichen §§ 932 ff. BGB nur dann, wenn der Verfügende seine Besitzposition vollständig auf den Erwerber überträgt (vgl. Rn. 95). 12

C. Besitzarten

Die verschiedenen Besitzarten werden in erster Linie bei der Prüfung eines Eigentumserwerbs relevant und werden deshalb im Zusammenhang mit §§ 929 ff. BGB anhand zahlreicher Beispielsfälle verdeutlicht, vgl. Rn. 40 ff. Im Folgenden werden zunächst die allgemeinen Grundlagen „vor die Klammer" gezogen. 13

I. Unmittelbarer Besitz, § 854 BGB

Gemäß § 854 Abs. 1 BGB wird der Besitz einer Sache durch die Erlangung der tatsächlichen Gewalt über die Sache erworben – sog. unmittelbarer Besitz. Diese **tatsächliche Sachherrschaft** setzt i.d.R. eine erkennbare räumliche und auf gewisse Dauer angelegte Beziehung zur Sache voraus, die es dem Besitzer ermöglicht, ungehindert auf sie einzuwirken; entscheidend ist insofern die Verkehrsauffassung. 14

Beispiele: Ein Mieter hat die Sachherrschaft über alle Gegenstände, die sich in seiner Mietwohnung befinden, auch wenn er sich dort gerade nicht aufhält. Nach der Verkehrsauffassung hat ein Ladeninhaber die Sachherrschaft über Waren, die vor Ladenöffnung an der Ladentür abgestellt werden (BGH JR 1968, 106).

Außerdem ist ein **Besitzbegründungswille** erforderlich, der nicht rechtsgeschäftlicher, sondern tatsächlicher Natur ist, so dass ihn z.B. auch Geschäftsunfähige haben können. Ausreichend ist ein genereller

Besitzbegründungswille: Es wird z.B. angenommen, dass ein Grundstückseigentümer Besitzbegründungswillen bezüglich der Gegenstände hat, die auch ohne sein Wissen „auf normalem Wege" auf sein Grundstück gelangen (*Beispiel:* Paket wird vor seiner Haustür abgestellt).

Gemäß § 856 Abs. 1 BGB endet der Besitz, wenn der Besitzer die tatsächliche Sachherrschaft (willentlich) aufgibt oder in anderer Weise verliert. Tritt eine **bloße Lockerung der räumlichen Beziehung** ein, bleibt nach der Verkehrsauffassung der unmittelbare Besitz aber bestehen (vgl. auch § 856 Abs. 2 BGB).

Beispiele: Der Eigentümer eines PKW, der seinen Wagen auf einem Parkplatz abstellt, behält nach der Verkehrsauffassung die Sachherrschaft. Ebenso bleibt Jurastudent J Besitzer, wenn er realisiert, dass er seinen Gesetzestext im Hörsaal hat liegen lassen. Anders wäre der Fall allerdings zu bewerten, wenn J nicht mehr wüsste, wo er sein Buch verloren hat (§ 856 Abs. 1 Alt. 2 BGB).

Unmittelbarer Besitzer (§ 854 Abs. 1 BGB)
• tatsächliche Sachherrschaft
• Besitzwille

15 Ausnahmsweise genügt gem. § 854 Abs. 2 BGB die **Einigung** des bisherigen Besitzers und des Erwerbers zum Erwerb des Besitzes, wenn der Erwerber in der Lage ist, die Gewalt über die Sache auszuüben. Hierfür muss die Herrschaftsbeziehung des unmittelbaren Besitzers zur Sache so gelockert sein, dass der Erwerber die ungehinderte Möglichkeit zur Ausübung der tatsächlichen Sachherrschaft hat – **sog. offener Besitz** (*Standardbeispiel:* die an der Wirtshaustheke vereinbarte „Übertragung" geschlagener Holzstämme im Wald oder eines Pfluges auf dem Feld). Wichtig ist, dass es sich bei dieser Einigung um eine **rechtsgeschäftliche Erklärung** handelt, auf die die allgemeinen Regeln über Willenserklärungen (z.B. auch Stellvertretung gem. §§ 164 ff. BGB) Anwendung finden. Vgl. dazu im Zusammenhang mit der Eigentumsübertragung nach § 929 S. 1 BGB Rn. 45.

II. Besitzdiener, § 855 BGB

16 Die tatsächliche Sachherrschaft, die Voraussetzung für den Erwerb und den Fortbestand unmittelbaren Besitzes ist, kann durch den Besitzer selbst oder gem. § 855 BGB durch einen Besitzdiener ausgeübt werden. Nach § 855 BGB muss der Besitzdiener den „Weisungen" des Besitzherrn unterworfen sein. Allgemein lässt sich definieren: **Besitzdiener ist, wer die tatsächliche Sachherrschaft im Rahmen eines äußerlich erkennba-**

ren sozialen Abhängigkeitsverhältnisses („Haushalt oder Erwerbsgeschäft oder in einem ähnlichen Verhältnis") **für einen anderen ausübt**. Die Ausübung der tatsächlichen Gewalt für einen anderen ist allein nach objektiven Kriterien zu beurteilen, ein besonderer Besitzdienerwille ist nicht erforderlich. Daher ist der Entschluss des Besitzdieners, die tatsächliche Gewalt nicht mehr für den Besitzherrn auszuüben, selbst dann unbeachtlich, wenn dieser Wille nach außen erkennbar hervortritt (*Beispiel:* Barkeeper stellt eine Flasche Wodka beiseite, aus der er sich während der Arbeit heimlich bedient). Demgegenüber wird die Stellung als Besitzdiener aufgegeben, wenn die Sache der Herrschaftsgewalt des Besitzherrn entzogen wird (*Beispiel:* Barkeeper nimmt Flasche Wodka für den Eigenkonsum mit nach Hause).

Beispiele für Besitzdiener: Mitarbeiter, Hausangestellte; **Gegenbeispiele:** Werkunternehmer, selbständiger Transportunternehmer, Ehegatte (jeweils kein soziales Abhängigkeitsverhältnis).

Besitzdiener (§ 855 BGB)
• äußerlich erkennbares soziales Abhängigkeitsverhältnis
• Ausübung der tatsächlichen Sachherrschaft im Rahmen dieses Verhältnisses

Nach § 855 BGB ist nur der Besitzherr (unmittelbarer) Besitzer – vgl. Wortlaut: „so ist nur der andere Besitzer". **Der Besitzdiener hat dagegen keinerlei Besitz an der Sache.** Zentrale Bedeutung hat die Figur des Besitzdieners, wenn es um die Übergabe i.S.d. §§ 929 ff. BGB (Rn. 43 f.) und das Abhandenkommen i.S.d. § 935 BGB (Rn. 100) geht.

III. Mittelbarer Besitz, § 868 BGB

Mittelbarer Besitz liegt nach der Legaldefinition des § 868 BGB dann **17** vor, wenn der unmittelbare Besitzer (= **Besitzmittler**) eine Sache aufgrund eines Rechtsverhältnisses zu einem anderen besitzt, aufgrund dessen er diesem anderen (= **mittelbaren Besitzer**) gegenüber auf Zeit zum Besitz berechtigt oder verpflichtet ist (vgl. die in § 868 BGB ausdrücklich aufgeführten Beispiele). Mittelbarer Besitz ist also hierarchisch gestufter Besitz: Hierbei übt derjenige, der die unmittelbare Sachherrschaft innehat, diese im Interesse eines anderen (des Oberbesitzers = mittelbaren Besitzers) aus. Der mittelbare Besitzer hat zwar keine uneingeschränkte tatsächliche Sachherrschaft, doch existiert aufgrund des zwischen ihm und dem unmittelbaren Besitzer bestehenden Rechtsverhältnisses eine Art vergeistigte Sachherrschaft (*Westermann/Gursky/Eickmann*, § 17 Rn. 6), die nach § 868 a.E. BGB **wie normaler Besitz zu behandeln** ist. Im Unterschied zum Besitzdiener steht der Besitzmittler nicht in einem sozialen Abhängigkeitsverhältnis, er ist nicht „verlängerter Arm“ eines anderen, sondern selbst unmittelbarer Besitzer.

Zentrale Bedeutung hat der mittelbare Besitz für die Eigentumsübertragung nach §§ 929 S. 1, 930 BGB. Nach **§ 930 BGB** kann die Übergabe i.S.v. § 929 S. 1 BGB durch Vereinbarung eines Besitzkonstituts ersetzt werden, kraft dessen der Erwerber mittelbaren Besitz erlangt (Rn. 58 ff.).

18 Im Einzelnen ergeben sich folgende Voraussetzungen für die Annahme mittelbaren Besitzes:

(1) Es gibt einen **unmittelbaren Besitzer** i.S.v. § 854 Abs. 1 BGB (= Besitzmittler).

(2) Zwischen Besitzmittler und mittelbarem Besitzer besteht ein Rechtsverhältnis, aufgrund dessen der unmittelbare Besitzer auf Zeit zum Besitz berechtigt oder verpflichtet ist (= **Besitzmittlungsverhältnis oder Besitzkonstitut**). § 868 BGB nennt als Beispielsfälle den Nießbrauch, das Pfandrecht, die Pacht, die Miete und die Verwahrung. Außer den ausdrücklich genannten Rechtsverhältnissen kommen als „ähnliche Verhältnisse“ z.B. in Betracht: der Besitz aufgrund einer Leihe, eines Auftrags, Lagerhaltungsvertrags oder Kaufvertrags beim Verkauf unter Eigentumsvorbehalt. Es muss sich dabei um ein **konkretes Rechtsverhältnis** handeln, d.h. eine feststellbare schuldrechtliche Vereinbarung, aus der sich vor allem ergibt, unter welchen Voraussetzungen Herausgabe verlangt werden kann. Nicht ausreichend ist die abstrakte Abrede, für einen anderen zu besitzen (vgl. Rn. 62).

Ist das Besitzmittlungsverhältnis **nichtig**, kann dies für die Besitzlage unschädlich sein: Entscheidend dafür, dass gleichwohl mittelbarer Besitz besteht, ist zunächst das Vorliegen (irgend)eines Herausgabeanspruchs seitens des mittelbaren Besitzers gegen den unmittelbaren Besitzer (z. B. §§ 812, 823 BGB), weil dann die Berechtigung nur „auf Zeit“ besteht. Außerdem muss das (vermeintliche) Rechtsverhältnis vom unmittelbaren Besitzer tatsächlich geachtet werden, so dass das subjektive Tatbestandsmerkmal erfüllt ist (dazu sogleich unter (3)). Denn genau so wie der unmittelbare Besitz, ist auch der mittelbare Besitz eine Beziehung tatsächlicher Art und kein Rechtsverhältnis.

(3) Der unmittelbare Besitzer hat sog. **Fremdbesitzerwillen** („besitzt ... als“), d.h. er erkennt die bessere Berechtigung des Oberbesitzers

(= mittelbaren Besitzers) an und hat den Willen, den Besitz in dessen Interesse auszuüben. Der Besitzmittler ist damit **Fremdbesitzer** im Unterschied zum Eigenbesitzer i.S.v. § 872 BGB, der eine Sache als ihm selbst gehörend, also wie ein Eigentümer, besitzt. Fremdbesitzerwille kann bei Bestehen eines Besitzmittlungsverhältnisses vermutet werden, solange der Besitzmittler den Fremdbesitzerwillen nicht äußerlich erkennbar aufgibt, etwa indem er deutlich macht, in Zukunft für eine andere Person oder für sich selbst besitzen zu wollen.

Beispiel: M mietet von V einen LKW. M ist damit unmittelbarer Besitzer und V mittelbarer Besitzer i.S.v. § 868 BGB („als … Mieter"). Hieran ändert sich auch dann nichts, wenn M später beschließt, den LKW zu unterschlagen. Bietet M jedoch dem D den LKW zum Kauf an, hat M seinen Fremdbesitzerwillen äußerlich erkennbar aufgegeben und der mittelbare Besitz von V entfällt.

Mittelbarer Besitzer (§ 868 BGB)
• unmittelbarer Besitz eines anderen (= Besitzmittler)
• Besitzmittlungsverhältnis i.S.v. § 868 BGB – rechtliche Unwirksamkeit unschädlich, soweit Herausgabeanspruch besteht
• Fremdbesitzerwille des Besitzmittlers

Nach § 871 BGB ist auch mehrstufiger mittelbarer Besitz möglich. 19

Beispiel: V vermietet eine Wohnung an M, der sie an U untervermietet. U ist unmittelbarer Besitzer i.S.v. § 854 Abs. 1 BGB, M ist nach § 868 BGB mittelbarer Besitzer erster Stufe und V nach §§ 868, 871 BGB mittelbarer Besitzer zweiter Stufe (vgl. auch Schaubild Rn. 59).

IV. Erbenbesitz, § 857 BGB

Nach § 857 BGB geht der Besitz an Nachlassgegenständen automatisch auf den Erben über, und zwar in der Form, in der ihn der Erblasser innehatte: War der Erblasser unmittelbarer Besitzer, geht der unmittelbare Besitz, war der Erblasser mittelbarer Besitzer, geht der mittelbare Besitz auf den Erben über. Hierbei handelt es sich im Grunde um eine Fiktion, weil nicht vorausgesetzt wird, dass der Erbe etwa gem. § 854 Abs. 1 BGB die tatsächliche Sachherrschaft über den Nachlassgegenstand erlangt oder der Besitzmittler (§ 868 BGB) den Willen hat, nunmehr dem Erben den Besitz zu mitteln. Bedeutung erlangt diese Regelung in erster Linie **im Zusammenhang mit § 935 BGB:** Veräußert ein 20

Nichterbe eine Nachlasssache an einen Dritten, ist diese dem Erben abhandengekommen, so dass gutgläubiger Erwerb (§§ 932 ff. BGB) ausscheidet (vgl. Rn. 98).

V. Besitz bei juristischen Personen und rechtsfähigen Personengesellschaften

21 Juristische Personen können selbst Besitzer einer Sache sein. Man spricht insofern vom **Organbesitz juristischer Personen,** denn sie üben den Besitz durch ihre Organe (z.B. der Geschäftsführer für die GmbH, der Vorstand für den Verein) aus, diese sind weder Besitzdiener noch Besitzmittler. Damit stehen etwa die Besitzschutzansprüche aus §§ 861 ff. BGB unmittelbar der juristischen Person zu. Demgegenüber sind Angestellte der juristischen Person deren Besitzdiener i.S.v. § 855 BGB. Da die **Personenhandelsgesellschaften** aufgrund ihrer Rechtsfähigkeit gem. §§ 105 Abs. 2, 161 Abs. 2 HGB juristischen Personen weitgehend angenähert sind, gilt der Grundsatz des Organbesitzes auch für die OHG und KG. Ausgeübt wird der Organbesitz der Personenhandelsgesellschaften allein durch ihre geschäftsführungsbefugten Gesellschafter (bei der KG also nur durch die Komplementäre). Da die **Außen-GbR** ebenfalls rechtsfähig ist (§§ 705 Abs. 2 Alt. 1, 719 Abs. 1 BGB), gelten für sie die gleichen Grundsätze wie für die Personenhandelsgesellschaften.

Kapitel 2. Eigentumserwerb vom Berechtigten

A. Übereignung nach § 929 S. 1 BGB

Die rechtsgeschäftliche Übertragung von beweglichen Sachen setzt nach dem Grundtatbestand des § 929 S. 1 BGB voraus, dass der „Eigentümer" dem Erwerber die Sache „übergibt" und beide darüber „einig" sind, dass das Eigentum übergehen soll. Erforderlich sind also (1) eine Einigung, (2) die Übergabe und (3) die Berechtigung des Verfügenden. 22

§ 929 S. 1 BGB
• Einigung • Übergabe • Berechtigung

Während die Übergabe einen **Realakt** (= Besitztransfer) darstellt, handelt es sich bei der Einigung i.S.v. § 929 S. 1 BGB um einen sog. dinglichen **Vertrag**, der aus zwei übereinstimmenden Willenserklärungen besteht, die auf die Übertragung des Eigentums an der betreffenden Sache gerichtet sind.

Miteigentümer (Rn. 7) bilden eine Bruchteilsgemeinschaft (§§ 741 ff. BGB, §§ 1008 ff. BGB) und können über ihren Miteigentumsanteil selbständig verfügen (§ 747 S. 1 BGB). Für die Übertragung eines Miteigentumsanteils gelten §§ 929 ff. BGB in gleicher Weise wie für die Verfügung über Alleineigentum. Die Übergabe erfolgt durch Übertragung des dem Miteigentümer zustehenden Mitbesitzes. Über die gesamte Sache können Miteigentümer nur gemeinschaftlich verfügen (§ 747 S. 2 BGB). 23

I. Allgemeine Grundsätze

1. Unterscheidung von schuldrechtlichem und dinglichem Rechtsgeschäft: Trennungsprinzip

Von **zentraler Bedeutung** für das Verständnis des Sachenrechts ist die Unterscheidung zwischen dem Verfügungsgeschäft (z.B. Eigentumsübertragung) und dem zu Grunde liegenden Verpflichtungsgeschäft (z.B. Kaufvertrag). 24

Beispiel: K kauft am 1. März von V einen PKW. Die Lieferung erfolgt abredegemäß am 1. Mai.

Am 1. März haben K und V einen **Kaufvertrag** geschlossen. Nach § 433 Abs. 1 S. 1 BGB wird V hierdurch „verpflichtet", Besitz und Eigentum auf K zu übertragen. Daraus lässt sich ablesen, dass der Kaufvertrag für den Verkäufer lediglich eine Verpflichtung begründet, Besitz und Eigentum an der Kaufsache zu übertragen, diese Rechtsübertragung (= Verfügung) selbst aber noch nicht bewirkt. Das heißt: Durch den Abschluss des Kaufvertrags wird noch nicht das Eigentum an der Kaufsache auf den Käufer übertragen. Hierfür bedarf es eines weiteren, völlig **eigenständigen Rechtsgeschäfts**, dessen Voraussetzungen für bewegliche Sachen in §§ 929 ff. BGB geregelt sind (sog. Trennungsprinzip). Auch für die **Eigentumsübertragung** ist gem. § 929 S. 1 BGB der Abschluss eines Vertrags („Einigung") erforderlich, aber dieser sog. dingliche Vertrag hat einen ganz **anderen Inhalt** als der Kaufvertrag: Erforderlich ist die Einigung der Parteien über den Eigentumsübergang.

25 In der Praxis wird die dingliche Einigung i.S.v. § 929 S. 1 BGB nur in den seltensten Fällen ausdrücklich ausgesprochen. Normalerweise wird man davon ausgehen können, dass die Einigung spätestens bei Übergabe der Kaufsache stillschweigend (= konkludent) erklärt wird (im Beispielsfall also bei der Lieferung am 1. Mai). Eine ausdrückliche Verständigung über den Eigentumsübergang erfolgt in der Praxis vor allem dann, wenn mit der Lieferung das Eigentum gerade noch nicht auf den Käufer übergehen soll, etwa weil der Käufer den Kaufpreis bei Lieferung nicht (vollständig) bezahlt. Dann können die Parteien einen sog. Eigentumsvorbehalt vereinbaren, was zur Folge hat, dass das Eigentum erst zu einem späteren Zeitpunkt, nämlich bei vollständiger Zahlung des Kaufpreises (= Eintritt einer aufschiebenden Bedingung i.S.v. § 158 Abs. 1 BGB) übergeht (§ 449 Abs. 1 BGB).

Das Trennungsprinzip, d.h. die Unterscheidung von Verpflichtungsgeschäft (z.B. Kaufvertrag) und Verfügungsgeschäft (z.B. Eigentumsübertragung), ist aus dem **Zusammenspiel der Vorschriften** (§ 433

BGB einerseits – §§ 929 ff. BGB andererseits) klar erkennbar. Allerdings geht das deutsche Recht noch einen Schritt weiter.

2. Unabhängigkeit von schuldrechtlichem und dinglichem Rechtsgeschäft: Abstraktionsprinzip

Auch wenn dies im Gesetz nicht explizit klargestellt wird, geht das deutsche Recht von dem Grundsatz aus, dass die **Unwirksamkeit des Verpflichtungsgeschäfts die Wirksamkeit des Verfügungsgeschäfts nicht berührt** (sog. Abstraktionsprinzip). 26

Beispiel 1: V bietet K ein Gemälde an und gibt als Preis versehentlich 1.100 € anstatt 11.000 € an. Als K eine Woche nach Erhalt der Lieferung 1.100 € überweist, stellt sich der Irrtum heraus.

Der Verkäufer kann den Kaufvertrag wegen Erklärungsirrtums nach § 119 Abs. 1 Alt. 2 BGB anfechten. Demgegenüber ist die „Übereignung" (genauer: die Einigung i.S.v. § 929 S.1 BGB) nicht anfechtbar, weil dieses Rechtsgeschäft nicht mit einem Irrtum behaftet ist. Dass der Kaufvertrag, der der Übereignung zu Grunde liegt, rückwirkend, d.h. mit Wirkung ex tunc, nichtig ist (§ 142 Abs. 1 BGB), hat auf die Wirksamkeit der Eigentumsübertragung nach dem Abstraktionsprinzip keine Auswirkung. K bleibt damit auch nach der Anfechtung des Kaufvertrags Eigentümer des Gemäldes. Doch ist er gem. § 812 Abs. 1 S.1 Alt. 1 BGB **bereicherungsrechtlich zur Rückübereignung** verpflichtet, weil er nach wirksamer Anfechtung des Kaufvertrags die Sache ohne rechtlichen Grund erlangt hat. Die Verpflichtung zur Rückübertragung erfüllt K seinerseits wieder durch (Rück-)Übereignung an V gem. § 929 S.1 BGB.

Beispiel 2: Ein 16-Jähriger kauft ohne Zustimmung seines gesetzlichen Vertreters ein Smartphone.

Der Kaufvertrag ist nach §§ 107, 108 BGB nichtig, die Übereignung des Smartphones jedoch wirksam, da die Eigentumsübertragung dem Minderjährigen lediglich einen rechtlichen Vorteil bringt (§ 107 BGB). Auch hier erfolgt eine **Rückabwicklung** über § 812 Abs. 1 S. 1 Alt. 1 BGB.

Auf den ersten Blick ist es nicht ganz einfach, **Sinn und Zweck des Abstraktionsprinzips** zu durchschauen. Wenn das deutsche Recht – im Unterschied zu vielen ausländischen Rechtsordnungen – die Übereignung für wirksam hält, obwohl das Kausalgeschäft nichtig ist, werden dann nicht wirtschaftlich einheitliche Vorgänge künstlich auseinandergerissen? Ist es nicht bloßer Formalismus, die Gültigkeit der Übereignung zu bejahen, dann aber eine Korrektur über § 812 BGB vorzunehmen? 27

Geschützt wird durch das Abstraktionsprinzip die **Sicherheit des Rechtsverkehrs** in der Zeitspanne zwischen Übereignung und Rückübereignung (auf der Grundlage des § 812 BGB). Dritten gegenüber sollen Mängel eines Rechtsgeschäfts, die in den persönlichen schuldrechtlichen Beziehungen zwischen Käufer und Verkäufer ihre Wurzeln haben, keine Rolle spielen. In der Zeitspanne zwischen Übereignung und Rückübereignung ist der Erwerber nämlich uneingeschränkter Herr der Sache, was folgende Konsequenzen hat:

1. Veräußert im *Beispiel 1* K das Gemälde weiter, so erwirbt der Interessent vom **Berechtigten** (§§ 929–931 BGB).
2. Fällt K vor Rückübereignung des Gemäldes in **Insolvenz**, so gehört das Gemälde zur Insolvenzmasse (§ 35 InsO). V verbleibt nur der schuldrechtliche Anspruch aus § 812 Abs. 1 S. 1 Alt. 1 BGB, der wie jede andere Forderung nur mit einer Quote befriedigt wird (§§ 38, 45 InsO).
3. In der **Einzelzwangsvollstreckung** könnte ein Gläubiger des zur Rückübereignung verpflichteten K das Gemälde durch einen Gerichtsvollzieher pfänden und verwerten lassen.

Würde demgegenüber das Abstraktionsprinzip nicht gelten und wäre V Eigentümer geblieben, so wäre er bei Insolvenz des K über § 47 InsO (Aussonderungsrecht) und in der Einzelzwangsvollstreckung gegen K über § 771 ZPO (Drittwiderspruchsklage) geschützt. Ein Dritter könnte nur unter den Voraussetzungen des gutgläubigen Erwerbs (§§ 932 ff. BGB) das Eigentum von K erlangen.

28 Die Parteien können allerdings einen sog. **Bedingungszusammenhang** vereinbaren, wonach Bedingung (§ 158 BGB) für die Wirksamkeit des dinglichen Rechtsgeschäfts die Wirksamkeit des schuldrechtlichen Kausalgeschäfts ist. Auch kann nach h.M. vereinbart werden, dass Verpflichtungs- und Verfügungsgeschäft eine **Geschäftseinheit** bilden mit der Folge des § 139 BGB (BGH NJW 1967, 1128; BGH NJW 1994, 2885). Ausdrücklich werden solche Abreden jedoch nur äußerst selten getroffen, und mit der Annahme einer entsprechenden stillschweigenden Vereinbarung ist die Praxis äußerst restriktiv, um nicht das Abstraktionsprinzip zu unterlaufen.

Die Missachtung des Abstraktionsprinzips wird in Klausuren als schwerer Fehler gewertet. Achten Sie deshalb hier besonders auf Ihre Formulierungen. Wenn Sie im Zusammenhang mit der Prüfung des § 929 S. 1 BGB darauf hinweisen, dass ein Kaufvertrag geschlossen wurde, kann dies missverstanden werden, denn nach dem Abstraktionsprinzip ist der (wirksame) Abschluss eines Kaufvertrags nicht Voraussetzung für eine Übereignung. Regelmäßig wird man **ohne Erwähnung des Kaufvertrags** die Tatbestandsvoraussetzungen des

§ 929 S. 1 BGB bejahen können. *Beispiel:* „Der PKW wurde K am 1. Mai übergeben, dabei waren sich V und K auch einig, dass das Eigentum auf K übergehen soll.“

II. Einigung

Die Einigung i.S.v. § 929 S. 1 BGB ist ein dinglicher **Vertrag**, der durch Abgabe von zwei übereinstimmenden Willenserklärungen zustande kommt. Anwendbar sind die **Regeln des BGB AT über Rechtsgeschäfte**. 29

§ 929 S. 1 BGB
• Einigung = dinglicher Vertrag nach den Vorschriften des BGB AT
• Übergabe
• Berechtigung

1. Anwendbarkeit der allgemeinen Regeln für Rechtsgeschäfte

Auf die dingliche Einigung anwendbar sind z.B. die allgemeinen Regeln über Geschäftsfähigkeit (§§ 104 ff. BGB), Willensmängel (§§ 116 ff. BGB), Form des Rechtsgeschäfts (§§ 125 ff. BGB), Zustandekommen (§§ 145 ff. BGB) und Auslegung von Verträgen (§§ 133, 157 BGB), Stellvertretung (§§ 164 ff. BGB), Bedingung (§§ 158 ff. BGB) sowie Einwilligung und Genehmigung (§§ 182 ff. BGB). 30

Beispiel: S kauft bei V im Namen des K einen Kühlschrank und nimmt diesen gegen Barzahlung gleich mit. Sowohl den Kaufvertrag (§ 433 BGB) als auch den dinglichen Vertrag i.S.v. § 929 S. 1 BGB hat S als Stellvertreter mit Wirkung gegenüber K geschlossen (§ 164 Abs. 1 und 3 BGB).

Die dingliche Einigung kann also durch einen **Stellvertreter** erfolgen, und zwar sowohl auf Seiten des Veräußerers als auch auf Seiten des Erwerbers. In diesem Kontext können auch die Grundsätze des **Geschäfts für den, den es angeht,** Anwendung finden: In Durchbrechung des sog. Offenkundigkeitsprinzips (§ 164 Abs. 1 BGB „im Namen des Vertretenen“) können bei Bargeschäften des täglichen Lebens, bei denen dem Dritten die Identität des Vertragspartners gleichgültig ist, die Erklärungen demjenigen zugerechnet werden, für den der Erklärende handeln will, auch wenn dies nicht offengelegt wird (MüKo/*Schubert*, § 164 Rn. 137 ff.). 31

Ob die Übergabe an den Handelnden eine Übergabe an den Hintermann i.S.v. § 929 S. 1 BGB darstellt, steht auf einem anderen Blatt. Dies ist etwa dann der Fall, wenn der Handelnde Besitzdiener oder Besitzmittler des Hintermannes ist (vgl. Rn. 43 ff.). Stellvertretung ist für die Übergabe (= Besitzübertragung) demgegenüber nicht möglich, da es sich insofern um einen Realakt handelt.

32 Auch wenn nach dem Abstraktionsprinzip die Unwirksamkeit des schuldrechtlichen Kausalgeschäfts keinen Einfluss auf das Verfügungsgeschäft hat, schließt das nicht aus, dass bestimmte Mängel sowohl das Verpflichtungsgeschäft als auch das dingliche Rechtsgeschäft tangieren (sog. **Fehleridentität**).

Beispiel: Ein 16-Jähriger verkauft sein Mofa. Sowohl der Kaufvertrag (§ 433 BGB) als auch die Übereignung (§ 929 BGB) sind, soweit keine Einwilligung des gesetzlichen Vertreters vorliegt, als nicht lediglich rechtlich vorteilhafte Rechtsgeschäfte i.S.v. § 107 BGB schwebend unwirksam.

33 Willenserklärungen eines **Geschäftsunfähigen** sind gem. § 105 Abs. 1 BGB grundsätzlich nichtig. Doch besteht für diesen Personenkreis nunmehr nach § 105a BGB die Möglichkeit, Geschäfte des täglichen Lebens bestandskräftig zu erfüllen.

Streitig ist jedoch, welche Folgen dies für die Übereignung der entsprechenden Gegenstände hat. Nach einer Ansicht werden durch § 105a BGB lediglich Konditionsansprüche (§ 812 BGB) und Vindikationsansprüche (§ 985 BGB) ausgeschlossen, so dass die Übereignung an oder durch einen Geschäftsunfähigen unwirksam bliebe, aber keine Rückforderungsansprüche auslösen würde (MüKo/*Spickhoff*, § 105a Rn. 24 f.). Nach h.M. soll demgegenüber die Fiktion des § 105a BGB die vollumfängliche Wirksamkeit von schuldrechtlicher und dinglicher Einigung bewirken, so dass die Übereignung durch und an Geschäftsunfähige im Rahmen des § 105a BGB wirksam ist. Dafür spricht, dass so ein dauerhaftes Auseinanderfallen von Eigentum und Besitz vermieden wird (*Casper*, NJW 2002, 3425, 3427 f.).

34 Unterläuft beim Vertragsschluss ein **Irrtum**, muss genau differenziert werden, ob nur das schuldrechtliche Grundgeschäft oder auch das dingliche Verfügungsgeschäft anfechtbar ist.

Fall: K erwirbt für einen geringen Preis im Souvenirladen des V ein Bild, das beide für wertlos halten. Später erfährt V, dass es sich um das Werk eines alten Meisters handelt. Wie ist die Rechtslage?

Lösung: V kann nach § 812 Abs. 1 S. 1 Alt. 1 BGB Rückgabe des Gemäldes verlangen, wenn der Kaufvertrag gem. § 142 Abs. 1 BGB nichtig ist. Die Anfechtung des Kaufvertrags nach § 119 Abs. 2 BGB ist möglich. Der Wert eines Gegenstandes als solcher ist keine Eigenschaft, wohl aber sind es die wertbildenden Faktoren (das Konkurrenzverhältnis zu §§ 434 ff. BGB spielt hier keine Rolle, weil sich der Verkäufer nicht über einen Mangel, sondern über eine werterhöhende Eigenschaft irrt). Darüber hinaus könnte V auch ein Rückgabeanspruch aus § 985 BGB zustehen. Allerdings hatte er das Eigentum am Gemälde auf den Käufer übertragen (§ 929 S. 1 BGB), wobei die Unwirksamkeit des Kaufvertrags nach dem Abstraktionsprinzip für sich genommen keine Auswirkung auf die Übereignung hat. Doch ist fraglich, ob nicht auch die Einigung i.S.v. § 929 S. 1 BGB wegen des Irrtums angefochten werden kann. Man könnte sich auf den Standpunkt stellen, dass sich der Irrtum im vorliegenden Fall – in gleicher Weise wie beim Erklärungsirrtum (Rn. 26) – nur auf das zu Grunde liegende Kausalgeschäft beschränkt: Übereignet wurde das Gemälde, weil V es verkauft hatte, und nicht, weil V davon ausging, dass es wertlos sei. Die Gegenansicht steht jedoch auf dem Standpunkt, dass ein Eigenschaftsirrtum sich auch auf das Verfügungsgeschäft auswirke, weil nicht eine Sache schlechthin übereignet werden solle, sondern nur mit bestimmten Eigenschaften. Ob das Gemälde auch nach § 985 BGB zurückgefordert werden kann, hängt somit davon ab, welcher der beiden gleich gewichtigen Auffassungen man sich anschließt (vgl. umfassend zum Streitstand *Grigoleit*, AcP 199 (1999), 379, 396 ff.).

Wird in Klausursachverhalten „die Anfechtung erklärt", ist zum einen zu prüfen, welches Geschäft (Verpflichtungs- oder Verfügungsgeschäft) der Erklärende anfechten will, wobei oft eine pauschale Erklärung als Anfechtung beider Geschäfte ausgelegt werden kann. Zum anderen muss gefragt werden, ob der fragliche Irrtum überhaupt zur Anfechtung des betreffenden Geschäfts berechtigt.

Ein Fall der Fehleridentität kann grundsätzlich auch bei **sittenwidrigen Rechtsgeschäften** (§ 138 BGB) gegeben sein: Nach dem Abstraktionsprinzip führt die Sittenwidrigkeit eines Verpflichtungsgeschäfts nicht zwingend zur Nichtigkeit des Erfüllungsgeschäfts. Doch schlägt die Sittenwidrigkeit durch, wenn mit dem dinglichen Vollzug selbst Ziele verfolgt oder erreicht werden, die sittenwidrig sind (vgl. z.B. die Problematik sittenwidriger Sicherungsübereignungen Rn. 281 ff.). Wegen der Schutzbedürftigkeit des Anfechtenden liegt in Fällen **arglistiger Täuschung** stets ein Doppelmangel vor. 35

Beispiel: Gebrauchtwagenhändler V behauptet wider besseren Wissens gegenüber K, bei dem gekauften Wagen handele es sich um ein unfallfreies Fahrzeug. Wegen der verwerflichen Vorgehensweise des V und der besonderen Schutzbedürftigkeit des K wird in Fällen arglistiger Täuschung (§ 123 Abs. 1 BGB) neben der Anfechtung des Kausalgeschäfts stets auch die Anfechtung der Übereignung für zulässig gehalten (*Baur/Stürner*, § 5 Rn. 8).

Denkbar sind selbstverständlich auch Fälle, in denen sich ein Irrtum nur auf das Verfügungsgeschäft bezieht.

Beispiel: A verkauft dem B eine kostengünstige Briefmarke. Aus Versehen übergibt er ihm eine andere, wesentlich teurere Sammlerbriefmarke. In diesem Fall ist lediglich die dingliche Einigung irrtumsbehaftet (Inhaltsirrtum nach § 119 Abs. 1 Alt. 1 BGB in Form eines error in objecto) und daher anfechtbar, nicht aber der Kaufvertrag.

2. Erklärung der Einigung

36 Nur in den seltensten Fällen wird die dingliche Einigung von den Parteien ausdrücklich angesprochen, vielmehr wird sie regelmäßig **konkludent erklärt.** So ist allgemein anerkannt, dass in der vorbehaltlosen Übergabe einer Kaufsache vom Verkäufer an den Käufer eine konkludente Einigung i.S.v. § 929 S. 1 BGB liegt. Bei Versendungsgeschäften ist zu beachten, dass die Annahmeerklärung nach § 151 S. 1 BGB nicht gegenüber dem Anbietenden erklärt werden muss, wenn eine Annahme nach der Verkehrssitte nicht zu erwarten ist. Bei der Übereignung bereits bestellter Sachen genügt daher die bloße Annahme**erklärung** (also ohne Zugang beim Vertragspartner), die in der Entgegennahme der Sache liegen kann. Zur **antizipierten Einigung** vgl. Rn. 61.

37 Bei Automaten und an Tankstellen kann die dingliche Einigung durch Abnahme der tatsächlich angebotenen Ware zustande kommen: So wird die Bereitstellung eines **Warenautomaten** als dreifach bedingtes Angebot zum Abschluss eines Kaufvertrags und zur Übereignung gewertet: Bedingt ist das Angebot jeweils durch das Vorhandensein der Ware, das Funktionieren des Automaten und die ordnungsgemäße Betätigung (*Vieweg/Lorz*, § 4 Rn. 18). Bei einer **Selbstbedienungstankstelle** kommt der Kaufvertrag – wie der BGH klargestellt hat (BGH JuS 2011, 929 m. Anm. *Faust*) – bereits durch das Einfüllen des Kraftstoffs zustande. Dann erscheint es naheliegend, dass auch die Übereignung nicht erst bei Zahlung an der Kasse erfolgt, sondern das Einfüllen des Benzins als Übereignung unter Eigentumsvorbehalt zu deuten ist. Dabei bezieht sich die Übereignung – genau genommen – auf den Miteigentumsanteil, den der Tankstelleninhaber gem. §§ 948 Abs. 1, 947 Abs. 1 BGB aufgrund der Vermischung des vorhandenen Benzins mit dem eingefüllten Benzin am gesamten Tankinhalt erwirbt (*Vieweg/Lorz*, § 4 Rn. 20 m.w.N.).

3. Einigsein im Zeitpunkt der Übergabe

38 Die dingliche Einigung i.S.v. § 929 S.1 BGB ist **bis zur Übergabe**, falls diese der Einigung nachfolgt, **einseitig widerrufbar:** Schon der Wortlaut des § 929 S.1 BGB zeigt nämlich, dass die Einigung im Moment der Übergabe (noch) vorliegen muss („übergibt und beide darüber einig sind"). Außerdem belegt die Regelung in § 873 Abs. 2 BGB, die für die Übereignung von Immobilien unter bestimmten Voraussetzungen eine Bindung an die Einigung vorsieht, dass im Sachenrecht keine allgemeine Bindung an dingliche Verträge besteht. Doch ist **Voraussetzung für den Widerruf** einer zuvor bereits erklärten Einigung, dass die Widerrufserklärung dem Partner der dinglichen Einigung zugeht. Ohne Zugang der Widerrufserklärung, die ausdrücklich oder konkludent erfolgen kann, darf der Partner vom Fortbestand der Einigung ausgehen.

Beispiel: V verkauft K einen PKW, an dem V noch einige Reparaturen ausführen lassen will. Für den Fall, dass K bei Auslieferung des Wagens den gesamten Kaufpreis in bar bezahlt, wird vereinbart, dass das Eigentum an dem PKW sofort auf ihn übergeht, für den Fall, dass er den Kaufpreis jedoch in sechs Monatsraten zahlen will, einigt man sich auf einen Eigentumsvorbehalt (§ 449 Abs. 1 BGB). Später, noch vor der Übergabe, kommen V Bedenken bezüglich der Gültigkeit des Kaufvertrags. Er tritt daher gegenüber K vom „Geschäft" zurück.

Wenn ein Angestellter des V den PKW nun doch versehentlich ausliefert und K den Kaufpreis bei Annahme des Wagens komplett bezahlt, wird er gleichwohl nicht Eigentümer. Die ursprünglich erklärte Einigung war für K erkennbar widerrufen worden. Sollte sich herausstellen, dass der Kaufvertrag tatsächlich unwirksam war, so könnte V den PKW selbstverständlich zurückverlangen ohne Rücksicht darauf, ob K nun Eigentümer geworden ist oder nicht (§ 812 Abs. 1 S.1 Alt. 1 BGB). Die Frage, ob auch die dingliche Einigung wirksam widerrufen wurde und V damit Eigentümer des PKW geblieben ist, so dass neben einer Besitzkondiktion nach § 812 BGB ein Vindikationsanspruch nach § 985 BGB gegeben ist, behält aber auch hier für Insolvenz und Einzelzwangsvollstreckung Bedeutung (Rn. 27). Stellt sich heraus, dass der Kaufvertrag doch wirksam war, schuldet V dem K nach § 433 Abs. 1 S.1 BGB nach wie vor die Übereignung des PKW, an dem K bislang lediglich den Besitz erworben hat. Weigert sich V, diesen Anspruch zu erfüllen, muss K ihn im Prozessweg durchsetzen (für die Zwangsvollstreckung vgl. § 894 ZPO). 39

Den Prüfungspunkt „Einigsein bei Übergabe" sollte man in einer Klausurlösung nur erwähnen, wenn dort ein Problem liegt.

III. Übergabe

Die Übergabe i.S.v. § 929 S. 1 BGB ist die **Übertragung des Besitzes** auf den Erwerber **auf Veranlassung des Veräußerers**. Dabei muss der Erwerber unmittelbaren oder mittelbaren Besitz erlangen und der Veräußerer seine Besitzposition komplett aufgeben. Die Übergabe ist ein Realakt, auf den die Regeln über Rechtsgeschäfte, insbesondere die §§ 104 ff. BGB und §§ 164 ff. BGB, keine Anwendung finden. 40

§ 929 S. 1 BGB
• Einigung
• Übergabe = Erwerber erlangt (unmittelbaren oder mittelbaren) Besitz auf Veranlassung des Veräußerers, Veräußerer gibt seine Besitzposition komplett auf
• Berechtigung

41 Somit ist zum Eigentumserwerb neben der rechtsgeschäftlichen Einigung ein reales Moment (Übergabe) erforderlich. Das hierin zum Ausdruck kommende **Traditionsprinzip** soll als Ausfluss des Publizitätsprinzips (Rn. 11 f.) dazu beitragen, dass rechtsgeschäftliche Vorgänge im Sachenrecht äußerlich sichtbar werden. Zwar fallen Besitz und Eigentum im Rechtsleben oft auseinander; sie sollen aber – wenigstens im Prinzip – zur Zeit der Übereignung einer beweglichen Sache übereinstimmen. Das Traditionsprinzip wird allerdings in den §§ 930, 931 BGB durchbrochen.

1. Die verschiedenen Übergabevarianten

42 Übergabe bedeutet im **Normalfall** die Übertragung des **unmittelbaren Besitzes** (§ 854 Abs. 1 BGB) vom Veräußerer auf den Erwerber.

Beispiel: Nach Abschluss des Kaufvertrags lässt V den von K gekauften Traktor auf dessen Bauernhof bringen. Auch wenn K zu diesem Zeitpunkt nicht persönlich anwesend ist, besitzt er über die Gegenstände auf seinem Bauernhof nach der Verkehrsanschauung die tatsächliche Sachherrschaft. K hat somit unmittelbaren Besitz am Traktor i.S.v. § 854 Abs. 1 BGB erlangt (Rn. 14), die Übergabe nach § 929 S. 1 BGB ist damit erfolgt.

a) Übergabe an Besitzdiener

43 Da es sich bei der Übergabe um einen Realakt handelt, ist – anders als bei der Einigung i.S.v. § 929 S. 1 BGB – keine Stellvertretung möglich. Doch kann der Besitz gem. § 855 BGB durch Dritte (Besitzdiener) ausgeübt werden. **Besitzdiener ist, wer Besitz im Rahmen eines äußerlich erkennbaren sozialen Abhängigkeitsverhältnisses für einen anderen ausübt** (Rn. 16). Gem. § 855 BGB ist nicht der Besitzdiener, sondern nur der „andere" (= Besitzherr) unmittelbarer Besitzer. Besitzdiener sind z.B. Arbeiter für den Arbeitgeber (Grundlage: Dienstvertrag), Beamte für den Dienstherren (Grundlage: öffentlich-rechtliches Beamtenverhältnis) und Kinder hinsichtlich der von Eltern überlassenen Sachen für ihre Eltern (Grundlage: elterliche Sorge).

Beispiel: A kauft im Geschäft des V einen Computer „für seinen Arbeitgeber K". Wann wird K Eigentümer: bereits mit der Übergabe des Computers an A oder erst, wenn A ihm den Computer aushändigt?

Sowohl der Kaufvertrag (§ 433 BGB) als auch der dingliche Vertrag i.S.v. § 929 S. 1 BGB werden gem. § 164 BGB von A als Vertreter des K abgeschlossen. Da A als Angestellter Besitzdiener i.S.v. § 855 BGB ist, erwirbt K bereits mit der Übergabe des Computers an A den unmittelbaren Besitz und damit auch gem. § 929 S. 1 BGB das Eigentum am Computer. **44**

b) Übergabe nach § 854 Abs. 2 BGB

Nach § 854 Abs. 2 BGB ist ausnahmsweise die bloße Einigung für die Übertragung des unmittelbaren Besitzes ausreichend, wenn der Besitzerwerber in der Lage ist, die Gewalt über die Sache auszuüben, weil die tatsächliche Herrschaftsgewalt des bisherigen Besitzers bereits gelockert ist (Fall des sog. **offenen Besitzes** – vgl. Rn. 15). **45**

Standardbeispiel: V verkauft dem K Holz, das im Wald lagert. K bezahlt. Es wird vereinbart, dass K, wann immer er will, das Holz an der ihm bekannten Stelle abholen darf.

Hier handelt es sich um den Sonderfall eines Besitzerwerbs durch rechtsgeschäftliche Einigung nach § 854 Abs. 2 BGB. Für den Eigentumserwerb nach § 929 S. 1 BGB sind in diesem Fall zwei Einigungen nötig: neben der **dinglichen Einigung** über den Eigentumsübergang i.S.v. § 929 S. 1 BGB eine **Einigung über den Besitztransfer** nach § 854 Abs. 2 BGB. Auch diese zweite Einigung ist eine ganz normale rechtsgeschäftliche Willenserklärung, auf die die Vorschriften des BGB AT Anwendung finden, so dass etwa auch Stellvertretung möglich ist. Im Beispielsfall wäre theoretisch auch denkbar, dass keine Besitzverschaffung nach § 854 Abs. 2 BGB vereinbart wird, sondern sich die Besitzübertragung nach § 854 Abs. 1 BGB vollziehen soll. Dann würde K erst dann Besitzer und damit auch Eigentümer, wenn er das Holz im Wald abholt. Da K im Beispielsfall jedoch schon bezahlt hatte und kein berechtigtes Interesse des V ersichtlich ist, den Eigentumsübergang hinauszuzögern, wird man davon ausgehen müssen, dass die Beteiligten sich konkludent über einen Besitzübergang nach § 854 Abs. 2 BGB geeinigt haben.

Gegenbeispiel: V verkauft dem K ein Fahrrad und stellt es ihm auf seinem eigenen Grundstück im – von außen frei zugänglichen – Garten zur Abholung bereit.

Hier liegt kein Fall des § 854 Abs. 2 BGB vor, weil sich das Fahrrad, obwohl K es ohne Mitwirkung des V an sich nehmen könnte, weiterhin in der Herrschaftssphäre des V befindet. Die tatsächliche Zuordnung unter die Herrschaftsgewalt des V ist noch so fest, dass K den unmittelbaren Besitz i.S.v. § 854 Abs. 1 BGB und damit auch das Eigentum erst erwirbt, wenn er das Fahrrad tatsächlich an sich nimmt (vgl. *Gerhardt*, S. 20).

c) Übergabe an Besitzmittler

46 In manchen Fällen wird der Erwerber ein Interesse daran haben, dass der Gegenstand nicht an ihn persönlich, sondern an einen Dritten übergeben wird.

Beispiel: V verkauft K ein Segelboot. Da K zunächst das Segelboot selbst nicht nutzen kann, vermietet er es an M. K bittet den V, das Boot sofort an M auszuliefern, was V auch tut.

M ist als Mieter mangels sozialen Abhängigkeitsverhältnisses nicht Besitzdiener (§ 855 BGB). Vielmehr ist M selbst unmittelbarer Besitzer i.S.v. § 854 Abs. 1 BGB. Gleichwohl **erlangt K durch die Übergabe an M selbst eine besitzrechtliche Stellung**, denn § 868 BGB bezeichnet auch Personen, welche die tatsächliche Gewalt durch Dritte ausüben lassen, als Besitzer, und zwar als **mittelbare Besitzer**.

47 Mittelbarer Besitz i.S.v. § 868 BGB liegt vor, wenn der unmittelbare Besitzer (= Besitzmittler) für einen anderen (= den mittelbaren Besitzer) besitzt. Der unmittelbare Besitzer muss also Fremdbesitzer sein (Gegensatz: Eigenbesitzer, § 872 BGB). Voraussetzung (vgl. Rn. 17 f.) ist zunächst das Vorliegen eines sog. Besitzmittlungsverhältnisses, dabei wird der Mieter im Gesetz (§ 868 BGB) als Beispielsfall ausdrücklich genannt. Der darüber hinaus erforderliche Fremdbesitzerwille (Grund: „besitzt ... als“) kann unterstellt werden, solange keine gegenteiligen Anhaltspunkte ersichtlich sind. Indem K durch Übergabe an M den mittelbaren Besitz i.S.v. § 868 BGB erlangt, wurde ihm die Sache i.S.v. § 929 S. 1 BGB „übergeben“.

Übergabe i.S.v. § 929 S. 1 BGB meint die Einräumung des unmittelbaren *oder* mittelbaren Besitzes.

48 **Vorsicht:** Die Übereignung nach § 929 S. 1 BGB durch Übergabe an einen Dritten, der dem Erwerber den Besitz mittelt, darf nicht mit § 930 BGB verwechselt werden: Bei § 930 BGB geht es um die Vereinbarung eines **Besitzmittlungsverhältnisses zwischen Veräußerer und Erwerber**. Demgegenüber wird im gerade analysierten Anwendungsfall des § 929 S. 1 BGB das Besitzmittlungsverhältnis zwischen einem **Dritten und dem Erwerber** vereinbart. Entscheidend ist für den Eigentumserwerb nach § 929 S. 1 BGB, dass der bisherige Eigentümer sich vollständig von seinem Besitz löst (was bei § 930 BGB gerade nicht der Fall ist!).

d) Übertragung von Mitbesitz

Hat **der Veräußerer weiterhin Mitbesitz**, etwa durch einen Besitzdiener, so kann § 929 S. 1 BGB keine Anwendung finden, weil der Veräußerer seinen Besitz vollkommen aufgeben muss: Der Veräußerer darf „nicht mehr den geringsten Rest eines Besitzes [...] in der Hand behalten" (RGZ 137, 23, 25). Mitbesitz i.S.v. § 866 BGB liegt vor, wenn die Sachherrschaft von mehreren gemeinsam ausgeübt wird (*Beispiel:* mehrere Mieter derselben Räume, *Gegenbeispiel:* Studenten-WG: Teilbesitz (§ 865 BGB) an den einzelnen Räumen). **49**

Bei der Prüfung der Übergabe darf man sich daher nicht allein auf die Besitzposition konzentrieren, die von der Erwerberseite erlangt wird. **50**

Fall: Porscheliebhaber P überrascht seine gerade volljährig gewordene Nichte N damit, ihr seinen „911er" schenken zu wollen, und überreicht ihr gleich einen Autoschlüssel. Den Zweitschlüssel werde er ihr geben, nachdem er das Auto noch einmal gründlich durchgecheckt habe. Kurz darauf verstirbt P bei einer Klettertour. Als N den Porsche abholen möchte, verweigert ihr die Alleinerbin E die Herausgabe. Wie ist die Rechtslage?

Lösung: N könnte nach § 985 BGB die Herausgabe des Porsches verlangen, wenn sie nach § 929 S. 1 BGB das Eigentum am Wagen erlangt hätte. Die erforderliche dingliche Einigung liegt konkludent in der Übergabe des Schlüssels. Da P den Zweitschlüssel jedoch in der erklärten Absicht behalten hat, von diesem auch noch Gebrauch zu machen, hatte P nach wie vor Mitbesitz am Wagen i.S.v. § 866 BGB. Folglich liegt mangels vollständigen Besitzverlustes keine Übereignung nach § 929 S. 1 BGB vor. N hat auch keinen schuldrechtlichen Anspruch auf Herausgabe, da ein mündliches und nicht vollzogenes Schenkungsversprechen nach § 125 S. 1 i.V.m. § 518 BGB formnichtig ist.

Demgegenüber vollzieht sich bei der **Übertragung von Miteigentum**, das grundsätzlich denselben Regeln unterliegt wie Alleineigentum (Rn. 23), die Übergabe dadurch, dass der Miteigentümer seinen Mitbesitz auf den Erwerber überträgt. **51**

Beispiel: V und M sind Miteigentümer eines kleinen Sportbootes am Bodensee. Beide haben einen Schlüssel zum Boot. Da V nach Marburg gezogen ist und das Boot kaum noch nutzen kann, verkauft er seinen Miteigentumsanteil am Boot an K und händigt diesem seinen Schlüssel aus. In der Übergabe des Schlüssels liegt die konkludente Einigung über die Übertragung des Miteigentumsanteils sowie gleichzeitig die Einräumung des erforderlichen Mitbesitzes.

2. Besitzerwerb auf Veranlassung des Veräußerers

52 Ebenso wie auf Seiten des Erwerbers können Besitzdiener oder Besitzmittler auch auf Seiten des Veräußerers eingeschaltet werden. Entscheidend für die Anwendbarkeit des § 929 S. 1 BGB ist auch in diesen Fällen, dass der **Veräußerer seinen Besitz vollkommen aufgibt** und der Erwerber seine Besitzposition **auf Veranlassung des Veräußerers** erhält. Daher genügt es für § 929 S. 1 BGB,

1. dass ein Besitzdiener (z.B. Ladenangestellter) mit Einverständnis des Besitzherrn (= unmittelbarer Besitzer) die Ware übergibt,
2. dass ein unmittelbarer Besitzer (z.B. Lagerhalter), der dem Veräußerer den Besitz mittelt, auf Anweisung des Veräußerers die Ware übergibt,
3. dass ein unmittelbarer Besitzer (z.B. Lagerhalter), der dem Veräußerer den Besitz mittelt, auf Anweisung des Veräußerers nunmehr mit dem Erwerber ein neues Besitzkonstitut vereinbart – unter gleichzeitiger Beendigung des bisherigen Verhältnisses zum Veräußerer.

Nimmt der Erwerber den Besitz **eigenmächtig** an sich, liegt mangels Besitzübertragungswillens des Veräußerers keine Übergabe vor.

Beispiel: V verkauft K eine Betonmischmaschine, die auf einer Baustelle steht. Ohne dies mit V abzusprechen, holt sich K, nachdem er V den Kaufpreis überwiesen hat, am Wochenende die Maschine ab. K wird nicht Eigentümer. Es gibt schon keine Anhaltspunkte dafür, dass eine Einigung nach § 929 S. 1 BGB vorliegt, denn der Kaufvertrag enthält für sich genommen noch nicht die dingliche Einigung (Trennungsprinzip). Auf jeden Fall ist die Sache dem K nicht übergeben worden, denn dafür müsste V dem K die Abholung der Maschine gestattet haben (**Wegnahmeermächtigung**). Dies war jedoch nicht der Fall.

3. Sonderfall: Geheißerwerb

53 Bei sog. **Streckengeschäften** (Verkäufer V verkauft an K1, dieser verkauft die Ware weiter an K2), wird aus praktischen Gründen oft eine **Direktlieferung** vom Verkäufer an den Letztkäufer (hier K2) vereinbart. Fraglich ist, wie sich in einer solchen Konstellation die Eigentumsübertragung vollzieht. Grundsätzlich wäre es denkbar, dass V und K1 in Abweichung von § 433 Abs. 1 S.1 BGB vereinbart haben (Vertragsfreiheit), dass der zwischen ihnen bestehende Kaufvertrag durch eine Übereignung von V an K2 erfüllt wird. In der Regel wird dies jedoch nicht dem Willen von V und K1 entsprechen. Denn V weiß oftmals nicht, weshalb er an K2 liefern soll (K1 könnte verliehen, vermietet, verschenkt oder weiterverkauft haben – mit oder ohne Eigentumsvorbehalt). Außerdem soll durch die abgekürzte Lieferung meist lediglich Weg und Zeit gespart werden. Rechtlich sollen aber die gleichen Folgen eintreten, wie wenn zunächst V an K1 und sodann K1 an K2 geliefert hätte.

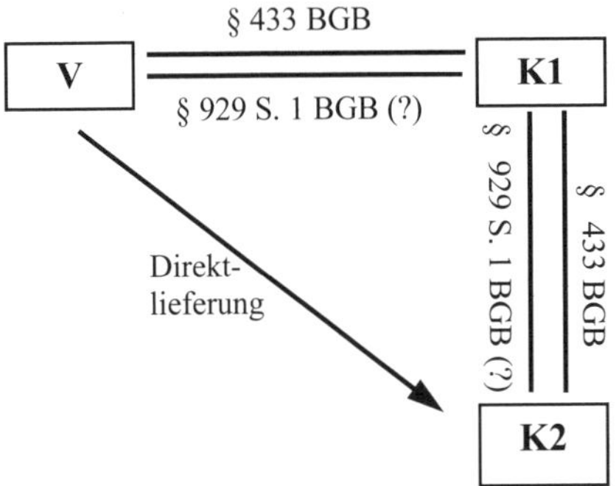

V will im Zweifel mit Hilfe der Lieferung an K2 seinen mit K1 geschlossenen Kaufvertrag erfüllen und K1 Eigentum verschaffen. Die Einigung ist unproblematisch, sie wird konkludent spätestens in dem Moment erklärt, in dem V und K1 absprechen, dass V direkt an K2 liefern soll. Wie aber steht es mit dem Besitzerwerb des K1? K2 ist weder Besitzdiener noch Besitzmittler des K1. Die ganz h.M. behandelt jedoch die Übergabe an oder durch eine sog. Geheißperson ebenso wie die Übergabe an oder durch denjenigen, der die Weisung erteilt (BGHZ 36, 56, 60 f.; Grüneberg/*Herrler*, § 929 Rn. 19). Für den Eigentumserwerb des K1 von V nach § 929 S. 1 BGB ist K2 **Geheißperson auf Erwerberseite:** Der Übergabe an den Käufer (K1) ist die Übergabe an einen Dritten (hier K2) gleichgestellt, wenn dies auf Geheiß des Käufers geschieht. Denn wer die Rechtsmacht hat, einen anderen dazu zu bewegen, die Sache an eine von ihm bestimmte dritte Person zu liefern, wird so behandelt, als ob an ihn selbst geliefert worden sei. Für den Eigentumserwerb des K2 von K1 nach § 929 S. 1 BGB ist V **Geheißperson auf Veräußererseite:** Der Übergabe durch den Verkäufer (K1) ist die Übergabe durch eine dritte Person (hier V) auf Geheiß des Verkäufers gleichgestellt. Denn wer die Rechtsmacht hat, durch seine Anweisung eine Besitzübertragung zu bewirken, muss demjenigen gleichgestellt werden, der den Besitz zunächst selbst übernimmt und danach an einen Dritten weitergibt. Ergebnis: K1 wird für eine juristische Sekunde Eigentümer (**Durchgangserwerb!**), bevor K2 das Eigentum erwirbt.

1. Übereignung (V an K1): **K2 ist Geheißperson des Erwerbers K1**. K2 nimmt also statt K1 – auf dessen Geheiß – die Ware von V entgegen.

2. Übereignung (K1 an K2): **V ist Geheißperson des Veräußerers K1**. V übergibt also statt K1 – auf dessen Geheiß – die Ware an K2.

IV. Berechtigung

54 § 929 S. 1 BGB regelt (wie auch §§ 930, 931 BGB) den Eigentumserwerb vom Berechtigten. Dabei spricht § 929 S. 1 BGB (wie auch §§ 930, 931 BGB) genau genommen vom „Eigentümer". Ein Dritter ist aber dann befugt, über einen fremden Gegenstand zu verfügen, wenn er vom Eigentümer gem. **§ 185 Abs. 1 BGB** hierzu ermächtigt worden ist (sog. Verfügungsermächtigung).

§ 929 S. 1 BGB
• Einigung
• Übergabe
• Berechtigung = Eigentümer oder derjenige, der gesetzlich oder rechtsgeschäftlich (§ 185 Abs. 1 BGB) zur Verfügung ermächtigt ist

Beispiel: Großhändler G liefert Einzelhändler E Waren unter Eigentumsvorbehalt. G gestattet E aber, die Waren im ordnungsgemäßen Geschäftsgang weiterzuveräußern (vgl. Rn. 241). Hier erwerben die Kunden von E als Berechtigtem Eigentum nach § 929 S. 1 i.V.m. § 185 Abs. 1 BGB.

55 Außerdem ist Berechtigter auch derjenige, der kraft Gesetzes zur Verfügung über fremdes Eigentum ermächtigt ist: etwa der Pfandgläubiger nach § 1242 BGB, der Testamentsvollstrecker nach § 2205 BGB oder der Insolvenzverwalter nach § 80 InsO. Ist der Veräußerer nicht verfügungsberechtigt, so kommt nur ein gutgläubiger Erwerb nach §§ 932 ff. BGB in Frage.

Unterscheiden Sie genau zwischen § 164 BGB und § 185 Abs. 1 BGB: § 164 BGB erlaubt die Abgabe einer Willenserklärung (z.B. einer Einigung i.S.v. § 929 S. 1 BGB) in *fremdem Namen* mit Wirkung für einen anderen. Demgegenüber ermöglicht § 185 Abs. 1 BGB, in *eigenem Namen* über eine fremde Sache zu verfügen.

Beispiel 1: Wenn V als Bevollmächtigter des E in dessen Namen ein dem E gehörendes Gemälde an K übereignet, kommt die dingliche Einigung i.S.v. § 929 S. 1 BGB zwischen E und K zustande, wobei E gem. § 164 BGB durch V vertreten wird. Auch die Übergabe i.S.v. § 929 S. 1 BGB ist unproblematisch, wenn V auf Veranlassung des E dem K den unmittelbaren Besitz am Gemälde einräumt. In diesem Fall handelt es sich um eine Eigentumsübertragung durch E nach § 929 S. 1 BGB, bei der sich E lediglich eines Stellvertreters bedient.

Beispiel 2: Wenn V auf Bitten des E, der bei der Transaktion nicht namentlich in Erscheinung treten will, das Gemälde im eigenen Namen an K verkauft und übereignet, so handelt es sich bei der Übereignung um eine Verfügung des V: V schließt hier im eigenen Namen die dingliche Einigung i.S.v. § 929 S. 1 BGB und überträgt dem K den unmittelbaren Besitz. Die Eigentumsübertragung durch V ist hier nach § 929 S. 1 BGB wirksam, weil E den V gem. § 185 Abs. 1 BGB zur Verfügung über sein Gemälde ermächtigt hat.

B. Übereignung „kurzer Hand" nach § 929 S. 2 BGB

Ist der **Erwerber bereits im Besitz der Sache**, wäre es purer Formalismus, wenn sich der Veräußerer die Sache zunächst zurückgeben lassen müsste, um sie dann (erneut) dem Erwerber zu übergeben. Deshalb erlaubt § 929 S.2 BGB in diesem Fall die Übereignung durch bloße Einigung. Im Übrigen sind die Anforderungen an die **dingliche Einigung** und die **Berechtigung** des Verfügenden die gleichen wie bei § 929 S. 1 BGB. 56

§ 929 S. 2 BGB = Übereignung kurzer Hand
• Einigung
• Erwerber (bereits) Besitzer
• Berechtigung

Beispiel: K kauft vom Autohändler V ein Auto, das er bereits seit einigen Wochen als Mietwagen nutzt. Die Übereignung kann sich hier nach § 929 S. 2 BGB durch bloße Einigung vollziehen.

Der **Vereinfachungseffekt** verdrängt hier das Traditionsprinzip. Man spricht von einer sog. Übereignung „kurzer Hand".

§ 929 S. 2 BGB ist abzugrenzen von den Fällen des § 854 Abs. 2 BGB: Bei § 854 Abs. 2 BGB handelt es sich um eine Form der Besitzerlangung, nicht um einen Übereignungstatbestand. Wichtig ist, dass bei § 929 S. 2 BGB **eine dingliche Einigung** genügt. Demgegenüber sind im Fall der Übereignung nach § 929 S. 1 i.V.m. § 854 Abs. 2 BGB **zwei Einigungen** nötig: eine dingliche über den Eigentumsübergang sowie eine weitere über den Besitzübergang nach § 854 Abs. 2 BGB.

C. Übereignung nach §§ 929 S. 1, 930 BGB

Auch in den Fällen des § 930 BGB wird das Traditionsprinzip durchbrochen. Dabei geht es um Konstellationen, in denen zwar das Eigentum auf den Erwerber übergehen soll, der **Veräußerer jedoch den Besitz am Gegenstand behalten** will. 57

I. Tatbestandsvoraussetzungen

58 **Beispiel:** Transportunternehmer A möchte seinen Fuhrpark an die Bank B als Sicherheit für ein Darlehen übereignen, doch will A die Autos in seinem Betrieb weiterhin nutzen.

Solange der Veräußerer sich nicht komplett von seiner Besitzposition trennt, ist eine Übergabe nach § 929 S. 1 BGB nicht vollzogen. Im Beispielsfall müsste A also zunächst sämtliche Autos der B-Bank übergeben, um sie dann wieder an sich zu nehmen. Um dieses unnötige Hin und Her zu vermeiden, ermöglicht es § 930 BGB, auf die Übergabe der Sache i.S.v. § 929 S. 1 BGB zu verzichten. Stattdessen wird zwischen Veräußerer und Erwerber ein **Rechtsverhältnis vereinbart, kraft dessen der Erwerber mittelbarer Besitzer** wird. Bei § 930 BGB verändert sich an der Besitzposition auf der Veräußererseite nichts, entscheidend ist nur, dass der Erwerber mittelbaren Besitz erlangt. Damit wird auf § 868 BGB verwiesen, der die Voraussetzungen für den mittelbaren Besitz regelt (Rn. 17 f.).

§ 929 S. 1 i.V.m. § 930 BGB = Übereignung durch Besitzkonstitut
• Einigung: § 929 S. 1 BGB
• Besitzkonstitut: § 930 BGB = Veräußerer ist Besitzer und mittelt dem Erwerber den mittelbaren Besitz i.S.v. § 868 BGB
• Berechtigung: § 929 S. 1 BGB

59 **Achtung:** § 930 BGB ermöglicht nur, die für § 929 S. 1 BGB erforderliche Übergabe durch ein Besitzmittlungsverhältnis zu ersetzen („so kann die Übergabe (...) ersetzt werden“), im Übrigen vollzieht sich die Übereignung aber nach dem Grundtatbestand des § 929 S. 1 BGB! Demnach gelten für die **dingliche Einigung** und die **Berechtigung** des Verfügenden die gleichen Anforderungen wie bei § 929 S. 1 BGB. Entscheidende Tatbestandsvoraussetzung ist, dass der Veräußerer Besitzer ist und zwischen ihm und dem Erwerber ein Besitzmittlungsverhältnis (= Besitzkonstitut) vereinbart wird, so dass der Erwerber mittelbarer Besitzer i.S.v. § 868 BGB wird.

Variante 1: Verfügender ist selbst **unmittelbarer Besitzer**.

Beispiel: V übereignet sein Segelboot an K und vereinbart, dass er es vor Übergabe an K noch einmal für einen letzten Segeltörn benutzen darf (Besitzmittlungsverhältnis = Leihe i.S.v. § 598 BGB).

Variante 2: Verfügender ist **mittelbarer Besitzer:** Es reicht für § 930 BGB die Vereinbarung eines Besitzkonstituts, kraft dessen der Erwerber mittelbarer Besitzer zweiter Stufe wird (§ 871 BGB).

Beispiel: V übereignet ein wertvolles Gemälde, das er dauerhaft der Galerie G geliehen hat, zur Sicherheit an die B-Bank. V ist gem. § 868 BGB mittelbarer Besitzer erster Stufe, aufgrund der Sicherungsabrede (Rn. 274) wird B mittelbarer Besitzer zweiter Stufe: Dieser wird gem. § 871 BGB genauso behandelt wie der mittelbare Besitz erster Stufe, so dass die Voraussetzungen für eine Übereignung nach §§ 929 S. 1, 930 BGB erfüllt sind.

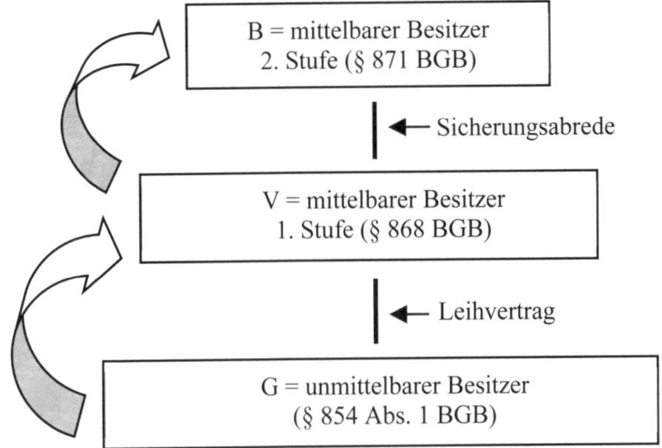

Variante 3: Schließlich ist auch eine Veräußerung nach §§ 929 S. 1, 930 BGB denkbar, wenn **Veräußerer und Erwerber Mitbesitzer** der Sache sind und zwischen ihnen kraft Gesetzes ein Besitzmittlungsverhältnis besteht.

Beispiel: M stellt im Wohnzimmer der Ehewohnung einen Bauernschrank auf, den er von seiner Tante T geerbt hat. Eines Tages schenkt er den Schrank seiner Ehefrau F. Für eine Übereignung nach § 929 S.1 BGB müsste M seinen Besitz am Schrank aufgeben und vollständig auf F übertragen. Doch besteht bei Eheleuten an den gemeinsam genutzten Gegenständen Mitbesitz, so dass ein vollständiger Besitzwechsel in praktikabler Weise kaum möglich ist. Deshalb wird die eheliche Lebensgemeinschaft (§ 1353 BGB) als gesetzliches Besitzmittlungsverhältnis akzeptiert, was eine Übereignung nach §§ 929 S.1, 930 BGB ermöglicht (Soergel/*Höpfner*, § 930 Rn. 14). Dafür müssen die Beteiligten die gesetzliche Rechtsfolge im Auge gehabt und übereinstimmend in ihren Willen aufgenommen haben.

II. Konkludent vereinbartes Besitzkonstitut

60 Ein Besitzkonstitut i.S.v. § 930 i.V.m. § 868 BGB kann wie jedes andere Schuldverhältnis selbstverständlich auch konkludent vereinbart werden. **Abgrenzungsprobleme** stellen sich in der Klausurpraxis vor allem in Fällen, in denen die verkaufte Sache noch beim Verkäufer verbleibt.

Beispiel: K kauft von V einen neuen Mähdrescher und vereinbart, dass er ihn in zwei Tagen abholen werde. Am nächsten Tag wird über das Vermögen des V das Insolvenzverfahren eröffnet. K könnte nach § 47 InsO, § 985 BGB Aussonderung des Mähdreschers verlangen, wenn er Eigentümer geworden wäre. Da eine Übergabe i.S.v. § 929 S. 1 BGB nicht erfolgte, könnte das Eigentum nur nach §§ 929 S. 1, 930 BGB auf K übergegangen sein. Da eine ausdrückliche Vereinbarung nicht erfolgte, ist zu fragen, ob in der Abrede, K werde den Mähdrescher in zwei Tagen abholen, die konkludente Vereinbarung eines Besitzmittlungsverhältnisses zu sehen ist.

Die Abgrenzung ist nicht immer leicht: Soweit ein Gattungskauf vorliegt, muss **auf jeden Fall schon Konkretisierung** eingetreten sein, sonst ist – wegen des Bestimmtheitserfordernisses (Rn. 11) – an eine Eigentumsübertragung nicht zu denken. Ob ein Besitzkonstitut konkludent vereinbart wurde, richtet sich im Übrigen danach, wie das Verhalten der Parteien nach der Verkehrsauffassung auszulegen ist (§§ 133, 157 BGB). Hätte K bereits den **vollen Kaufpreis bezahlt**, so wäre dies ein gewichtiges Indiz für eine Übereignung, weil dann der Käufer ein berechtigtes Interesse hat, eine dingliche Rechtsposition zu erlangen (*Wieling*, S. 309 f.). Eindeutig dürfte die Sachlage wohl dann sein, wenn erstens der Kaufpreis (für die konkretisierte Ware) bereits voll gezahlt wurde und es zweitens in erster Linie **im Interesse des Verkäufers liegt, dass die Sache noch nicht übergeben wurde**.

Beispiel: K kauft auf einer Verkaufsausstellung des V ein Gemälde und bezahlt gleich den vollen Kaufpreis. V bittet den K, das Gemälde noch bis zum Ende der Ausstellung in seiner Galerie behalten zu dürfen. Da der Kaufpreis bereits vollständig bezahlt wurde und das Bild allein auf Wunsch des V in seinen Räumlichkeiten verbleibt, spricht die Interessenlage dafür, dass die Parteien konkludent einen Eigentumsübergang nach §§ 929 S. 1, 930 BGB vereinbart haben. Die Abrede, dass das Bild zunächst bei V verbleiben soll, stellt die Vereinbarung eines Leihvertrags und damit ein konkretes Besitzmittlungsverhältnis i.S.v. § 930 i.V.m. § 868 BGB dar.

Wird man mit einem vergleichbaren Fall konfrontiert, ist der Sachverhalt aufmerksam durchzusehen, ob Anhaltspunkte für eine konkludente Vereinbarung eines Besitzkonstituts i.S.v. § 930 BGB vorliegen.

III. Antizipiertes Besitzkonstitut

Die (konkludente) Vereinbarung eines Besitzmittlungsverhältnisses 61 zwischen Erwerber und Veräußerer erfolgt gelegentlich bereits zu einem Zeitpunkt, zu dem der Verfügende noch gar nicht Eigentümer des zu übereignenden Gegenstandes ist. Hier spricht man von einem **sog. antizipierten (= vorweggenommenen) Besitzkonstitut**. Der Hauptanwendungsfall betrifft in der Praxis die Fälle, in denen jemand sein Warenlager mit wechselndem Bestand als Sicherheit übereignet (Besitzmittlungsverhältnis = Sicherungsabrede).

Beispiel: X bittet F, der sich im Antiquitätenhandel auskennt, für ihn nach Katalog einen Stich zu erwerben. F, der im eigenen Namen handelt, bezahlt mit Bargeld, das X ihm gegeben hat, und bekommt den Stich ausgehändigt.

Da F nicht gem. § 164 Abs. 1 BGB in fremdem Namen, sondern in eigenem Namen gehandelt hat, werden sowohl der Kaufvertrag (§ 433 BGB) als auch der dingliche Vertrag (§ 929 S. 1 BGB) mit ihm selbst geschlossen. (Da es sich beim Kauf eines kostbaren Stichs nicht um ein Bargeschäft *des täglichen Lebens* handelt, kommen die Grundsätze des Geschäfts für den, den es angeht, nicht zur Anwendung). Indem der Antiquar ihm den Stich aushändigt, erwirbt F das Eigentum nach § 929 S. 1 BGB. Doch wann erhält X das Eigentum? Da X dem F das Geld vorgestreckt hat, besteht ein berechtigtes Interesse des X, möglichst früh das Eigentum am Stich zu erwerben. Angesichts dieser Interessenlage kann davon ausgegangen werden, dass X und F ein **antizipiertes Besitzmittlungsverhältnis** vereinbart haben (soweit keine besondere Abrede getroffen wurde, wird sich dieses regelmäßig aus dem Auftragsverhältnis ergeben, das den F gem. § 667 BGB zur Herausgabe des Stichs verpflichtet), so dass F dem X gem. § 868 BGB den Besitz mittelt und X gem. §§ 929 S.1, 930 BGB **durch antizipierte dingliche Einigung** und antizipiertes Besitzkonstitut das Eigentum erwirbt. Demnach wird zwar F mit der Aushändigung des Stichs Eigentümer, doch erfolgt die Weiterübertragung auf X eine juristische Sekunde später.

Sollte es an einem antizipierten Besitzmittlungsverhältnis fehlen, etwa weil eigentlich vereinbart war, dass F als Stellvertreter des X auftreten soll und dieses nur versäumt hat, könnte F das Besitzkonstitut nach § 181 BGB durch **erlaubtes Insichgeschäft** begründen (ausnahmsweise zulässig, weil „in ... Erfüllung einer Verbindlichkeit"). Dabei muss allerdings der Übereignungswille des F durch einen Ausführungsakt nach **außen kundgetan** werden, z.B. durch Markierung des Gegenstandes mit dem Namen des Erwerbers oder separate Verwahrung (Staudinger/*Heinze*, § 930 Rn. 34 f.). In beiden Fällen erwirbt F zunächst selbst das Eigentum, bevor es dann auf X übertragen wird. Denkbar ist, dass anlässlich dieses Durchgangserwerbs das Eigentum des F belastet wird (etwa durch ein Vermieterpfandrecht nach § 562 BGB), bevor das (belastete) Eigentum auf X übergeht.

Gegenbeispiel: F kauft im Namen des X bei V ein Buch. X gestattet F, das Buch zunächst zu lesen und es ihm erst danach zu übergeben.

Hier handelt F sowohl bei Abschluss des Kaufvertrags (§ 433 BGB) als auch bei der dinglichen Einigung (§ 929 S. 1 BGB) als Stellvertreter des X (§ 164 Abs. 1 und 3 BGB). Indem V das Buch an F übergibt, **erwirbt X den mittelbaren Besitz i.S.v. § 868 BGB**, weil aufgrund des Auftragsverhältnisses bzw. der noch zusätzlich vereinbarten Leihe ein antizipiertes Besitzkonstitut besteht. Damit liegt eine direkte Übergabe i.S.v. § 929 S. 1 BGB von V an X vor (vgl. zur Übergabe an Besitzmittler Rn. 46 f.). Der Eigentumserwerb vollzieht sich hier zwischen V und X nach § 929 S. 1 BGB. Mit § 930 BGB hat dieser Fall nichts zu tun. Ein Besitzerwerb des X nach § 855 BGB scheidet aus, da sein Freund kein Besitzdiener ist, weil er nicht in einem sozialen Abhängigkeitsverhältnis zu ihm steht.

IV. Sicherungsübereignung

62 Bereits mehrfach angesprochen wurde die sog. Sicherungsübereignung, die im Abschnitt über die Sicherungsrechte noch ausführlich behandelt wird (Rn. 263 ff.). Da sie in Klausuren der häufigste Anwendungsfall des § 930 BGB ist, soll bereits an dieser Stelle auf die wichtigsten Grundzüge hingewiesen werden.

Beispiel: A hat bei einer Bank ein Darlehen aufgenommen und will ihr zur Sicherheit eine Maschine übereignen, diese aber weiterhin nutzen.

Ein Faustpfandrecht (§§ 1204 ff. BGB) wäre wirtschaftlich sinnlos, weil dafür die Übergabe der Maschine an die Bank erforderlich wäre (§ 1205 Abs. 1 S. 1 BGB) und durch die Rückgabe der Maschine an A das Pfandrecht wieder erlöschen würde (§ 1253 Abs. 1 BGB). Deshalb kommt – gewohnheitsrechtlich als Rechtsfigur praeter legem anerkannt – eine sog. Sicherungsübereignung in Betracht. Dabei wird das Eigentum nach §§ 929 S. 1, 930 BGB der Bank zur Sicherheit übereignet, mit der Maßgabe, dass die Bank den Gegenstand herausverlangen und verwerten kann, wenn die gesicherten Verbindlichkeiten nicht pünktlich bedient werden. Erforderlich für die Übereignung nach §§ 929 S. 1, 930 BGB ist ein **konkretes Besitzmittlungsverhältnis** i.S.v. § 868 BGB („ähnliches Verhältnis"). Es genügt deshalb nicht die Abrede, dass der Schuldner künftig für den Gläubiger besitzen soll (Rn. 18). Im **Sicherungsvertrag** werden deshalb konkret die Rechte und Pflichten der Beteiligten bezeichnet (Pflicht zur sorgfältigen Verwahrung, Voraussetzungen, unter denen Herausgabe des Sicherungsgutes verlangt werden kann etc. – vgl. Rn. 274, 278). Erforderlich ist weiter, dass die Sicherungsobjekte klar umschrieben sind. Das ergibt sich aus dem **Bestimmtheits- und Spezialitätsgrundsatz:** Die dingliche Einigung muss sich auf bestimmte Sachen beziehen, eine Übereignung von Sachgesamtheiten (Unternehmen, Warenlagern, Fabrikanlagen) ist nicht zulässig, vielmehr wird jede zur Sachgesamtheit gehörende Sache einzeln übereignet (Rn. 11, 268 ff.).

D. Übereignung nach §§ 929 S. 1, 931 BGB

Während § 930 BGB Fälle erfasst, in denen der Veräußerer Besitzer **63**
der Sache bleiben möchte, liegen § 931 BGB Konstellationen zu Grunde, in denen **ein Dritter im Besitz der Sache** ist. Der Veräußerer soll sich die Sache nicht erst beschaffen müssen, um sie dann dem Erwerber zu übergeben. Deshalb lässt § 931 BGB an Stelle der Übergabe i.S.v. § 929 S. 1 BGB die Abtretung (§ 398 BGB) des gegen den Dritten bestehenden Herausgabeanspruchs ausreichen. Auch hier wird im Interesse der Vereinfachung das Traditionsprinzip durchbrochen. Wie auch für die Fälle des § 930 BGB gilt für § 931 BGB: Die Abtretung des Herausgabeanspruchs **ersetzt nur die Übergabe i.S.v. § 929 S. 1 BGB** („so kann die Übergabe ... ersetzt werden"), im Übrigen vollzieht sich die Übereignung aber nach dem Grundtatbestand des § 929 S. 1 BGB, d.h. für den Eigentumserwerb müssen die **dingliche Einigung** und die **Berechtigung** des Verfügenden vorliegen.

§ 929 S. 1 i.V.m. § 931 BGB = Übereignung durch Abtretung eines Herausgabeanspruchs
• Einigung: § 929 S. 1 BGB
• Abtretung eines Herausgabeanspruchs: § 931 BGB
• Berechtigung: § 929 S. 1 BGB

Regelmäßig ergibt sich der abzutretende Herausgabeanspruch aus ei- **64**
nem zwischen dem Veräußerer und dem Dritten bestehenden **Besitzmittlungsverhältnis**.

Beispiel: V hat sein Radiogerät in Reparatur gegeben und will es nunmehr sofort an K übereignen. Der Herausgabeanspruch i.S.v. § 931 BGB ist der Anspruch des V gegen den Werkunternehmer aus dem Werkvertrag auf Rückgabe des Radiogeräts. Dieser wird nach § 398 BGB an den Erwerber (K) abgetreten. Dass der

Herausgabeanspruch nicht sofort fällig ist, steht dem Eigentumserwerb nicht entgegen.

Ist der Verfügende mittelbarer Besitzer, geht durch die Abtretung des Herausgabeanspruchs gem. § 870 BGB der mittelbare Besitz auf den Erwerber über. Haben der Eigentümer und der Besitzmittler jedoch ein Abtretungsverbot vereinbart, scheitert die Abtretung an § 399 Alt. 2 BGB.

65 Allerdings muss der Herausgabeanspruch gegen den Dritten nicht unbedingt aus einem Besitzmittlungsverhältnis resultieren, sondern kann sich etwa **auch aus § 812 BGB oder § 823 BGB** ergeben (Beachte: Schadensersatzansprüche sind nicht primär auf Geldersatz, sondern gem. § 249 Abs. 1 BGB auf Naturalrestitution gerichtet).

Beispiel: D hat dem V ein Radio gestohlen. V kann das Eigentum am Radio gem. §§ 929 S. 1, 931 BGB auf K übertragen, indem er K die ihm gegen D u.a. aus §§ 812, 823 BGB zustehenden Herausgabeansprüche abtritt.

66 Problematisch ist der Fall, dass dem Eigentümer gegen den Dritten **nur ein Anspruch aus § 985 BGB** auf Herausgabe zusteht.

Beispiel: V leiht dem A ein Radio, dieses wird von D gestohlen und an den gutgläubigen C veräußert. Hier steht V gegen C nur ein Herausgabeanspruch aus § 985 BGB zu (wegen § 935 Abs. 1 S. 2 BGB kann C nicht gutgläubig Eigentum erwerben). Ein Anspruch des V gegen C aus § 812 Abs. 1 S. 1 Alt. 2 BGB wegen Eingriffskondiktion scheidet demgegenüber aus, da die Sache dem C von dritter Seite (hier: D) geleistet wurde (sog. Subsidiaritätsprinzip – vgl. dazu auch Rn. 107).

Will V das Eigentum auf einen Käufer K durch Abtretung des ihm gegen C zustehenden Herausgabeanspruchs übertragen, stellt sich das Problem, dass der Anspruch aus § 985 BGB gem. § 399 Alt. 1 BGB eigentlich nicht abgetreten werden kann: Der Inhalt des Anspruchs ist nämlich auf „Leistung an den Eigentümer“ gerichtet, deshalb kann er nicht durch Abtretung vom Eigentum getrennt werden, ohne dass sein Inhalt geändert wird. Im Ergebnis ist man sich allerdings einig, dass gleichwohl **die Eigentumsübertragung möglich sein muss**. Eine Ansicht weist zu Recht darauf hin, dass die Abtretung des Herausgabeanspruchs aus § 985 BGB im vorliegenden Fall erlaubt sein muss, weil gleichzeitig die Eigentumsübertragung bewirkt wird, so dass kein Auseinanderfallen von Eigentum und Forderungsinhaberschaft droht. Die wohl h.M. hält daran fest, dass formal gesehen der Anspruch nicht abgetreten werden könne, vielmehr entstehe er als Konsequenz der Eigentumsübertragung in der Hand des Erwerbers neu, doch soll in dieser

Konstellation ausnahmsweise eine **Übereignung durch bloße Einigung i.S.v. § 929 S. 1 BGB** zulässig sein (*Vieweg/Lorz*, § 4 Rn. 51). Regelmäßig bestehen neben § 985 BGB weitere Herausgabeansprüche, so dass es auf das hier dargestellte Problem nicht ankommt. Daher ist es wichtig, **bei § 931 BGB stets exakt zu prüfen, welche Herausgabeansprüche konkret bestehen**.

Die §§ 929 ff. BGB sind die wichtigsten Normen des Mobiliarsachenrechts, da sie die zentrale Frage beantworten, wer Eigentümer einer beweglichen Sache ist. In Klausuren kann sich die Frage nach dem Eigentum auf zwei Arten stellen, entweder direkt (Bsp. für Fallfrage: „Wer ist Eigentümer der Uhr?“) oder indirekt, wenn die Frage der Eigentümerstellung inzident als Tatbestandsmerkmal der einschlägigen Anspruchsgrundlage zu prüfen ist (z.B. bei der Prüfung von § 985 BGB oder § 823 Abs. 1 BGB). In beiden Fällen hat sich bei der Prüfung der Eigentumslage der sog. **historische Aufbau** bewährt (vgl. *Medicus/Petersen*, Rn. 18). Dafür stellt man zunächst fest, wer ursprünglich Eigentümer war (bzw. sucht im Sachverhalt den Ausgangspunkt, der eine klare Eigentumszuordnung ermöglicht), und prüft dann in zeitlicher Reihenfolge die für einen Eigentumsübergang relevanten Ereignisse (meist rechtsgeschäftliche Übereignungen inkl. gutgläubigen Erwerbs (vgl. Rn. 67 ff.) oder gesetzliche Erwerbstatbestände (vgl. Rn. 115 ff.)).

Formulierungsbeispiel: *A könnte gegen B einen Anspruch aus § 985 BGB auf Herausgabe der Uhr haben. Dafür müsste A zunächst Eigentümer der Uhr sein. Ursprünglich gehörte die Uhr E. E könnte sein Eigentum aber gemäß § 929 S. 1 BGB auf F übertragen haben. Dafür müssten sich E und F über die Übereignung geeinigt haben (...) F hat das Eigentum zwar anschließend nicht dadurch verloren, dass er G die Uhr geliehen hat, doch könnte A gem. §§ 929 S. 1, 932 BGB das Eigentum gutgläubig von G erworben haben (...).*

Bei komplexeren bzw. umfangreicheren Sachverhalten bietet es sich an, zunächst in Stichpunkten eine Zeittafel zu erstellen, um später bei der eigentlichen Klausurlösung keine relevanten Aspekte zu übersehen.

Kapitel 3. Eigentumserwerb vom Nichtberechtigten

A. Grundsatz und System

Der gutgläubige Erwerb beweglicher Sachen vom Nichtberechtigten ist in den §§ 932 ff. BGB geregelt. Die Möglichkeit gutgläubigen Erwerbs ist nicht selbstverständlich: So wird in anderen Zusammenhängen der gute Glaube grundsätzlich nicht geschützt, z.B. der gute Glaube an die Volljährigkeit oder an das Bestehen einer Vertretungsmacht. Für die Zulassung des gutgläubigen Eigentumserwerbs spricht das allgemeine Interesse an der Leichtigkeit und Sicherheit des **Rechtsverkehrs**, denn eine Überprüfung der Eigentumsverhältnisse ist dem Erwerber regelmäßig nicht möglich oder nicht zumutbar. Soweit der Veräußerer durch den **Rechtsschein des Besitzes** legitimiert wird (vgl. Publizitätsprinzip Rn. 11 f.), ermöglichen die §§ 932 ff. BGB daher dem Gutgläubigen, Eigentum vom Nichtberechtigten zu erwerben. 67

Um jedoch einen gerechten Ausgleich mit den **Interessen des Eigentümers** herbeizuführen, wird die Möglichkeit gutgläubigen Erwerbs durch § 935 BGB eingeschränkt. § 935 BGB gilt für alle Tatbestände des gutgläubigen Erwerbs und schließt für den Fall des unfreiwilligen Besitzverlustes (= Abhandenkommen) den gutgläubigen Erwerb aus. Umgekehrt bedeutet das: Nur wenn der Besitz freiwillig aus der Hand gegeben wurde, ist gutgläubiger Erwerb möglich (**Veranlassungsprinzip**). Soweit der Berechtigte durch den gutgläubigen Erwerb sein Eigentum verliert, kommen Ausgleichsansprüche vor allem gegen den unberechtigt Verfügenden in Frage (Rn. 107). 68

Die gesetzliche Regelung des gutgläubigen Erwerbs **knüpft an die unterschiedlichen Tatbestände für den Erwerb vom Berechtigten** an. Die §§ 932 ff. BGB ersetzen nur die fehlende Berechtigung des Verfügenden, die übrigen Voraussetzungen sind wie beim Erwerb vom Berechtigten zu prüfen. Daraus ergibt sich folgender Zusammenhang: 69

Im Fall von…	gutgl. Erwerb nach…
§ 929 S. 1 BGB ⇒	§ 932 Abs. 1 S. 1 BGB
§ 929 S. 2 BGB ⇒	§ 932 Abs. 1 S. 2 BGB
§§ 929 S. 1, 930 BGB ⇒	§ 933 BGB
§§ 929 S. 1, 931 BGB ⇒	§ 934 BGB

70 Nur wenn die Beteiligten einen **rechtsgeschäftlichen Eigentumserwerb** nach §§ 929 ff. BGB anstreben, erlauben die §§ 932 ff. BGB einen gutgläubigen Erwerb; dies zeigt schon der Wortlaut des § 932 Abs. 1 BGB („durch eine nach § 929 erfolgte Veräußerung"). Denn nur im Rahmen eines rechtsgeschäftlichen Erwerbs kann schutzwürdiges Vertrauen geweckt werden. Demgegenüber kommt in Fällen des **gesetzlichen Eigentumserwerbs**, etwa durch Erbgang nach § 1922 BGB, ein gutgläubiger Erwerb nicht in Frage.

71 Auch wenn auf der Veräußerer- und der Erwerberseite bei wirtschaftlicher Betrachtung Personenidentität vorliegt, ist ein gutgläubiger Eigentumserwerb ausgeschlossen.

Beispiel: Der einzige Gesellschafter einer GmbH erwirbt von dieser einen Computer. Zwar handelt es sich – rein juristisch gesehen – um ein Rechtsgeschäft zwischen zwei verschiedenen Rechtssubjekten, doch überwiegen nur bei einem sog. **Verkehrsgeschäft**, bei dem Veräußerer und Erwerber auch bei wirtschaftlicher Betrachtung verschiedene Personen sind, die Interessen des Rechtsverkehrs das Erhaltungsinteresse des wahren Berechtigten (*Wieling*, S. 371).

Liegt kein Verkehrsgeschäft vor, ist ein gutgläubiger Eigentumserwerb nach §§ 932 ff. BGB ausgeschlossen. Doch sollte dieser Prüfungspunkt nicht routinemäßig angesprochen werden, sondern nur in den – seltenen – Fällen, in denen er Probleme aufwirft.

B. Gutgläubiger Erwerb nach §§ 929, 932 Abs. 1 S. 1 BGB

72 Der gutgläubige Eigentumserwerb nach § 932 Abs. 1 S. 1 i.V.m. § 929 S. 1 BGB setzt die Tatbestandsmerkmale des § 929 S. 1 BGB – **Einigung** und **Übergabe** – voraus und ersetzt das dritte Tatbestandsmerkmal der Berechtigung durch den **guten Glauben des Erwerbers** an das Eigentum des Veräußerers (§ 932 BGB).

§§ 929 S. 1, 932 Abs. 1 S. 1 BGB
• Einigung: § 929 S. 1 BGB
• Übergabe: § 929 S. 1 BGB
• guter Glaube: § 932 Abs. 1 S. 1 und Abs. 2 BGB
• kein Abhandenkommen nach § 935 BGB

Bei der Falllösung kann es – gerade für Anfänger – hilfreich sein, zunächst nur die Tatbestandsvoraussetzungen des § 929 S. 1 BGB zu prüfen und dabei festzustellen, dass der Verfügende nicht Berechtigter i.S.v. § 929 S. 1 BGB ist. Erst in einem zweiten Schritt wird dann gefragt, ob der Erwerber nach § 929 S. 1 i.V.m. § 932 BGB das Eigentum gutgläubig vom Nichtberechtigten erworben hat.

Beispiel: V verkauft und übergibt K eine alte Kaffeemühle, die er sich von seiner Großmutter geliehen hat. **Formulierungsvorschlag:** K könnte nach § 929 S. 1 BGB von V das Eigentum durch Einigung und Übergabe erworben haben. Zwar hat V dem K den unmittelbaren Besitz an der Mühle übertragen, und beide waren sich (konkludent) über den Eigentumsübergang auf K einig, doch scheitert der Eigentumserwerb nach § 929 S. 1 BGB daran, dass V als Nichtberechtigter verfügt hat. Allerdings könnte K gem. § 929 S. 1 i.V.m. § 932 BGB das Eigentum vom Nichtberechtigten erworben haben. Dafür müsste er gutgläubig i.S.v. § 932 Abs. 2 BGB gewesen sein (…).

I. Einigung – insbesondere gutgläubiger Erwerb von Minderjährigen

Für die **dingliche Einigung** zwischen Veräußerer und Erwerber, die 73
für den Erwerb vom Nichtberechtigten stets in gleicher Weise erforderlich ist wie für den Erwerb vom Berechtigten, gelten die allgemeinen Grundsätze, die bereits erörtert wurden (Rn. 29 ff.). Besondere Probleme wirft jedoch der gutgläubige Erwerb vom Minderjährigen auf: Verfügt ein Minderjähriger – ohne Zustimmung seiner gesetzlichen Vertreter – über sein Eigentum, ist die Verfügung gem. § 107 BGB schwebend unwirksam, da sie rechtlich nachteilhaft ist. Fraglich ist jedoch, wie die Verfügung eines Minderjährigen über eine fremde, ihm nicht gehörende Sache zu behandeln ist.

Fall: Der 15-jährige M hat sich eine DVD von seinem Schulkameraden E ausgeliehen. M übereignet – ohne Zustimmung seiner Eltern – die DVD an K, der M für den Eigentümer der DVD hält. E verlangt von K Herausgabe der DVD.

Lösung: Ein Anspruch aus § 985 BGB scheitert, wenn K von M gutgläubig gem. §§ 929 S. 1, 932 Abs. 1 S. 1 BGB Eigentum an der DVD erworben hat. Angesichts der Minderjährigkeit des M ist fraglich, ob eine wirksame dingliche Einigung i.S.v. § 929 S. 1 BGB vorliegt. Würde es sich bei der DVD um das Eigentum des M handeln, wäre seine Einigung ohne Zustimmung seiner Eltern als rechtlich nachteilig unwirksam (vgl. § 107 BGB). Da die DVD aber dem M gar nicht gehört, handelt es sich für ihn um ein sog. **rechtlich neutrales Geschäft**. Dass rechtlich neutrale Geschäfte Minderjähriger nicht nach § 107 BGB zustimmungsbedürftig sind, zeigt § 165 BGB. Nach einer **Mindermeinung** soll ein gutgläubiger Erwerb von M als

Nichtberechtigtem in der vorliegenden Konstellation im Wege teleologischer Reduktion der §§ 932 ff. BGB dennoch ausgeschlossen sein: Der Zweck der §§ 932 ff. BGB liege darin, den Erwerber so zu stellen, wie er stünde, wenn seine Vorstellungen von der Eigentumslage richtig wären. Hätte M tatsächlich über eine ihm gehörende Sache verfügt, so wie K sich dies vorgestellt hatte, wäre diese Übereignung aber mangels Zustimmung seiner gesetzlichen Vertreter unwirksam gewesen (*Medicus/Petersen*, Rn. 540 ff.). Demgegenüber kann nach **herrschender Meinung** K von M gem. §§ 929 S. 1, 932 BGB gutgläubig Eigentum erwerben. Denn der Schutzzweck der §§ 106 ff. BGB besteht darin, Minderjährige vor dem Verlust von Rechten zu schützen, nicht dagegen, Eigentümer vor Eigentumsverlust zu bewahren (*Westermann/Gursky/Eickmann*, § 47 Rn. 14).

II. Übergabemodalitäten

74 Da § 932 Abs. 1 S. 1 BGB von einer Veräußerung nach § 929 S. 1 BGB ausgeht, genügen für den gutgläubigen Erwerb **alle bei § 929 S. 1 BGB erörterten Übergabemodalitäten** (vgl. Rn. 40 ff.).

Beispiel: G verkauft eine Maschine unter Eigentumsvorbehalt (§ 449 Abs. 1 BGB) an V. Noch bevor G dem V die Maschine übergibt, verkauft V sie weiter an K, ohne den Eigentumsvorbehalt zu erwähnen, und bittet G, die Maschine direkt an K zu liefern. G kommt dieser Bitte nach, ohne bei der Anlieferung auf den zwischen ihm und V vereinbarten Eigentumsvorbehalt hinzuweisen.

G will weder an K noch (sofort) an V übereignen. Ein Eigentumserwerb des K kommt nur aufgrund der Vereinbarung mit V in Betracht, und zwar nach §§ 929 S. 1, 932 Abs. 1 S. 1 BGB. Während eine dingliche Einigung zwischen V und K ohne Weiteres gegeben ist, stellt sich die Frage, ob die Lieferung durch G auch als eine Übergabe durch V zu werten ist. K würde unbedenklich Eigentümer, wenn V sich von G die Maschine aushändigen ließe und an K weitergäbe. Da die Auslieferung der Maschine durch G als **Geheißperson** des V den Tatbestand der Übergabe i.S.v. § 929 S. 1 BGB erfüllt, muss sie auch für den gutgläubigen Erwerb nach § 932 Abs. 1 S. 1 BGB genügen. Zwar spricht kein Rechtsschein des Besitzes für V. Aber: Wer die Macht hat, einen Dritten zur Besitzübertragung an den Erwerber zu veranlassen, wird wie bei eigenem Besitz als Herr der Sache ausgewiesen (Rn. 53).

75 Umstritten ist dagegen die Frage, ob auch bei Einschaltung einer **sog. Scheingeheißperson** gutgläubig Eigentum erworben werden kann. Hier handelt der besitzende Dritte nicht aufgrund einer Weisung des Veräußerers zur Weitergabe der Sache, auch wenn es aus Sicht des Erwerbers den Anschein hat.

Fall (in Anlehnung an BGH NJW 1974, 1132): Der Hemdenfabrikant E beauftragt den Schneider M, für ihn Hemden zu veräußern. M verkauft daraufhin – abredewidrig – in eigenem Namen und auf eigene Rechnung Hemden des E an K. Diese holt sich der K sodann bei E ab und zahlt den vereinbarten Kaufpreis an M. E geht bei der Auslieferung davon aus, er selbst sei – vertreten durch M – Vertragspartner des K geworden. Wie ist die Eigentumslage?

Lösung: K könnte von M nach §§ 929, 932 BGB gutgläubig Eigentum erworben haben. Eine dingliche Einigung i.S.v. § 929 S. 1 BGB ist zwischen K und M im Zusammenhang mit dem Abschluss des Kaufvertrags konkludent erfolgt. Voraussetzung wäre des Weiteren, dass M die Hemden an K übergeben hat. Anerkannt ist, dass es für die Übergabe ausreicht, wenn ein Dritter auf Geheiß des Veräußerers dem Erwerber den Besitz überträgt (Rn. 53). In Wirklichkeit hat E jedoch nicht auf Geheiß des M gehandelt, auch wenn sich dies aus der Sicht des K so darstellt. Gegen die Möglichkeit eines gutgläubigen Erwerbs wird in der vorliegenden Konstellation ins Feld geführt, § 932 BGB schütze nur den guten Glauben an das Eigentum aufgrund einer objektiv vorhandenen Rechtsscheinsbasis, also nur, wenn sich der unmittelbare Besitzer tatsächlich dem Geheiß des Veräußerers unterwirft und für dessen Rechnung die Sache übergibt (vgl. zum Streitstand *Vieweg/Lorz*, § 5 Rn. 18). Der BGH befürwortet dagegen einen gutgläubigen Erwerb, weil – wie bei der Auslegung der dinglichen Einigungserklärungen – der Empfängerhorizont des Erwerbers entscheidend sein müsse und der Erwerber auch in der vorliegenden Konstellation den Besitz letztlich scheinbar „auf Veranlassung" des Veräußerers erlange. (Eine Übereignung von E an K kommt im vorliegenden Fall nicht in Frage, weil K den M für denjenigen hält, von dem er das Eigentum an den Hemden erwirbt. Daher ist der Wille des K nicht darauf gerichtet, sich mit E über den Eigentumsübergang zu einigen).

III. Guter Glaube

1. Legaldefinition, § 932 Abs. 2 BGB

Zentrales Erfordernis für jeden Tatbestand des gutgläubigen Erwerbs ist der gute Glaube des Erwerbers. Eine **Legaldefinition** des guten Glaubens ist in § 932 Abs. 2 BGB enthalten, danach schadet dem Erwerber nur positive Kenntnis vom mangelnden Eigentum oder grob fahrlässige Un- 76 kenntnis. Grob fahrlässig handelt, **wer die erforderliche Sorgfalt in ungewöhnlich grobem Maße verletzt und im gegebenen Fall das außer Acht lässt, was jedem hätte einleuchten müssen**.

Man könnte auf den Gedanken kommen, in Fällen einfacher Fahrlässigkeit dem Erwerber eine schuldhafte deliktische Handlung zur Last zu legen, die gem. § 823 Abs. 1 BGB in Verbindung mit dem Prinzip der Naturalrestitution (§ 249 Abs. 1 BGB) zur Rückübertragung des Eigentums verpflichtet. Wichtig ist zu erkennen, dass der gutgläubige Eigentumserwerb durchaus eine Eigentumsverletzung i.S.v. § 823 Abs. 1 BGB darstellt, denn eine gravierendere Beeinträchtigung der Eigentümerinteressen als die vollständige Entziehung des Eigentums kann man sich nicht vorstellen. Auch könnte aus § 823 Abs. 1 BGB ein Anspruch auf Herausgabe resultieren, weil Schadensersatzansprüche nicht in erster Linie auf Geldersatz, sondern auf Naturalrestitution gerichtet sind (§ 249 Abs. 1 BGB). Doch muss im Ergebnis der Anspruch verneint werden, weil sonst die in § 932 BGB enthaltene Wertung unterlaufen würde (*Baur/Stürner*, § 52 Rn. 27).

77 Ähnlich wie bei § 280 Abs. 1 S. 2 BGB („dies gilt nicht") folgt aus der negativen Formulierung in § 932 Abs. 2 BGB („es sei denn") eine wichtige **Beweislastverteilung:** Nicht der Erwerber muss nachweisen, dass er gutgläubig war, sondern der (bisherige) Eigentümer, der den Rechtserwerb bestreitet, muss nachweisen, dass der Erwerber bösgläubig war. In der Sache lässt sich aus der Vorschrift die Wertung ableiten, dass das Gesetz das Vorliegen von **Gutgläubigkeit vermutet.** Für Klausuren folgt daraus, dass ohne konkrete Anhaltspunkte im Sachverhalt, die auf Bösgläubigkeit des Erwerbers hindeuten, von seiner Gutgläubigkeit ausgegangen werden muss. Für den Erwerber besteht **keine allgemeine Nachforschungspflicht**, es sei denn, besondere Umstände lassen die Berechtigung des Veräußerers fragwürdig erscheinen. Dafür ist der wichtigste Anwendungsfall, den man sich unbedingt merken muss: Beim Kauf eines gebrauchten Kraftfahrzeugs muss sich der Käufer die Zulassungsbescheinigung Teil II (früher **Kfz-Brief**) vorlegen lassen und, wenn eine andere Person als der Verkäufer als Halter eingetragen ist, der Eigentumsfrage nachgehen, andernfalls handelt er in aller Regel grob fahrlässig. Zeigt der Verkäufer dem Käufer allerdings eine täuschend echt gefälschte Zulassungsbescheinigung (vgl. Fallbeispiel Rn. 100), kann von grober Fahrlässigkeit nicht ausgegangen werden (BGH NJW 2020, 3711, 3714).

Demgegenüber kann beim Erwerb eines Neuwagens von einem autorisierten Kfz-Händler im Allgemeinen ohne Vorlage der Zulassungsbescheinigung Teil II gutgläubig erworben werden (üblicherweise lassen sich diese Kfz-Händler nicht in die Zulassungsbescheinigung eintragen, weil sie das Auto nicht selbst nutzen und eine zusätzliche Haltereintragung den Wert des Autos mindern würde).

Für den Erwerb des Eigentums an einem **Kraftfahrzeug vom Berechtigten** ist die Übergabe der Zulassungsbescheinigung Teil II dagegen nie erforderlich. Das Eigentum an der Urkunde geht vielmehr kraft Gesetzes gem. § 952 BGB analog mit der Übereignung des Kraftfahrzeugs auf den Erwerber über (Rn. 142).

Auch ein offensichtliches Missverhältnis zwischen Kaufpreis und Verkehrswert kann eine Nachforschungspflicht des Käufers auslösen, wenn sich hierdurch der Verdacht aufdrängt, dass bei der Veräußerung nicht alles mit rechten Dingen zugeht.

2. Inhalt des guten Glaubens

Geschützt wird in §§ 932 ff. BGB der **gute Glaube an das Eigentum**, nicht an die Verfügungsbefugnis. 78

Beispiel: E hat V ein Bild geliehen. V veräußert das Bild an den gutgläubigen D. Behauptet V, dass er Eigentümer des Gemäldes ist, kann er dem D nach §§ 929 S. 1, 932 BGB das Eigentum verschaffen. Deckt V demgegenüber auf, dass das Gemälde dem E gehört, und behauptet lediglich wahrheitswidrig, er sei von E zur Übereignung ermächtigt worden (§ 185 Abs. 1 BGB), ist ein gutgläubiger Erwerb nicht möglich. Denn D ist nun gem. § 932 Abs. 2 BGB bösgläubig, weil ihm bekannt ist, dass die Sache nicht dem Veräußerer gehört.

Der **gute Glaube an die Verfügungsbefugnis** wird nur unter den Voraussetzungen des § 366 Abs. 1 HGB geschützt. Diese Vorschrift nimmt darauf Rücksicht, dass es im kaufmännischen Geschäftsverkehr teilweise üblich ist, Gegenstände zu veräußern, die dem Verfügenden nicht gehören. 79

Beispiel: Der im großen Umfang im internationalen Kunsthandel tätige V ist vom Inhaber eines Antiquitätengeschäfts A beauftragt, für Rechnung des A (aber im eigenen Namen) Kunstgegenstände aus dem Sortiment des A zu veräußern. Aufgrund einer Verwechslung verkauft V eine antike Vase aus dem Privatvermögen des A an K. Wenn K bekannt ist, dass V nicht eigene Kunstgegenstände veräußert, kommt ein gutgläubiger Erwerb nach §§ 929 S. 1, 932 BGB nicht in Frage. Da V jedoch Kaufmann (§ 1 HGB) ist und die Veräußerung der Vase zum Betriebe seines Handelsgewerbes (§§ 343, 344 HGB) gehört, kann K gem. § 929 S. 1 BGB i.V.m. § 366 Abs. 1 HGB das Eigentum erwerben, wenn er gutgläubig (i.S.v. § 932 Abs. 2 BGB) darauf vertraut, dass V zur Veräußerung ermächtigt ist.

§ 366 HGB ist eine prüfungsrelevante Querverbindung zwischen Handels- und Sachenrecht. Sofern es die Prüfungsordnung in Ihrem Bundesland erlaubt, notieren Sie § 366 HGB neben § 932 BGB. Zur Vertiefung vgl. etwa *Canaris*, § 27 Rn. 1 ff.

80 Hiervon zu unterscheiden sind die Fälle, in denen der Verkäufer tatsächlich eine **Verfügungsbefugnis** besitzt, diese ihm aber **von einem Nichtberechtigten erteilt** wurde.

Fall: E vermietet eine Sache an M. M ermächtigt den V, die Sache zu veräußern. V verkauft die Sache im eigenen Namen an K und legt offen, dass er nicht Eigentümer sei, M ihn aber zur Weiterveräußerung ermächtigt habe. Sodann holt V die Sache bei M ab und übergibt sie an K, der M für den Eigentümer hält. Wer ist Eigentümer?

Lösung: K könnte gem. §§ 929 S. 1, 932 Abs. 1 S. 1 BGB das Eigentum gutgläubig von V erworben haben. K und V haben sich über den Eigentumsübergang geeinigt, die Sache wurde dem K auch übergeben. Fraglich ist, ob K gutgläubig i.S.v. § 932 Abs. 1 S.1 BGB war. Dies erscheint zweifelhaft, weil K wusste, dass V nicht Eigentümer war. Doch war V vom unmittelbaren Besitzer des Gegenstandes (M), den K für den Eigentümer hielt, zur Verfügung ermächtigt worden (vgl. § 185 Abs. 1 BGB), was als Legitimationsgrundlage für den gutgläubigen Erwerb ausreicht. Denn K hätte ohne Weiteres das Eigentum auch direkt von M nach §§ 929 S. 1, 932 BGB erwerben können. Dieser Konstellation muss der Fall gleichgestellt sein, dass K das Eigentum von V mit Zustimmung des M erwirbt (vgl. BGHZ 56, 123, 128 f.). Würde V dagegen ohne jede Ermächtigung verfügen, sie also nur behaupten, wäre gutgläubiger Erwerb ausgeschlossen (Ausnahme: § 366 Abs. 1 HGB). Hier aber liegt **tatsächlich eine Ermächtigung durch M** vor, der **durch seinen Besitz als Eigentümer legitimiert** war (vgl. § 1006 Abs. 1 S. 1 BGB) und diesen Besitz vollständig auf den Erwerber übertragen hat (vgl. *Westermann/Gursky/Eickmann*, § 46 Rn. 5; sowie allg. Prinzipien des gutgläubigen Erwerbs Rn. 95).

Gegenstand des guten Glaubens ist im vorangehenden Fall nicht – wie normalerweise – die Eigentümerstellung des Verfügenden, sondern die **Eigentümerstellung desjenigen, der einer Verfügung durch einen Nichtberechtigten tatsächlich zustimmt**.

81 Wichtig ist, dass der gute Glaube **nur über die mangelnde Berechtigung des Verfügenden hinweghilft**, nicht aber sonstige Wirksamkeitsmängel des Verfügungsgeschäfts behebt: So kann etwa die Nichtigkeit des dinglichen Vertrags (= Einigung i.S.v. § 929 S. 1 BGB) z.B. wegen Geschäftsunfähigkeit des Übertragenden nicht durch gutgläubigen Erwerb „geheilt" werden.

3. Allgemeine Anforderungen

Der gute Glaube muss grundsätzlich in dem **Zeitpunkt vorliegen, in dem sich der Erwerbstatbestand vollendet** (Wortlaut § 932 Abs. 1 S. 1 BGB: „zu der Zeit …"). Sonderfall: Bei Übereignung unter Eigentumsvorbehalt genügt der gute Glaube des Erwerbers bei Einigung und Übergabe. Bei Eintritt der Bedingung (§ 158 BGB) braucht der gute Glaube nicht mehr vorhanden zu sein (vgl. Rn. 255). 82

Wird der **Eigentumserwerb des Voreigentümers angefochten**, wird dieser gem. § 142 Abs. 1 BGB ex tunc (also von Anfang an) zum Nichtberechtigten. Wichtig ist in diesem Zusammenhang insbesondere die Regelung des § 142 Abs. 2 BGB. 83

Beispiel: A verkauft und übereignet B einen Gegenstand, dieser überträgt das Eigentum weiter auf C. Sodann erklärt A gegenüber B wirksam die Anfechtung von Kaufvertrag und Übereignung. Gem. § 142 Abs. 1 BGB fällt damit das Eigentum mit Wirkung ex tunc zurück an A. B hat damit an C als Nichtberechtigter verfügt. Ob C gem. §§ 929 S. 1, 932 BGB gutgläubig Eigentum erworben hat, richtet sich gem. **§ 142 Abs. 2** i.V.m. § 932 Abs. 2 BGB danach, ob C die Anfechtbarkeit des Verfügungsgeschäfts kannte oder grob fahrlässig nicht kannte.

4. Kenntniszurechnung

Wird für den Eigentumserwerb (genauer: für die dingliche Einigung i.S.v. § 929 S. 1 BGB) auf der Erwerberseite ein **Stellvertreter** eingeschaltet, so kommt es nach § 166 Abs. 1 BGB auf dessen Kenntnis an. Handelt der Vertreter jedoch auf Weisung des Vertretenen, so ist zusätzlich auch dessen Kenntnis entscheidend (§ 166 Abs. 2 BGB). 84

Beispiel: Prokurist P erwirbt im Namen des Kunsthändlers K vom Nichtberechtigten N ein Gemälde. Während K gutgläubig ist, weiß P, dass N nicht der Eigentümer ist.

Die dingliche Einigung i.S.v. § 929 S.1 BGB hat P als Stellvertreter des K gem. § 164 BGB i.V.m. §§ 48, 49 HGB für K geschlossen. Das Gemälde wurde durch die Aushändigung an den Besitzdiener P auch gem. § 855 BGB dem K übergeben. Allerdings kommt, da N nicht Berechtigter i.S.v. § 929 S. 1 BGB ist, nur ein gutgläubiger Erwerb nach §§ 929 S. 1, 932 Abs. 1 S. 1 BGB in Frage. Zwar ist K selbst gutgläubig, doch muss er sich gem. § 166 Abs. 1 BGB die Kenntnis seines Vertreters zurechnen lassen, so dass ein gutgläubiger Erwerb scheitert.

Wird die Sache an einen Besitzdiener oder Besitzmittler übergeben, der nicht den dinglichen Vertrag als Stellvertreter des Erwerbers geschlossen hat, ist § 166 BGB weder direkt noch analog anwendbar (Staudinger/*Heinze*, § 932 Rn. 98). 85

C. Gutgläubiger Erwerb nach §§ 929 S. 2, 932 Abs. 1 BGB

86 § 932 Abs. 1 S. 2 BGB betrifft den gutgläubigen Erwerb, dem eine Übereignung nach § 929 S. 2 BGB zu Grunde liegt. Gemäß § 929 S. 2 BGB genügt eine bloße **Einigung**, wenn der Erwerber bereits im Besitz der Sache ist (**Übereignung kurzer Hand**); wie der Erwerber in den Besitz der Sache gelangt ist, spielt beim Erwerb vom Berechtigten für die Anwendbarkeit von § 929 S. 2 BGB keine Rolle. Für den Fall des gutgläubigen Erwerbs verlangt § 932 Abs. 1 S. 2 BGB jedoch zusätzlich, **dass der Besitz vom Veräußerer erlangt wurde**, weil sonst kein schutzwürdiger Rechtsschein besteht.

Beispiel: E verleiht eine Sache an K, danach veräußert der nichtberechtigte V (!) diese Sache an K. Ein gutgläubiger Erwerb nach §§ 929 S. 2, 932 Abs. 1 BGB ist nicht möglich, weil K die Sache nicht gem. § 932 Abs. 1 S. 2 BGB von V übergeben wurde. Selbst wenn K, der ja die Sache von E erhalten hat, Anlass hätte, an das Eigentum des V zu glauben (V könnte z.B. behaupten, er sei schon immer Eigentümer gewesen und hätte die Sache an E verliehen, oder: E habe inzwischen die Sache nach § 931 BGB an V übereignet), so spricht für V doch kein Rechtsschein.

Gegenbeispiel: E verleiht eine Sache an V, dieser verleiht sie weiter an K. Danach übereignet V dem K die Sache. Hier liegt ein Fall des §§ 929 S. 2, 932 Abs. 1 BGB vor, da K den Besitz an der Sache, wie von § 932 Abs. 1 S. 2 BGB gefordert, vom Veräußerer (V) erlangt hat.

§§ 929 S. 2, 932 Abs. 1 BGB = Übereignung kurzer Hand
• Einigung: § 929 S. 1 BGB
• Erwerber bereits Besitzer: § 929 S. 2 BGB
• guter Glaube: § 932 Abs. 1 S. 1 und Abs. 2 BGB und Erwerber muss Besitz vom Veräußerer erlangt haben: § 932 Abs. 1 S. 2 BGB
• kein Abhandenkommen nach § 935 BGB

D. Gutgläubiger Erwerb nach §§ 929 S. 1, 930, 933 BGB

87 Übereignet ein Nichtberechtigter in der Form der §§ 929 S. 1, 930 BGB durch **Einigung** und Vereinbarung eines **Besitzmittlungsverhältnisses**, lässt § 933 BGB für einen gutgläubigen Erwerb nicht die Vereinbarung des Besitzmittlungsverhältnisses genügen, obwohl die Vereinbarung des Besitzmittlungsverhältnisses einen ähnlichen Rechtsschein zu begründen scheint wie eine Übergabe nach § 929 S. 1 BGB. Vielmehr

ist im Grunde die Vereinbarung des Besitzmittlungsverhältnisses nach § 933 BGB bedeutungslos. Das Gesetz behandelt den Fall des § 933 BGB wie einen Fall des §§ 929 S. 1, 932 Abs. 1 S. 1 BGB und **fordert als Voraussetzung für einen gutgläubigen Erwerb eine Übergabe i.S.v. § 929 S. 1 BGB**. Diese gesteigerte Anforderung rechtfertigt sich daraus, dass der (unmittelbare) Besitz bei der Vereinbarung eines Besitzmittlungsverhältnisses weiterhin beim Veräußerer verbleibt. Gutgläubigen Eigentumserwerb erlaubt das Gesetz aber nur dann, wenn der Veräußerer keinen „Rest an Besitz" zurückbehält (vgl. Rn. 95).

§§ 929 S. 1, 930, 933 BGB = Übereignung durch Besitzkonstitut
• Einigung: § 929 S. 1 BGB
• Besitzkonstitut: § 930 BGB = Veräußerer ist Besitzer und mittelt dem Erwerber den mittelbaren Besitz i.S.v. § 868 BGB
• guter Glaube: § 933 i.V.m. § 932 Abs. 2 BGB und Übergabe durch Veräußerer i.S.v. § 933 BGB entspricht Übergabe i.S.v. § 929 S. 1 BGB
• kein Abhandenkommen nach § 935 BGB

Die in § 933 BGB geforderte Übergabe umfasst alle auch für § 929 S. 1 BGB zulässigen Übergabemodalitäten (vgl. Rn. 42 ff.). **88**

Ist der Verfügende selbst weder mittelbarer noch unmittelbarer Besitzer (z.B. hat er eine Sache, die ihm nicht gehört, verloren), liegt eine für § 933 BGB ausreichende Übergabe vor, wenn der Dritte, der im Besitz der Sache ist, diese unter Anerkennung des Veräußerungsgeschäfts an den Erwerber herausgibt (z.B. auf Weisung des Veräußerers oder weil sich der Erwerber auf das Geschäft mit dem Veräußerer beruft). Hier liegt ein mit den Fällen des Geheißerwerbs (vgl. Rn. 53 und 74 f.) vergleichbarer Rechtsschein vor.

Die Hauptbedeutung des § 933 BGB liegt (wie die des § 930 BGB) **89**
bei den Fällen der **Sicherungsübereignung**.

Beispiel: E übereignet einen Gegenstand unter Eigentumsvorbehalt an K (vgl. § 449 Abs. 1 BGB). Noch bevor K den Kaufpreis vollständig bezahlt hat, übereignet K den Gegenstand zur Sicherheit an die Bank B (Besitzkonstitut i.S.v. § 868 BGB = Sicherungsabrede). Da K Nichtberechtigter ist, kommt nur ein gutgläubiger Eigentumserwerb nach §§ 929 S. 1, 930, 933 BGB in Frage. Solange K seinen Besitz nicht auf B überträgt, erwirbt B gem. § 933 BGB kein Eigentum. Allerdings kann die gescheiterte Übertragung des Vollrechts Eigentum in die Übertragung des dem Vorbehaltskäufer zustehenden Anwartschaftsrechts umgedeutet werden (§ 140 BGB) – dieses Anwartschaftsrecht überträgt K als Berechtigter nach §§ 929 S. 1, 930 BGB (Rn. 257).

E. Gutgläubiger Erwerb nach §§ 929 S. 1, 931, 934 BGB

90 Der Tatbestand des § 934 BGB knüpft an § 931 i.V.m. § 929 S. 1 BGB an. Es geht also um Fälle, in denen ein Dritter im Besitz der Sache ist und die Übergabe i.S.v. § 929 S. 1 BGB gem. § 931 BGB durch Abtretung (§ 398 BGB) eines Herausgabeanspruchs ersetzt werden soll. § 934 BGB erlaubt auch in dieser Konstellation den gutgläubigen Erwerb vom Nichtberechtigen, allerdings unterscheidet die Vorschrift zwei Alternativen: In den Fällen des § 934 **Alt. 1** BGB ist der gute Glaube des Erwerbers ausreichend, demgegenüber ist in den Fällen des § 934 **Alt. 2** BGB zusätzlich erforderlich, dass der Dritte dem Erwerber die Sache übergibt. Ob § 934 Alt. 1 BGB oder § 934 Alt. 2 BGB anwendbar ist, **steht und fällt mit der Frage, ob der Verfügende mittelbarer Besitzer** der Sache i.S.v. § 868 BGB ist.

§§ 929 S. 1, 931, 934 BGB = Übereignung durch Abtretung eines Herausgabeanspruchs
• Einigung: § 929 S. 1 BGB
• Abtretung eines Herausgabeanspruchs: § 931 BGB
• guter Glaube: § 934 i.V.m. § 932 Abs. 2 BGB <u>und</u> <u>entweder</u>: § 934 Alt. 1 BGB: Verfügender ist mittelbarer Besitzer: kein weiteres Erfordernis <u>oder</u>: § 934 Alt. 2 BGB: Übergabe i.S.v. § 929 S. 1 BGB durch Dritten
• kein Abhandenkommen nach § 935 BGB

91 In den Fällen des **§ 934 Alt. 1 BGB** ist der Nichtberechtigte mittelbarer Besitzer i.S.v. § 868 BGB („wenn der Veräußerer mittelbarer Besitzer der Sache ist"). Dies setzt voraus, dass gegen den Dritten ein Herausgabeanspruch besteht und dieser Besitzmittlungswillen hat (vgl. Rn. 17 f.).

Beispiel: E verleiht eine Sache an N, der sie an L weiterverleiht. N veräußert die Sache, die sich bei L befindet, an den gutgläubigen K und tritt ihm seinen gegen L zustehenden Herausgabeanspruch ab.

Hier vollzieht sich der gutgläubige Eigentumserwerb nach §§ 929 S. 1, 931, 934 Alt. 1 BGB durch Einigung und bloße Abtretung (§ 398 BGB) des Herausgabeanspruchs aus § 604 BGB an den gutgläubigen K. Hintergrund: Gem. § 870 BGB **geht mit Abtretung des Herausgabeanspruchs der mittelbare Besitz auf den Erwerber über** – dies stellt einen ausreichenden Rechtsscheinstatbestand dar.

In den Fällen des **§ 934 Alt. 2 BGB** ist der Nichtberechtigte nicht mittelbarer Besitzer („anderenfalls“), weil er keinen Herausgabeanspruch hat (Beispiel 2) oder der Dritte keinen Besitzmittlungswillen (Beispiel 1). **92**

Beispiel 1: E verleiht eine Sache an N. D entwendet N die Sache. Wenn N den Gegenstand unter Abtretung des ihm aus §§ 812, 823 BGB gegen D zustehenden Herausgabeanspruchs (berechtigter Besitz des N ist ein sonstiges Recht i.S.v. § 823 BGB) an den gutgläubigen K übereignet, liegt ein Fall des § 934 Alt. 2 BGB vor, weil D keinen Besitzmittlungswillen hat, so dass N nicht mittelbarer Besitzer ist. Solange K von D den Besitz an der Sache nicht erlangt, erwirbt er kein Eigentum.

Beispiel 2: E verleiht eine Sache an L. N behauptet gegenüber dem Käufer K, er sei Eigentümer und habe die Sache an L verliehen. N tritt dem K seinen vermeintlichen Herausgabeanspruch gegen L ab. Hier ist N ebenfalls nicht mittelbarer Besitzer, so dass ein gutgläubiger Eigentumserwerb nach § 934 Alt. 1 BGB nicht in Frage kommt. Für § 934 Alt. 2 BGB i.V.m. §§ 929 S. 1, 931 BGB ist entscheidend, ob L die Sache auf Weisung des N an K herausgibt. Tut L das, so ist der Sachverhalt vergleichbar mit einer Übergabe i.S.v. § 929 S. 1 BGB durch eine Geheißperson des Veräußerers, und K erlangt Eigentum.

§ 934 BGB ist von besonderer Klausurrelevanz. Wichtig ist es, deutlich zwischen den beiden Alternativen zu unterscheiden und diese möglichst immer genau zu zitieren. *Beispiel:* K könnte gem. §§ 929 S. 1, 931, 934 Alt. 2 BGB Eigentum erworben haben …

Dass nach der **zweiten Variante** des § 934 BGB zusätzlich eine Übergabe gefordert wird, ist unmittelbar einsichtig, denn für den Veräußerer, der nur behauptet, mittelbarer Besitzer zu sein, spricht kein Rechtsschein. Nicht so leicht zu verstehen ist die **erste Variante**, weil hier das Bestehen eines Herausgabeanspruchs ausreicht, um dem Gutgläubigen sofort Eigentum zu verschaffen, während bei §§ 930, 933 BGB die Vereinbarung eines Besitzmittlungsverhältnisses zwischen dem Veräußerer und dem Erwerber nicht für einen gutgläubigen Eigentumserwerb genügt. Der Unterschied liegt darin, dass bei Verfügung eines Nichtberechtigten in der Form des § 930 BGB der Veräußerer einen „Rest an Besitz“ zurückbehält (was einen gutgläubigen Erwerb hindert), im Fall des § 934 Alt. 1 BGB demgegenüber nicht (vgl. Prinzipien des gutgläubigen Erwerbs Rn. 95). **93**

Beispiel: Der Entleiher L verkauft die Leihsache an den K. L kann dem K kein Eigentum durch Vereinbarung eines Besitzmittlungsverhältnisses (§ 868 BGB) verschaffen, dafür müsste er die Sache dem K schon übergeben (§ 933 BGB). Wohl aber könnte L dem K Eigentum dadurch verschaffen, dass er die Sache zuerst weiterverleiht und dem K den Herausgabeanspruch abtritt (§§ 929 S.1, 931, 934 Alt. 1 BGB). In beiden Fällen erwirbt K den mittelbaren Besitz. Der Unterschied ist nur: Im 1. Fall bleibt der L Besitzer (und zwar unmittelbarer), im 2. Fall gibt er mit der Abtretung des Herausgabeanspruchs seinen Besitz völlig auf (§ 870 BGB).

94 Die **Übergabe i.S.v. § 934 Alt. 2 BGB** erfolgt typischerweise in der Form, dass der Dritte, der unmittelbarer Besitzer ist, dem Erwerber den unmittelbaren Besitz überträgt. Allerdings reicht es im Anwendungsbereich von § 934 Alt. 2 BGB auch aus, wenn der gutgläubige Erwerber mit dem Dritten ein Besitzkonstitut vereinbart, wonach er vom Dritten den mittelbaren Besitz erhält. Entscheidend ist stets, dass die Herausgabe oder die Begründung des Besitzkonstituts **als Folge der vermeintlichen Eigentumsübertragung** an den gutgläubigen Erwerber erfolgt (*Baur/Stürner*, § 52 Rn. 22).

95 Zusammenfassend lässt sich das System des gutgläubigen Erwerbs auf folgende Grundprinzipien zurückführen:

Prinzipien des gutgläubigen Erwerbs nach §§ 932 ff. BGB

- Auf den Nichtberechtigten muss die Vermutung von § 1006 Abs. 1 oder Abs. 3 BGB zutreffen: der unmittelbare ist dem mittelbaren Besitz also gleichgestellt, und
- der Veräußerer muss diese Besitzposition in vollem Umfang auf den Erwerber übertragen, damit ein schutzwürdiger Rechtsschein entsteht.

Fall nach BGHZ 50, 45 ff. (zentrale Entscheidung: lesen!): E liefert K eine (Fräs-)Maschine unter Eigentumsvorbehalt. Noch bevor K den Kaufpreis komplett bezahlt hat, übereignet K die Maschine zur Sicherheit an Bank 1 (B1). Kurze Zeit später überträgt B1 ihr Sicherungseigentum an der Maschine an Bank 2 (B2) durch Abtretung des ihr gegen K zustehenden Herausgabeanspruchs. Wer ist Eigentümer der Maschine?

Lösung: Fest steht zunächst, dass B1 nicht gutgläubig das Eigentum nach **§ 933 BGB i.V.m. §§ 929 S. 1, 930 BGB** erworben hat. Zwar hatte B1 mit K ein Besitzkonstitut (Sicherungsabrede) vereinbart, doch hätte B1 gem. § 933 BGB noch den unmittelbaren Besitz an der Maschine erlangen müssen.

B1 könnte aber B2 durch Abtretung eines Herausgabeanspruchs gegen K Eigentum gem. **§ 934 Alt. 1 BGB i.V.m. §§ 929 S. 1, 931 BGB** verschafft haben. Voraussetzung dafür wäre, dass B1 mittelbare Besitzerin war. Ursprünglich hatte K dem E den mittelbaren Besitz vermittelt, solange K respektiert hatte, dass ihm die Maschine lediglich unter Eigentumsvorbehalt verkauft worden war. Durch die Sicherungsübereignung von K an B1 könnte B1 mittelbare Besitzerin geworden sein. Voraussetzung dafür sind ein Besitzmittlungsverhältnis zwischen K und B1 sowie Besitzmittlungswillen des K zugunsten von B1.

Grundsätzlich hatten K und B1 eine Sicherungsabrede getroffen, die ein Besitzmittlungsverhältnis i.S.v. § 868 BGB darstellt. Man könnte jedoch fragen, ob die **fehlgeschlagene Übereignung** K an B1 gem. § 139 BGB dazu führt, dass auch das Besitzmittlungsverhältnis zwischen K und B1 unwirksam ist. Doch ist die Gültigkeit eines Besitzmittlungsverhältnisses (hier: Sicherungsabrede) unabhängig davon, ob der Besitzmittler Eigentümer der Sache ist. B1 hat außerdem ein schutzwürdiges Interesse daran, auch bei Fehlschlagen der Eigentumsübertragung zumindest ein Anwartschaftsrecht auf Erlangung des Sicherungseigentums zu erhalten (zahlt K nämlich den Kaufpreis, erstarkt das Anwartschaftsrecht in der Hand der B1 zum Vollrecht, vgl. Rn. 253 f.). Damit entspricht es dem mutmaßlichen Willen der Parteien, dass der Sicherungsübereignungsvertrag nicht als Ganzes nichtig ist. Der Sicherungsvertrag zwischen K und B1 stellt damit ein wirksames Besitzmittlungsverhältnis i.S.v. § 868 BGB dar.

Darüber hinaus muss K jedoch auch Besitzmittlungswillen zugunsten von B1 haben. Ursprünglich hatte K durch die Respektierung des Eigentumsvorbehalts Besitzmittlungswillen zugunsten von E. Mit dem anschließenden Abschluss des Sicherungsvertrags bringt K – äußerlich erkennbar – seinen Besitzmittlungswillen gegenüber B1 zum Ausdruck. Teilweise wird vertreten, dass durch den Abschluss des Sicherungsvertrags mit B1 lediglich ein **gleichstufiger mittelbarer Nebenbesitz** von E und B1 entstanden sei (so etwa *Medicus/Petersen*, Rn. 561). Dies habe zur Folge, dass B1 gemäß § 870 BGB nur seinen mittelbaren Nebenbesitz auf B2 übertragen könne, was für eine Eigentumsübertragung gem. § 934 Alt. 1 BGB nicht genüge. Die abschließende Aufzählung von Besitzaufspaltungen (vgl. §§ 866, 868, 871 BGB) spricht jedoch entschieden gegen die Anerkennung der Figur eines mittelbaren Nebenbesitzes. Das gesetzlich nicht vorgesehene Rechtsinstitut des mittelbaren Nebenbesitzes ist nicht mit dem numerus clausus des Sachenrechts vereinbar. Die Eingehung des neuen Besitzmittlungsverhältnisses mit B1 führt zur Anerkennung eines neuen Oberbesitzers und zur Aufgabe des Besitzmittlungswillens gegenüber E.

Dies würde bedeuten, dass B1 mittelbare Besitzerin geworden ist und durch Abtretung ihres Herausgabeanspruchs aus dem Sicherungsübereignungsvertrag (vgl. Rn. 278) gem. § 934 Alt. 1 BGB i.V.m. §§ 929 S. 1, 931 BGB der B2 Eigentum an der Maschine verschafft hätte.

Fraglich ist allerdings, ob § 934 Alt. 1 BGB in der vorliegenden Konstellation einschränkend ausgelegt werden muss, weil wirtschaftlich gleiche Sachverhalte (Sicherungsübereignung an B1 und an B2) ungleich behandelt werden, denn der **zweite Sicherungsnehmer wird bevorzugt, obwohl er der Sache ferner steht als der erste**. Die ganz h.M. akzeptiert dieses Ergebnis jedoch (*Michalski*, AcP 181 (1981), 384, 416 ff.), weil es notwendige Konsequenz des in §§ 932 ff. BGB normierten Systems des gutgläubigen Erwerbs ist und diesem System rechtlich nachvollziehbare Prinzipien zu Grunde liegen (s.o.), so dass das Ergebnis nicht willkürlich erscheint: K war unmittelbarer Besitzer der Maschine geblieben, so dass B1 nicht gutgläubig Eigentum erwerben konnte. Demgegenüber hatte B1 durch Abtretung ihres Herausgabeanspruchs gegen K gem. § 870 BGB ihren mittelbaren Besitz komplett auf B2 übertragen, so dass ein Anwendungsfall von § 934 Alt. 1 BGB vorliegt.

F. Kein gutgläubiger Erwerb bei Abhandenkommen

I. Grundsätzliches

96 Die Möglichkeit gutgläubigen Erwerbs nach §§ 932–934 BGB wird durch § 935 BGB eingeschränkt. Danach ist gutgläubiger Erwerb von abhanden gekommenen Sachen ausgeschlossen. Eine Sache ist abhandengekommen, wenn der **unmittelbare Besitzer** der Sache **seinen Besitz unfreiwillig, d.h. ohne – nicht notwendig gegen – seinen Willen, verloren** hat. Dabei ist „Abhandenkommen" der Oberbegriff, und die in § 935 BGB ausdrücklich erwähnten Varianten „gestohlen" oder „verlorengegangen" sind Untergruppen. Der Vorschrift liegt die Idee zu Grunde, dass der Alteigentümer nur dann nicht schutzwürdig ist, wenn er den Besitz freiwillig aus der Hand gegeben hat (sog. **Veranlassungsprinzip**).

Beispiel: E verleiht einen Gegenstand an L; dieser veräußert ihn an den gutgläubigen K. E hat den unmittelbaren Besitz freiwillig an L übertragen. Ein Abhandenkommen i.S.v. § 935 Abs. 1 BGB liegt damit nicht vor, einem gutgläubigen Erwerb des K steht nichts im Wege. Anders wäre der Fall zu beurteilen, wenn L dem E den Gegenstand entwendet hätte.

97 Ist der Eigentümer nicht unmittelbarer, sondern mittelbarer Besitzer, kommt es für das Abhandenkommen gem. § 935 Abs. 1 S. 2 BGB **auf den Willen des unmittelbaren Besitzers** (= Besitzmittlers) an.

Beispiel: E verleiht einen Gegenstand an L. D entwendet diesen Gegenstand und veräußert ihn an den gutgläubigen K. Hier schließt § 935 Abs. 1 S. 2 BGB gutgläubigen Erwerb aus.

§ 935 Abs. 1 BGB	
Satz 1	**Satz 2**
Eigentümer ist **unmittelbarer Besitzer** – ihm kommt Sache abhanden	Eigentümer ist **mittelbarer Besitzer** – dem Besitzmittler (= unmittelbaren Besitzer) kommt Sache abhanden

Es gibt nur wenige Fälle des Abhandenkommens, die nicht unter „gestohlen" oder „verlorengegangen" fallen. **98**

Beispiel: E lebt mit seiner Freundin F zusammen. Als Alleinerbin hat E testamentarisch seine in den USA lebende Tochter T eingesetzt. Nach dem Tod des E veräußert F die goldene Uhr des Verstorbenen.

T ist nach § 1922 Abs. 1 BGB mit dem Tod des E im Wege der Gesamtrechtsnachfolge Eigentümerin des gesamten Nachlasses – also auch der Uhr – geworden. Nach § 857 BGB geht auch der (unmittelbare) **Besitz auf die Erbin über**. Die von F veräußerte Uhr ist also der T i.S.v. § 935 Abs. 1 BGB abhandengekommen. Ein gutgläubiger Erwerb ist damit ausgeschlossen. Verfügt der Nichtberechtigte demgegenüber unter Berufung auf einen ihm erteilten (unrichtigen) Erbschein, kann der Dritte nach § 2366 BGB gutgläubig Eigentum erwerben. Danach wird der Erwerber nämlich so behandelt, als ob er vom wahren Erben erworben hätte, auf den Schutz des § 935 BGB kann sich der wahre Erbe dann nicht mehr berufen (vgl. *Helms*, ErbR, § 16 Rn. 9).

Der Erbenbesitz des § 857 BGB hat keine Auswirkungen auf den strafrechtlich relevanten Begriff des Gewahrsams. Mangels Gewahrsamsbruchs würde F im Beispielsfall deshalb keinen Diebstahl gem. § 242 StGB begehen.

Der Makel des Abhandenkommens **haftet der Sache auf Dauer an**. **99**

Beispiel: D stiehlt das Handy des E und veräußert es an den gutgläubigen H. Dieser übereignet es an den ebenfalls gutgläubigen G. Hier ist weder für H noch für G ein gutgläubiger Erwerb möglich. E kann sein Eigentum gem. § 985 BGB von G herausverlangen.

II. Verlust des unmittelbaren Besitzes

Abgrenzungsprobleme stellen sich, wenn nicht der Eigentümer, sondern sein Besitzdiener den unmittelbaren Besitz aus der Hand gibt. **100**

Beispiel: Der Angestellte A des Fahrradhändlers E erklärt sich mit der Wegnahme einiger ihm anvertrauter Fahrräder durch seinen Freund D einverstanden. D veräußert die Räder an den gutgläubigen X.

Nach § 855 BGB ist A lediglich **Besitzdiener**, unmittelbarer Besitzer ist damit der E. Aus Sicht des E ist der Verlust des unmittelbaren Besitzes unfreiwillig. Nach einer Mindermeinung soll gleichwohl gutgläubiger Erwerb möglich sein, wenn der Besitzdiener nach außen nicht von einem Besitzer zu unterscheiden ist und tatsächlich auf die Sache einwirken kann, da er dann eine dem Besitzmittler vergleichbare (selbständige) Stellung hat (Staudinger/*Heinze*, § 935 Rn. 14). Die h.M. lehnt diesen Ansatz jedoch ab, denn wie der A nach außen auftritt, ist unerheblich. Der gute Glaube an den unmittelbaren Besitz des A wird im Gesetz nicht geschützt. Für die Besitzlage und damit für die Frage des Abhandenkommens kommt es stets nur auf die objektiven Umstände an, und danach ist A als Besitzdiener i.S.v. § 855 BGB kein Besitzer (*Baur/Stürner*, § 52 Rn. 39).

Fall nach BGH NJW 2020, 3711: A, Inhaberin eines Autohauses, stellt B ein KFZ für eine einstündige Probefahrt zur Verfügung, nachdem B einen Fahrzeug-Benutzungsvertrag unterzeichnet hat. B kehrt von der Probefahrt nicht zurück, sondern übereignet das KFZ an den K unter Vorlage einer täuschend echt gefälschten Zulassungsbescheinigung Teil II.

Lösung: A könnte gegen K einen Anspruch auf Herausgabe aus § 985 BGB haben. Doch könnte K von B das Eigentum am Fahrzeug gem. §§ 929 S. 1, 932 BGB gutgläubig erworben haben. Da die Fälschung der KFZ-Papiere täuschend echt war, hat K beim Erwerb des Fahrzeugs nicht grob fahrlässig i.S.v. § 932 Abs. 2 BGB gehandelt (vgl. Rn. 77). Entscheidend ist deshalb, ob A das Auto i.S.v. § 935 Abs. 1 BGB abhandengekommen ist. Dafür müsste sie ihren unmittelbaren Besitz am Auto unfreiwillig verloren haben. Dass B den A über seine wahren Absichten getäuscht hat, führt nicht zu unfreiwilligem Besitzverlust (Rn. 102). Fraglich ist, ob A ihren unmittelbaren Besitz auf B übertragen hat, indem sie ihm das Auto für die Probefahrt zur Verfügung gestellt hat, oder ob hierin eine bloße Besitzlockerung (Rn. 14) zu sehen ist. Nur flüchtige Beziehungen Dritter zu einer Sache führen noch nicht zu einer Besitzaufgabe, doch hier war eine Probefahrt von einer Stunde, ohne Begleitung oder sonstige Überwachung, vereinbart. B war nach Auffassung des BGH während der Probefahrt auch **kein Besitzdiener** von A i.S.v. § 855 BGB, da es an einem sozialen Abhängigkeitsverhältnis fehlt (Rn. 16). Daran ändert auch die Unterzeichnung des „Fahrzeug-Benutzungsvertrags" nichts. A hat zwar das Recht, B Weisungen zu erteilen (z.B. Probefahrt abzubrechen), aber sie besitzt dafür keine faktische Durchsetzungsmöglichkeit. Da A dem B den unmittelbaren Besitz am KFZ freiwillig eingeräumt hat, ist das Auto nicht abhandengekommen. K hat gutgläubig Eigentum erworben, so dass der Herausgabeanspruch der A scheitert.

Hinweis: Anders wäre die Besitzlage zu beurteilen, wenn B während der Probefahrt von A oder deren Mitarbeiter begleitet worden wäre, vgl. Rn. 200.

Ein Abhandenkommen im Sinne des § 935 Abs. 1 BGB liegt auch vor, **101**
wenn dem Eigentümer sein **Mitbesitz** unfreiwillig abhandenkommt.

Beispiel: Ehefrau F, die sich in Geldnot befindet, veräußert ein ihrem Ehemann E gehörendes Gemälde, das dieser in die Ehe eingebracht hat, an den K.

Die Eheschließung ändert nichts an den Eigentumsverhältnissen: § 1363 Abs. 2 S.1 BGB. Ehegatten haben an Gegenständen, die dem gemeinsamen Wohnen und Haushalten dienen, Mitbesitz. Dieser ist im Gesetz zwar nicht ausdrücklich geregelt, wird in § 866 BGB aber vorausgesetzt. Im vorliegenden Fall hat E seinen Mitbesitz unfreiwillig verloren, ein gutgläubiger Erwerb ist daher nicht möglich, und zwar auch dann nicht, wenn der Erwerber nicht wusste, dass F verheiratet ist. § 935 BGB schützt nämlich die Erhaltungsinteressen des Eigentümers und erlaubt den gutgläubigen Erwerb nur dann, wenn der Berechtigte seinen Besitz freiwillig aufgegeben hat (Veranlassungsprinzip). Damit kommt es auf die strittige Frage, ob § 1369 BGB im vorliegenden Fall analog anzuwenden ist, nicht an, vgl. MüKo/*Koch*, § 1369 Rn. 17 f.

III. Unfreiwilligkeit des Besitzverlustes

Für die Frage, ob der Besitzverlust freiwillig ist, kommt es nicht auf **102**
einen rechtsgeschäftlichen, sondern auf einen **natürlichen Willen zur Besitzaufgabe** an.

Beispiel: A, der völlig mittellos ist, hat durch arglistige Täuschung über seine Finanzverhältnisse erreicht, dass ihm ein Mietwagen überlassen wird. Veräußert A den Wagen an D weiter, ist er dem Mietwagenunternehmen nicht abhandengekommen. Die Freiwilligkeit der Besitzübertragung kann auch nicht durch Anfechtung nach § 123 BGB in Frage gestellt werden. Wegen arglistiger Täuschung anfechtbar ist nur der Mietvertrag, nicht aber der Realakt der Besitzübertragung.

Trotzdem kann in manchen Fällen die Freiwilligkeit zweifelhaft sein:

Beispiel: Der fünfjährige F verschenkt teures Spielzeug an den sechsjährigen N. Dieser veräußert es mit Zustimmung seiner Eltern auf einem Flohmarkt an K.

Geschäftsunfähige sind für ihr Tun weder bei rechtsgeschäftlichem (§ 104 BGB) noch bei deliktischem (§ 828 Abs. 1 BGB) Handeln verantwortlich. Auch einen **natürlichen Besitzaufgabewillen** können sie nicht bilden. F ist die Sache damit abhandengekommen, ein gutgläubiger Eigentumserwerb von K scheitert an § 935 BGB.

Gegenbeispiel: Wie im Ausgangsbeispiel, nur ist F 16 Jahre alt. Hier ist nicht mehr von einem Abhandenkommen auszugehen. Bei beschränkt Geschäftsfähigen lässt sich aber eine starre Altersgrenze nicht angeben, vielmehr ist nach herrschender Meinung (teilweise gestützt auf § 828 Abs. 3 BGB analog) im Einzelfall zu fragen, ob der Minderjährige die Bedeutung der Besitzaufgabe überschauen konnte (MüKo/*Oechsler*, § 935 Rn. 7).

103 Umstritten ist, wie sich eine **Drohung** auf die Freiwilligkeit der Weggabe auswirkt. Nach einer Ansicht soll anders als in Fällen des Irrtums oder der Täuschung bei einer widerrechtlichen Drohung die freie Willensbestimmung ausgeschlossen sein (*Baur/Stürner*, § 52 Rn. 43). Dafür spricht die Interessenbewertung: Der Bedrohte hat nicht im Sinne des Veranlassungsprinzips eine zurechenbare Mitursache gesetzt, die gutgläubigen Erwerb rechtfertigt. Nach der Gegenansicht kann von einem Abhandenkommen in Fällen widerrechtlicher Drohung nur dann gesprochen werden, wenn die Drohung unwiderstehlicher physischer Gewalt (vis absoluta) gleichkommt (z.B. Pistole wird an die Schläfe gehalten) (BGHZ 4, 10, 34 ff.).

Bei der Prüfung des Abhandenkommens ist für die Frage der **Freiwilligkeit des Besitzverlustes kein rechtsgeschäftlicher Wille** erforderlich, sondern tatsächlicher, natürlicher Wille: Arglistige Täuschung und Irrtum stellen Freiwilligkeit nicht in Frage (unstr.); widerrechtliche Drohung schließt Freiwilligkeit aus (str.). Geschäftsunfähige haben i.d.R. keinen ausreichenden (natürlichen) Willen – bei beschränkt Geschäftsfähigen kommt es darauf an, ob sie die Reichweite ihres Tuns überblicken können.

IV. Ausnahmen nach § 935 Abs. 2 BGB

104 Aus Gründen des **Verkehrsschutzes** treten die Eigentümerinteressen in den Fällen des § 935 Abs. 2 BGB zurück, obwohl dem Berechtigten die Sache abhandengekommen ist.

Beispiel: D stiehlt dem E das Portemonnaie und kauft mit den 10 €, die er darin findet, ein Sachenrechtslehrbuch. Der Buchhändler erwirbt am Geld Eigentum gem. §§ 929 S. 1, 932 BGB. § 935 Abs. 1 BGB steht wegen § 935 Abs. 2 BGB nicht im Wege.

Nach Sinn und Zweck der Vorschrift (Sicherung der Leichtigkeit des Zahlungsverkehrs) ist § 935 Abs. 2 BGB nicht auf **Sammlermünzen** anwendbar, die in erster Linie als Anlage- und Sammelobjekte dienen, auch wenn sie offiziell als Zahlungsmittel zugelassen sind. Denn typischerweise werden solche Münzen nicht zu ihrem Nennwert hingegeben, sondern zu ihrem aktuellen, am Markt erzielbaren Verkaufswert, was ihrem Einsatz für eine rasche Abwicklung von Bargeschäften des täglichen Lebens ohnehin entgegensteht (BGH JuS 2014, 169 m. Anm. *K. Schmidt*).

Die in § 935 Abs. 2 BGB genannten Inhaberpapiere gehören nicht zum Standardklausurstoff. Inhaberpapiere werden durch Einigung und Übergabe übertragen: Wer „Inhaber" des Papiers ist, ist auch Inhaber des Rechts. Zu den Inhaberpapieren gehören etwa Inhaberaktien (§ 10 AktG), Inhaberschecks (Art. 5, 21 ScheckG) und Inhabermarken (§ 807 BGB), z.B. Biermarken, Briefmarken, Fahrkarten oder Eintrittskarten. **105**

Wenn § 935 Abs. 2 BGB von Sachen spricht, die „im Wege öffentlicher **Versteigerung** veräußert werden", ist die bürgerlich-rechtliche Versteigerung i.S.v. § 383 Abs. 3 BGB durch einen Gerichtsvollzieher, einen öffentlichen Versteigerungsbeamten oder einen öffentlich bestellten Versteigerer (vgl. § 34b Abs. 5 GewO) gemeint. **106**

Beispiel: Kunstauktion unter Mitwirkung eines öffentlich bestellten Versteigerers; **Gegenbeispiel:** Ebay-Versteigerung.

Nicht unter § 935 Abs. 2 BGB fallen die Zwangsversteigerung durch den Gerichtsvollzieher, weil sich hier der Eigentumserwerb nicht kraft Rechtsgeschäfts, sondern kraft Hoheitsakts vollzieht, und die Pfandversteigerung nach §§ 1235 ff. BGB (vgl. dazu Fall Rn. 229).

G. Ausgleichsansprüche bei Verfügung eines Nichtberechtigten

Im Zusammenhang mit der Verfügung eines Nichtberechtigten stellt sich in Klausuren regelmäßig auch die Frage, welche schuldrechtlichen Ausgleichsansprüche der ursprüngliche Eigentümer gegen den Verfügenden und den Erwerber hat. **107**

Ausgangsfall (wirksame Verfügung eines Nichtberechtigten): A verleiht eine Sache an B, dieser veräußert sie an den gutgläubigen C.

Lösung:

A. Ansprüche des A gegen Erwerber C

1. **§ 985 BGB (-),** da C gem. §§ 929 S. 1, 932 BGB gutgläubig Eigentum erworben hat. Ein Fall des § 935 BGB liegt nicht vor, da A das Buch freiwillig aus der Hand gegeben hatte.

2. **§ 812 Abs. 1 S. 1 Alt. 2 BGB (-),** zwar hat C auf sonstige Weise in die Rechtsstellung des A eingegriffen, indem er das Eigentum an der Sache erworben hat, doch beruht dieser Eingriff auf einer Leistung des B (würde für diese Leistung kein Rechtsgrund (= Kaufvertrag) bestehen, wäre zwischen B und C rückabzuwickeln). Es gilt der Grundsatz des Vorrangs der Leistungsbeziehung: Da die Sache dem C von dritter Seite (hier von B) geleistet wurde, scheidet im Verhältnis A – C eine Eingriffskondiktion grundsätzlich aus (sog. **Subsidiaritätsprinzip**). Gesetzlicher Anhaltspunkt hierfür ist § 816 Abs. 1 S. 1 BGB, der zeigt, dass im vorliegenden Fall ein Bereicherungsanspruch (nur) gegen B besteht.

3. **§ 823 Abs. 1 BGB (-),** denn selbst wenn C leichtfahrlässig gehandelt haben sollte, darf über das Deliktsrecht die Wertung des § 932 Abs. 2 BGB nicht umgangen werden (vgl. Rn. 76).

4. **§ 861 Abs. 1 BGB (-),** dies würde nach § 858 Abs. 2 S. 2 Alt. 2 BGB voraussetzen, dass der Nachfolger im Besitz (hier C) Kenntnis von einer durch B verübten verbotenen Eigenmacht hat. Hier hat B schon keine verbotene Eigenmacht i.S.v. § 858 Abs. 1 BGB verübt.

5. **§ 1007 Abs. 1 BGB (-),** scheitert am guten Glauben von C.

6. **§ 1007 Abs. 2 BGB (-),** da A die Sache nicht abhandengekommen war.

7. **§ 604 Abs. 4 BGB (-),** weil die Weiterveräußerung keine (bloße) Gebrauchsüberlassung ist.

8. **§ 816 Abs. 1 S. 2 BGB** käme dann in Frage, wenn die Verfügung von B an C unentgeltlich erfolgte, was hier nicht der Fall war.

B. Ansprüche des A gegen verfügenden B

I. auf das Erlangte (= Veräußerungsgewinn)

1. **§ 285 BGB** wegen Unmöglichkeit (§ 275 Abs. 1 Alt. 1 BGB) der nach § 604 Abs. 1 BGB geschuldeten Rückgabe, hängt davon ab, ob B die Rückgabe an A dauerhaft unmöglich ist (C könnte bereit sein, die Sache B zurück zu verkaufen).

2. **§ 816 Abs. 1 S. 1 BGB (+),** es besteht ein Anspruch auf Herausgabe des Kaufpreises, da B diesen durch die gem. §§ 929 S. 1, 932 BGB dem A gegenüber wirksame Verfügung erlangt hat. Hier kann sich das Standardklausurproblem stellen, ob als Erlangtes auch der sog. **Übererlös** herauszugeben ist, der höher ist als der objektive Wert der Sache. Von der h.M. wird das bejaht, weil A wegen § 818

Abs. 3 BGB auch das Risiko eines schlechten Geschäfts trägt (*Larenz/Canaris*, § 72 I 2a; a.A. *Medicus/Petersen*, Rn. 723).

3. **§§ 687 Abs. 2 S. 1, 681 S. 2, 667 BGB (+)**, B hat, obwohl er wusste, dass er nicht zur Verfügung über das Buch berechtigt war, das Buch an den C veräußert, mithin ein fremdes Geschäft bewusst in eigenem Interesse geführt (= Geschäftsanmaßung).

II. auf Schadensersatz

1. **§§ 280 Abs. 1 und 3, 281 BGB (+),** wegen schuldhafter Verletzung der Rückgabepflicht (§ 604 Abs. 1 BGB). Soweit Unmöglichkeit vorliegt (weil C nicht bereit ist, die Sache B zurück zu übereignen), ergibt sich der Anspruch aus § 280 Abs. 1 und 3 BGB i.V.m. § 283 BGB.

2. **§§ 990, 989 BGB (-),** weil eine Vindikationslage (= Bestehen eines Herausgabeanspruchs aus § 985 BGB), die Voraussetzung für Ansprüche aus §§ 987 ff. BGB ist (Rn. 156), zum Zeitpunkt der Veräußerung nicht vorlag, da wegen des Leihvertrags ein Recht zum Besitz i.S.v. § 986 Abs. 1 S. 1 BGB bestand.

3.–5. Deliktische Ansprüche aus **§ 823 Abs. 1 BGB, § 823 Abs. 2 BGB i.V.m. § 246 StGB, § 826 BGB (+),** da im vorliegenden Fall keine Vindikationslage gegeben ist, kommt auch keine Sperrwirkung des Eigentümer-Besitzer-Verhältnisses (vgl. § 993 Abs. 1 Hs. 2 BGB) in Frage.

6. **§§ 687 Abs. 2 S. 1, 678 BGB (+),** weil angemaßte Eigengeschäftsführung vorliegt.

III. auf Wertersatz

§§ 812 Abs. 1 S. 1 Alt. 2, 818 Abs. 2 BGB (+), durch die in der Veräußerung der Ware liegende Unterschlagung hat B in das Besitz- und Eigentumsrecht des A eingegriffen. Gem. § 818 Abs. 2 BGB ist B dem A zum Wertersatz verpflichtet.

Variante (unwirksame Verfügung eines Nichtberechtigten): A verleiht eine Sache an B, dieser veräußert sie an den bösgläubigen C.

Lösung:

A. Ansprüche des A gegen Erwerber C

1. **§ 985 BGB (+),** da gutgläubiger Erwerb nach § 932 Abs. 2 BGB scheitert.

2. **§ 812 Abs. 1 S. 1 Alt. 2 BGB (+),** da C bösgläubig ist, wird unter Durchbrechung des Subsidiaritätsprinzips (s.o.) ausnahmsweise eine Direktkondiktion gewährt. Solange A die unwirksame Verfügung des B nicht genehmigt (siehe unten), steht dem auch die Wertung des § 816 Abs. 1 S. 1 nicht entgegen.

3. **§ 861 Abs. 1 BGB (-),** (s.o.).

4. **§ 1007 Abs. 1 (+),** da C nicht gutgläubig (§ 932 Abs. 2 BGB) bezüglich seines Rechts zum Besitz ist.

5. **§ 1007 Abs. 2 (-),** (s.o.).

6. **§§ 823 Abs. 1, 249 Abs. 1 BGB** (+), da die Sachentziehung, an der C mitwirkt, einen Eingriff in Eigentum und Besitz darstellt, der nicht durch gutgläubigen Erwerb gerechtfertigt ist, besteht auch ein Herausgabeanspruch nach §§ 823 Abs. 1, 249 Abs. 1 BGB (Schadensersatz in Form der Naturalrestitution bedeutet hier Herausgabe).

B. Ansprüche des A gegen verfügenden B

Gegenüber dem Ausgangsfall ergeben sich nur geringfügige Abweichungen:

I. auf das Erlangte (= Veräußerungsgewinn)

1. **§ 816 Abs. 1 S. 1 BGB,** wegen fehlender Gutgläubigkeit des C liegt eigentlich keine wirksame Verfügung des B (§§ 929, 932 Abs. 2 BGB) vor. Doch kann A die **Verfügung nach § 185 Abs. 2 S. 1 Var. 1 BGB** mit Rückwirkung (§ 184 BGB) **genehmigen**. B hätte damit wirksam verfügt, bliebe aber Nichtberechtigter i.S.v. § 816 Abs. 1 BGB: Die Rückwirkung bezieht sich nur auf die Rechtsfolge, macht aber verbotenes Tun nicht zum erlaubten. Die Möglichkeit der Genehmigung einer eigentlich unwirksamen Verfügung und anschließenden Geltendmachung des Anspruchs aus § 816 Abs. 1 S. 1 BGB ist im Grundsatz unbestritten: Der Eigentümer soll im Falle eines bösgläubigen Erwerbers nicht schlechter stehen als bei einem gutgläubigen Erwerber, dann hätte A auch die Option, aus § 816 Abs. 1 S. 1 BGB vorzugehen. (Wenn A die Verfügung des B genehmigt, verliert A aber seine Herausgabeansprüche gegen C).

2. **§§ 687 Abs. 2 S. 1, 681 S. 2, 667 BGB,** solange A die (unwirksame) Verfügung des B an C nicht genehmigt, hat B wirtschaftlich gesehen nichts erlangt, da ihm zwar der Kaufpreis gezahlt wurde, er jedoch mangels Eigentumsverschaffung nach wie vor gegenüber C verpflichtet ist, diesem das versprochene Eigentum noch zu leisten. Soweit er diese

Pflicht nicht erfüllt, steht C gem. §§ 280 Abs. 1 und 3, 281 BGB ein Anspruch auf Schadensersatz zu. Erst die Genehmigung befreit B von seiner Pflicht, dem C Schadensersatz für die mangelnde Eigentumsverschaffung zu leisten.

II. auf Schadensersatz

1. **§§ 280 Abs. 1 und 3, 281 BGB (+),** s.o.

2. **§§ 989, 990 BGB (-),** s.o.

3.–5. **§ 823 Abs. 1 BGB, § 823 Abs. 2 BGB i.V.m. § 246 StGB, § 826 BGB jeweils (+),** s.o.

6. **§§ 687 Abs. 2 S. 1, 678 BGB (+),** s.o.

III. auf Wertersatz

§§ 812 Abs. 1 S. 1 Alt. 2, 818 Abs. 2 BGB (+), s.o.

Verhältnis der Ansprüche zueinander: Wenn B von A in Anspruch genommen wird, kann B gem. § 255 BGB Abtretung der Ansprüche verlangen, die A gegen C zustehen. Gibt C demgegenüber die Sache an A heraus, fehlt es für weitere Ansprüche des A gegen B an einem Schaden. Im Ergebnis kann A also nur entweder gegen B oder gegen C erfolgreich vorgehen.

Bei kleinen Fallabwandlungen kann sich sofort die gesamte Lösung verschieben. Lösen Sie daher eng am Fall! Sehen Sie die dargestellten Ansprüche lediglich als einen Hinweis auf die mögliche Bandbreite der in Erwägung zu ziehenden Ansprüche.

H. Rückerwerb des Nichtberechtigten

Eine dogmatisch interessante Konstellation liegt vor, wenn derjenige, der als Nichtberechtigter wirksam über einen Gegenstand verfügt hat, diesen einige Zeit später selbst wieder zurück erwirbt. 108

Beispiel: E veräußert an K sein Rennrad unter Eigentumsvorbehalt. K veräußert das Rennrad anschließend an den gutgläubigen D, verschweigt jedoch arglistig, dass das Rad mehrere gravierende Roststellen hat, die überlackiert wurden. D ficht den Kaufvertrag wegen arglistiger Täuschung an und gibt K das Rennrad Zug um Zug gegen Rückzahlung des Kaufpreises zurück.

D erwarb zunächst gem. §§ 929 S. 1, 932 BGB gutgläubig das Eigentum am Rennrad und hat anschließend, nachdem wegen der Anfechtung aufgrund arglistiger Täuschung (§ 123 Abs. 1 BGB) gem. § 142 Abs. 1 BGB der Rechtsgrund für die wechselseitig ausgetauschten Leistungen fortgefallen war, in Erfüllung seiner Verpflichtung aus § 812 Abs. 1 S.1 Alt. 1 BGB **als Berechtigter dem K das Eigentum nach § 929 S.1 BGB zurückübertragen**. Allerdings bestehen gegenüber diesem Ergebnis Bedenken, weil durch die Rückabwicklung des Kaufvertrags nur der vorherige Status quo wiederhergestellt werden soll. Zweck der §§ 932 ff. BGB ist allein der Schutz des gutgläubigen D, demgegenüber soll der nichtberechtigt verfügende K keinen Vorteil daraus ziehen, dass er nun aufgrund einer Rückabwicklung der Verfügung vom Berechtigten erwirbt. Gutgläubiger Erwerb und Rückabwicklung müssen daher wertungsmäßig als **Einheit** angesehen werden. Daher fällt nach h.L. beim „Rückerwerb des Nichtberechtigten" das Eigentum wieder auf den früheren Eigentümer zurück (konstruktiv soll es im Wege teleologischer Reduktion zu einem nachträglichen Fortfall des gutgläubigen Erwerbs kommen). Ein solcher „Rückfall" wird immer dann befürwortet, wenn der Rückerwerb sich nur als Rückabwicklung des Rechtsverhältnisses zwischen dem Nichtberechtigten und dem Redlichen darstellt (v.a. Rückabwicklung nach §§ 346 ff., 812 ff. BGB), wenn der Rückerwerb von Anfang an durch den Nichteigentümer beabsichtigt war oder wenn die Verfügung an den Redlichen nur vorübergehend erfolgen sollte (z.B. Sicherungsübereignung). Nach der Gegenansicht gibt es für einen solchen Rückfall des Eigentums im Gesetz keine Grundlage, der Alteigentümer sei auf schuldrechtliche Ausgleichsansprüche angewiesen (Überblick zum Streitstand bei *Vieweg/Lorz*, § 5 Rn. 13 ff.). Die Nichtigkeit des Kaufvertrags lässt nach dem Abstraktionsprinzip die Wirksamkeit der Eigentumsübertragung unberührt. Es liegt auch kein Fall der Fehleridentität vor (Rn. 32 und 35), weil hier nicht der Erwerber, sondern der Verfügende getäuscht hat.

I. Gutgläubig lastenfreier Erwerb, § 936 BGB

109 Beim gutgläubig lastenfreien Erwerb geht es nicht um die Frage, ob der Erwerber eine Rechtsposition übertragen bekommt, die dem Veräußerer nicht zusteht, sondern darum, **ob ein Dritter, der ein besonderes Recht an der Sache hat, aus dieser Rechtsposition verdrängt wird**.

Beispiel: Mieter M ist seinem Vermieter V schon lange den Mietzins schuldig. Ohne Wissen des V veräußert M eine ihm gehörende Stereoanlage, die sich in der Mietwohnung befand, an K.

Um die Problematik verstehen zu können, muss man sich zunächst bewusst machen, dass der Vermieter gem. § 562 Abs. 1 S. 1 BGB ein sog. Vermieterpfandrecht an den eingebrachten Sachen des Mieters hat, wenn dieser mit der Mietzahlung in Rückstand ist. Das Pfandrecht dient zur Sicherung der Forderung aus dem Mietvertrag auf Mietzahlung. Wird die Mietforderung nicht beglichen, kann der

Vermieter die eingebrachten Sachen des Mieters versteigern und aus dem erzielten Erlös seine Forderung befriedigen (vgl. §§ 1257, 1228, 1247 BGB – ausführlich dazu Rn. 229 f.).

§ 936 BGB regelt das **Schicksal sog. beschränkter dinglicher Rechte** („Sache mit dem Recht eines Dritten belastet") bei Veräußerung einer Sache. Diese Rechte sind dinglich, weil sie an der Sache bestehen; sie sind beschränkt, weil dem Berechtigten nur ein vom Vollrecht abgespaltenes Teilrecht zusteht. Ein wichtiges Beispiel ist das Pfandrecht: Es gibt gesetzliche (z.B. für Vermieter: § 562 BGB, für Werkunternehmer: § 647 BGB) und vertragliche Pfandrechte (§§ 1204 ff. BGB). Ein weiteres beschränktes dingliches Recht an Mobilien ist der Nießbrauch (§§ 1030 ff. BGB). Zur Anwendbarkeit von § 936 BGB auf das Anwartschaftsrecht vgl. Rn. 250 und 254. **110**

Im Beispielsfall wird der Erwerber K Eigentümer der Stereoanlage gem. § 929 S. 1 BGB, da M als Eigentümer über diese grundsätzlich als Berechtigter verfügen kann. Allerdings ist die Stereoanlage mit einem Vermieterpfandrecht (§ 562 BGB) belastet, das mit der Entfernung aus der Wohnung auch nicht erlischt, weil V nichts davon wusste (§ 562a S. 1 BGB). Deshalb stellt sich die Frage: Bleibt das Pfandrecht, das der Vermieter an der Sache des Mieters besitzt, an dieser auch nach der Weiterveräußerung „kleben", oder wird die Sache frei von diesem Pfandrecht? Der Erwerber erhält nach § 936 Abs. 1 S. 1 BGB lastenfreies Eigentum, es sei denn, er ist **bezüglich der Belastung** nicht in gutem Glauben (§ 936 Abs. 2 BGB).

Zur Präzisierung des § 936 Abs. 2 BGB kann auf die Legaldefinition des guten Glaubens in § 932 Abs. 2 BGB zurückgegriffen werden. Nach h.M. soll der Erwerber eines Gegenstandes, der in einen gemieteten Raum eingebracht worden war (§ 562 Abs. 1 BGB), grob fahrlässig handeln, wenn er sich in Kenntnis dieses Umstandes nicht nach dem Vermieterpfandrecht erkundigt (MüKo/*Oechsler*, § 936 Rn. 12). **111**

Es ist streng zu trennen zwischen der Frage, ob jemand Eigentum erwirbt, sei es vom Berechtigten (§§ 929 ff. BGB) oder Nichtberechtigten (§§ 932 ff. BGB), und der Frage, ob dieses Eigentum lastenfrei erworben wurde.

§ 936 BGB setzt lediglich voraus, dass eine rechtsgeschäftliche Eigentumsübertragung vorliegt; ob ein Berechtigter oder ein Nichtberechtigter verfügt, spielt keine Rolle. **112**

Beispiel: E verpfändet seine Uhr als Sicherheit an G (§§ 1204 Abs. 1, 1205 Abs. 1 S. 1 BGB). G gibt die Uhr in Reparatur bei W. Dieser veräußert sie an den gutgläubigen X. X erwirbt gem. §§ 929 S. 1, 932 BGB gutgläubig Eigentum. Die Sache war nicht abhandengekommen gem. § 935 BGB. X erwirbt daher gem.

§ 936 Abs. 1 S. 1 BGB gutgläubig lastenfreies Eigentum. Das Pfandrecht des G erlischt also.

113 Vollzieht sich die Übereignung der belasteten Sache nicht nach § 929 S. 1 BGB, sind die **besitzrechtlichen Voraussetzungen der § 936 Abs. 1 S. 2 und 3 BGB** zu beachten: Im Falle der Veräußerung nach § 929 S. 2 BGB, § 930 BGB oder § 931 BGB muss der Erwerber dieselbe Besitzposition erhalten wie beim Erwerb vom Nichtberechtigten (vgl. § 936 Abs. 1 S. 2 und 3 BGB mit §§ 932 Abs. 1 S. 2, 933, 934 Alt. 2 BGB). Würde also im ersten Beispielsfall (Rn. 109) der Mieter dem Erwerber die Stereoanlage nach §§ 929 S. 1, 930 BGB übereignen, so würde der Erwerber zwar sofort Eigentümer, aber lastenfrei wäre das Eigentum gem. § 936 Abs. 1 S. 3 BGB erst mit der Übergabe. Ausgeschlossen ist gem. § 936 Abs. 3 BGB ein lastenfreier Erwerb, wenn die Sache nach § 931 BGB übereignet wird und das beschränkte dingliche Recht dem Dritten zusteht, der sich im Besitz der Sache befindet.

114 **§ 935 BGB findet auf die Frage des gutgläubigen lastenfreien Erwerbs entsprechende Anwendung:** Der Inhaber des beschränkten dinglichen Rechts darf nicht ohne seinen Willen den unmittelbaren Besitz an der Sache verloren haben. § 935 BGB spielt damit eine **doppelte Rolle:** Ist die Sache dem Eigentümer abhandengekommen, so ist schon gar kein gutgläubiger Eigentumserwerb möglich (und damit auch kein lastenfreier). Ist die Sache demgegenüber nur dem Inhaber des beschränkten dinglichen Rechts abhandengekommen, kann ein Gutgläubiger zwar Eigentum erwerben, aber kein lastenfreies.

Beispiel: A hat seinen PKW bei B zur Reparatur gegeben. Da er die Rechnung nicht zahlen kann und befürchtet, dass B sein Pfandrecht aus § 647 BGB geltend macht, holt er seinen Wagen heimlich ab und veräußert ihn an C.

C wird Eigentümer des Autos nach § 929 S. 1 BGB (Erwerb vom Berechtigten). Außerdem könnte C das Pfandrecht des B aus § 647 BGB nach § 936 Abs. 1 S. 1 BGB gutgläubig „wegerworben“ haben. C war hier zwar gutgläubig bezüglich des Rechts des B nach § 936 Abs. 2 BGB, jedoch ist der PKW dem Rechtsinhaber B entsprechend § 935 Abs. 1 BGB abhandengekommen. C konnte den PKW also nicht lastenfrei erwerben. B hat daher gem. § 985 i.V.m. § 1227 BGB einen Herausgabeanspruch aus dem Unternehmerpfandrecht gegen den neuen Eigentümer C.

Soweit es die Prüfungsordnung zulässt, können Sie sich in Ihrem Gesetzestext „§ 935 BGB analog“ neben § 936 BGB notieren.

Kapitel 4. Gesetzlicher Eigentumserwerb (§§ 937 ff. BGB)

A. Grundsatz

In den Fällen des rechtsgeschäftlichen Eigentumserwerbs (§§ 929 ff. BGB) leitet der Erwerber seine Rechtsposition vom Veräußerer ab (sog. **derivativer Eigentumserwerb**). Das gilt auch für den Fall des gesetzlichen Eigentumserwerbs durch Erbgang. Nach § 1922 Abs. 1 BGB geht nämlich mit dem Tod einer Person deren Vermögen als Ganzes auf den oder die Erben über (sog. Gesamtrechtsnachfolge). Dem abgeleiteten Eigentumserwerb steht der ursprüngliche, d.h. **originäre Eigentumserwerb** gegenüber: Das Gesetz sieht in §§ 937 ff. BGB verschiedene Eigentumserwerbstatbestände vor, die nicht auf einer Rechtsübertragung vom Rechtsvorgänger auf den Rechtsnachfolger beruhen. **115**

B. Grundstücks- und Fahrnisverbindung, §§ 946, 947 BGB

§ 93 BGB bestimmt, dass wesentliche Bestandteile einer Sache nicht Gegenstand besonderer Rechte sein können. Hierdurch soll der **Erhalt wirtschaftlicher Werte** gesichert werden. Wer jedoch Eigentümer wird, wenn bisher selbständige Sachen zu wesentlichen Bestandteilen einer einheitlichen Sache werden, regeln §§ 946, 947 BGB. **116**

I. Überblick

Werden bewegliche Sachen „wesentliche Bestandteile" eines **Grundstücks**, so sind sie nach § 946 BGB – ohne Rücksicht auf die Willensrichtung der Beteiligten – ab diesem Zeitpunkt Eigentum des Grundstückseigentümers. **117**

Beispiel: B errichtet auf seinem Grundstück ein Haus, wobei er nur gestohlene Ziegelsteine verwendet. Nach §§ 946, 94 BGB erwirbt er an den Steinen Eigentum.

Entscheidend für die Anwendbarkeit von § 946 BGB ist damit die Frage, was wesentliche Bestandteile eines Grundstücks sind. Dies ist in §§ 93 ff. BGB geregelt (vgl. sogleich Rn. 119 ff.).

118 Werden **bewegliche Sachen** dergestalt miteinander verbunden, dass sie wesentliche Bestandteile einer einheitlichen Sache werden, werden die bisherigen Eigentümer gem. § 947 Abs. 1 BGB Miteigentümer der neuen Sache gemäß den jeweiligen Wertanteilen (§§ 1008 ff., 741 ff. BGB). Ist jedoch eine der Sachen als **Hauptsache** anzusehen, entsteht gem. § 947 Abs. 2 BGB Alleineigentum. Für die Verbindung von Mobilien ist daher neben dem Begriff des wesentlichen Bestandteils in einem zweiten Schritt zu klären, was eine Hauptsache i.S.v. § 947 Abs. 2 BGB ist (Rn. 123).

II. Wesentliche Bestandteile, §§ 93 ff. BGB

119 Nach der Legaldefinition des § 93 BGB sind wesentliche Bestandteile dadurch gekennzeichnet, dass sie nicht voneinander getrennt werden können, ohne dass (Alt. 1) der eine oder andere Teil **zerstört** wird (z.B. Mauersteine, Elektroinstallationen, einzelne Seiten eines Buches), oder dass (Alt. 2) der eine oder andere Teil in seinem **Wesen verändert** wird. Eine Veränderung des Wesens liegt bereits dann vor, wenn eine Sache in der bisherigen Form nicht mehr wirtschaftlich genutzt werden kann.

Beispiel: Der speziell für einen Formel-1-Rennwagen angefertigte Motor, der zwar, ohne zerstört zu werden, wieder ausgebaut, aber nicht mehr ohne Weiteres anderweitig verwendet werden kann. **Gegenbeispiel:** gewöhnlicher Austauschmotor. Wird ein von einem Zulieferer serienmäßig gefertigter Motor beim Autohersteller eingebaut, kann letzterer allerdings gem. § 950 Abs. 1 S. 1 BGB durch Verarbeitung Eigentum erwerben.

Nach dem Gesetzeswortlaut des § 93 BGB („der eine oder der andere") kommt es nicht darauf an, ob die Gesamtsache in ihrem Wesen verändert wurde, was meist der Fall sein wird. Vielmehr kommt es darauf an, ob **einer der beiden** nach der Trennung vorhandenen Teile wirtschaftlich nicht mehr wie in der bisherigen Weise genutzt werden kann. Diese wirtschaftliche Verwendbarkeit (ratio!) besteht vor allem dann, wenn beide Teile ohne unverhältnismäßig großen Kostenaufwand repariert oder einfach in einen anderen Gegenstand wieder eingesetzt werden können.

120 § 93 BGB gilt zwar sowohl für bewegliche als auch für unbewegliche Sachen, doch ist die Bedeutung der Vorschrift für Grundstücke neben den §§ 94, 95 BGB gering.

Für **Grundstücke** wird der Grundsatz des § 93 BGB durch die Regelung in § 94 BGB erweitert. Nach § 94 Abs. 1 BGB gehören zu den wesentlichen Bestandteilen eines Grundstücks die mit dem Grund und Boden **fest verbundenen Sachen**, insbesondere Gebäude. Die feste Verbindung ist bereits dann gegeben, wenn die Trennung nicht ohne erhebliche Beschädigung oder nur unter unverhältnismäßigen Kosten möglich ist.

Beispiel: 100 t schwerer Gasbehälter, der für Abtransport in viele Einzelteile zerlegt werden müsste; **Gegenbeispiel:** am Boden angeschraubte Maschine, die ohne Weiteres abgeschraubt werden kann.

In Klausuren besonders wichtig ist § 94 Abs. 2 BGB: Ohne Rücksicht **121**
auf die feste Verbindung nach § 94 Abs. 1 BGB sind danach wesentliche Bestandteile eines Gebäudes alle **zur Herstellung des Gebäudes eingefügten Sachen.** (Das Gebäude seinerseits ist wesentlicher Bestandteil des Grundstücks, wenn es – wie regelmäßig – gem. § 94 Abs. 1 S. 1 BGB mit Grund und Boden fest verbunden ist).

Zur Herstellung eines Gebäudes eingefügt sind **alle Sachen, ohne die das Gebäude nach der Verkehrsauffassung noch nicht als Bauwerk fertiggestellt ist** (Grüneberg/*Ellenberger*, § 94 Rn. 6). Auf den Zeitpunkt der Einfügung kommt es nicht an. Auch was im Zuge einer Renovierung eingefügt wird, wird wesentlicher Bestandteil (z.B. Türen, Heizkörper, Waschbecken). Der Gegenbegriff sind die bloßen Einrichtungsgegenstände: z.B. Waschmaschine, Ofen, Schrank; diese verlieren durch ihren Einbau in der Wohnung nicht ihre Eigenschaft als bewegliche Sache. Wenn § 94 Abs. 2 BGB von „eingefügten" Sachen spricht, so setzt das eine – nicht notwendig feste – Verbindung mit dem Gebäude voraus (z.B. lockeres Anschrauben).

Beispiel: Teppichboden ist etwa dann wesentlicher Bestandteil, wenn er der vom Bauherrn vorgesehene Bodenbelag ist, nicht aber wenn der Mieter seinen eigenen Teppich über dem Parkett verlegen lässt (hier wird außerdem meist ein Fall des § 95 BGB vorliegen).

Nach der **Ausnahmevorschrift des § 95 BGB** gehören zu den Be- **122**
standteilen eines Grundstücks nicht solche Sachen, die nur zu einem vorübergehenden Zweck mit dem Grundstück verbunden (§ 95 Abs. 1 S. 1 BGB) bzw. in ein Gebäude eingefügt werden (§ 95 Abs. 2 BGB), sog. Scheinbestandteile. Entscheidend ist, ob bei der Verbindung oder Einfügung die spätere Trennung beabsichtigt war (z.B. Mieter baut Gartenhäuschen auf Grundstück). Das Gleiche gilt gem. § 95 Abs. 1 S. 2 BGB, wenn die Sache in Ausübung eines Rechts „an einem Grundstück" (= beschränktes dingliches Recht wie etwa Erbbaurecht) mit diesem verbunden wurde.

Beispiel: V ist Eigentümer eines Grundstücks, das er an P verpachtet. P errichtet im Jahre 2005 auf dem Grundstück eine Windkraftanlage, wobei P davon ausgeht, dass diese eine (wirtschaftliche) Lebens- und Nutzungsdauer von etwa 20 Jahren hat. Nach Ablauf dieses Zeitraums will P die Anlage wieder abbauen. Im

Jahr 2018 veräußert V das Grundstück an K. Der Eigentumserwerb des K am Grundstück nach §§ 873, 925 BGB zieht jedoch nicht den Eigentumserwerb an der Windkraftanlage nach sich. Zwar wird eine Windkraftanlage regelmäßig einen wesentlichen Bestandteil des Grundstücks nach § 94 Abs. 1 Alt. 1 BGB darstellen (aufgrund der hohen Kosten einer Trennung), doch handelt es sich im vorliegenden Beispiel um einen Scheinbestandteil i.S.v. § 95 Abs. 1 S. 1 BGB. Laut BGH NJW 2017, 2099 liegt auch dann eine Verbindung „zu einem vorübergehenden Zweck" vor, wenn die Sache für ihre gesamte wirtschaftliche Lebensdauer auf dem Grundstück verbleiben soll (str.). Entscheidend soll nur sein, dass P im Zeitpunkt der Errichtung der Windkraftanlage eine spätere Trennung vom Grundstück beabsichtigte.

Fall: A liefert eine Tür unter Eigentumsvorbehalt an B und baut sie in dessen Haus ein. B zahlt nicht. Nachdem A zweimal erfolglos eine Nachfrist gesetzt hat, verlangt er seine Tür zurück. Zu Recht?

Lösung: § 985 BGB ist nicht anwendbar, weil Eigentumsverlust nach §§ 946, 94 Abs. 2 BGB eingetreten ist. Allerdings kann A nach §§ 346 Abs. 1, 323 Abs. 1, 449 Abs. 2 BGB Herausgabe verlangen, wenn er wirksam vom Kaufvertrag zurückgetreten ist. Da kein Fall des § 346 Abs. 2 S. 1 BGB gegeben ist (die Tür wurde nur eingebaut, nicht verarbeitet), ist der Anspruch auch nicht auf Wertersatz beschränkt. Die sachenrechtliche Zuordnungsvorschrift des § 946 BGB schließt schuldrechtliche Herausgabeansprüche nicht aus. Die gesetzliche Bestimmung, wonach wesentliche Bestandteile nicht Gegenstand besonderer Rechte sein können (§ 93 BGB), hat nur sachenrechtliche Bedeutung, insbesondere für die Frage, wer Eigentümer der wesentlichen Bestandteile ist.

III. Hauptsache i.S.v. § 947 Abs. 2 BGB

123 Ob eine der beiden Sachen Hauptsache ist, **spielt nur bei Mobilien eine Rolle** (§ 947 Abs. 2 BGB), demgegenüber wird bei der Verbindung mit Grundstücken gem. § 946 BGB stets der Inhaber des Grundstücks Eigentümer der Gesamtsache (das Grundstück ist sozusagen immer Hauptsache). Eine Hauptsache liegt nach der Rspr. dann vor, „wenn die übrigen Bestandteile fehlen können, ohne dass das Wesen der Sache beeinträchtigt wird" (BGHZ 20, 159, 163). Die Nebensache wird damit zum „schmückenden Beiwerk" (*Baur/Stürner*, § 53 Rn. 9) degradiert. Der BGH hat nicht einmal das Aluminiumgehäuse eines medizinisch-technischen Geräts als Nebensache behandelt, weil durch das Gehäuse erst die Bedienung des Apparats ermöglicht würde (anders wäre es demgegenüber, wenn das Gehäuse in erster Linie dem besseren Aussehen diente). Da z.B. ein Formel-1-Rennwagen nicht ohne Motor genutzt werden kann, ist der Motor nicht etwa Nebensache (bei einem normalen Auto ist der Motor schon überhaupt nicht wesentlicher Bestandteil – vgl. Rn. 119). Wer einen Motor für einen Formel-1-Wagen unter Eigentumsvorbehalt liefert, erwirbt daher nach dessen Einbau Miteigentum nach § 947 Abs. 1 BGB und bleibt somit gesichert. Miteigentümer können nach §§ 749, 753 BGB jederzeit Aufhebung der Bruchteilsgemeinschaft verlangen.

C. Vermischung, § 948 BGB

Nach § 948 BGB gilt § 947 BGB entsprechend, wenn verschiedene bewegliche Sachen **untrennbar** miteinander vermischt (Flüssigkeiten) oder vermengt (feste bewegliche Sachen) werden. **124**

Beispiel: Milch verschiedener Landwirte wird in der Zentrale in einen Behälter gegossen (Vermischung); Getreide verschiedener Landwirte wird in einem Silo eingelagert (Vermengung).

§ 948 BGB kommt nur zum Zuge, wenn nicht vorher das Eigentum rechtsgeschäftlich übertragen wird (z.B. bei gescheitertem Eigentumserwerb). Liefert also ein Bauer Milch in der Zentrale an oder wird die Milch auf seinem Hof abgeholt, so liegt regelmäßig bereits eine Übereignung nach § 929 S. 1 BGB vor.

§ 948 BGB verweist auf § 947 BGB. Da Vermischung und Vermengung i.d.R. bei gleichartigen Sachen vorgenommen werden und eine Realteilung meist unproblematisch möglich ist, scheidet § 947 Abs. 2 BGB regelmäßig aus. Es entsteht also Miteigentum nach Bruchteilen (§§ 947 Abs. 1, 741 ff., 1008 ff. BGB). Wenn das Wertverhältnis der Teilmengen nicht mehr feststellbar ist, können nach § 742 BGB analog gleiche Anteile, d.h. Miteigentum nach Köpfen, vermutet werden. § 948 BGB gilt auch für die **Vermengung von Geld**, so dass die bisherigen Eigentümer der Scheine und Münzen zu Miteigentümern des Gesamtbetrages werden. Vielfach wurde angenommen, dass ein Kassenbestand als Hauptsache anzusehen ist (*Medicus*, JuS 1983, 897, 899 f.). Der BGH hat diese Sichtweise jedoch abgelehnt, weil es sich faktisch um den häufigsten Fall der Vermengung von Bargeld handele und die Regel (= Miteigentum) nicht zur Ausnahme werden dürfe (BGH NJW 2010, 3578 Rn. 13). **125**

D. Verarbeitung, § 950 BGB

126 Nach § 950 Abs. 1 S. 1 BGB wird derjenige, der aus mehreren beweglichen Sachen durch Verarbeitung oder Umbildung eine neue Sache herstellt, deren Eigentümer, sofern nicht der Wert der Verarbeitung oder der Umbildung erheblich geringer ist als der Wert des Stoffes. Wie in allen Fällen originären (d.h. ursprünglichen, nicht abgeleiteten) Eigentumserwerbs spielt es keine Rolle, ob die Sache gestohlen war: Auch ein Dieb kann also nach § 950 BGB Eigentümer werden. Gleiches gilt für den Geschäftsunfähigen, da § 950 BGB keine rechtsgeschäftlichen Erklärungen voraussetzt.

Beispiel: Der fünfjährige K entwendet der Nachbarin Mehl, Salz und Hefe und backt daraus ein Brot.

127 § 950 BGB hat als lex specialis **Vorrang vor § 947 BGB**, weil hier der Arbeitsaufwand als selbständiger Erwerbsgrund im Vordergrund steht (Staudinger/*Heinze*, § 950 Rn. 15). § 950 BGB gilt nicht für die „Bearbeitung" von Grundstücken und die Herstellung von Gebäuden als Bestandteil von Grundstücken (Wortlaut von § 950 Abs. 1 S. 1 BGB); hier **bleibt es bei § 946 BGB**.

I. Tatbestandsvoraussetzungen

1. Herstellereigenschaft

128 § 950 BGB entscheidet den **Interessenkonflikt zwischen Stoffeigentümer und Verarbeiter** zugunsten des Verarbeiters. „Verarbeiter" oder „Hersteller" ist nicht unbedingt derjenige, der die Fertigung eigenhändig ausführt.

Beispiel: Die 20 Arbeiter, die einen S-Klasse Mercedes montieren, werden nicht Eigentümer nach § 950 BGB.

129 Der Arbeitsbeitrag des einzelnen Arbeiters lässt sich kaum bestimmen und schon gar nicht gegen das Kapital, die Patente und die Unternehmertätigkeit aufwiegen. „Hersteller" ist derjenige, „in dessen Namen und wirtschaftlichem Interesse die Herstellung erfolgt" (BGHZ 112, 243, 249 f.), **der als „Geschäftsherr" des Herstellungsvorgangs erscheint**, im Beispielsfall also die Daimler AG.

130 Lässt ein Besteller eigene Stoffe von einem **Werkunternehmer** verarbeiten, stellt sich ebenfalls die Frage, wer Hersteller i.S.v. § 950 BGB ist.

Beispiel: B bestellt bei U drei maßgefertigte Anzüge, die Stoffe hierfür stellt B dem U zur Verfügung.

Früher war es einhellige Auffassung, dass in diesen Fällen der Besteller als Hersteller i.S.v. § 950 BGB anzusehen sei, er mache sich die Arbeitskraft des Werkunternehmers dienstbar (außerdem gehe § 647 BGB von einer Eigentümerstellung des Lieferanten aus). Seit der Neufassung des § 650 BGB im Zuge der Schuldrechtsreform finden auf diese Fälle jedoch nunmehr die Vorschriften des Kaufrechts Anwendung. Teilweise wird daraus gefolgert, der Werkunternehmer müsse Eigentum nach § 950 Abs. 1 BGB erwerben, denn wie könne er sonst dem Besteller gem. § 650 i.V.m. § 433 Abs. 1 S.1 BGB Eigentum an der Sache verschaffen (*Prütting*, Rn. 465)? Dieser Ansatz überzeugt schon deshalb nicht uneingeschränkt, weil in den Fällen, in denen der Wert der Verarbeitung erheblich geringer ist als der Wert der Stoffe, ein Eigentumserwerb des Herstellers ohnehin ausscheidet. Die Neufassung des § 650 BGB will lediglich die Anwendung der Regeln über den Verbrauchsgüterkauf sicherstellen. Der Verweis des § 650 BGB auf § 433 Abs. 1 S. 1 BGB ist daher teleologisch zu reduzieren, der Werkunternehmer muss dem Besteller nur den Besitz an der Sache verschaffen (MüKo/*Füller*, § 950 Rn. 21 f.).

2. Neue Sache

Ob überhaupt eine **„neue Sache"** hergestellt wird, richtet sich nach der Verkehrsauffassung. Danach greift § 950 BGB etwa ein bei der Herstellung von Kleidern aus Stoff, bei der Herstellung von Möbeln aus Holz etc. Häufig ist ein neuer Name für das Endprodukt ein Indiz für die Herstellung einer neuen Sache: So wird etwa bei Reparaturen keine neue Sache geschaffen, mag der Arbeitsaufwand noch so groß sein. Gleiches gilt etwa beim Lackieren eines PKW usw. **131**

3. Verarbeitungswert

Außerdem darf der Wert der Verarbeitung nicht **erheblich geringer** sein als der Sachwert (§ 950 Abs. 1 S. 1 Hs. 2 BGB), sonst bleibt es bei § 947 BGB. Dabei ist der Wert der Verarbeitung die Differenz zwischen dem **Wert der neuen Sache und dem Wert aller verarbeiteten Stoffe** (es sind also nicht die Kosten für die tatsächliche Arbeitsleistung entscheidend). Der BGH geht bei einem Verhältnis von 100 (Stoffwert) zu 60 (Verarbeitungswert) von einem erheblich geringeren Verarbeitungswert aus (BGH NJW 1995, 2633). **132**

Beispiel: Tischler T baut einen Tisch aus massivem Mahagoniholz, das er unter Eigentumsvorbehalt vom Lieferanten L bezogen hat. Das dafür verwendete Holz hat einen Materialwert von 800 €. Zusätzlich verwendet er einen speziellen Schutzlack, Leim und Dübel im Wert von 100 €. Leider unterlaufen T beim Bau des Tisches einige handwerkliche Fehler, der Tisch wackelt und ist nach Fertigstellung nur 1.000 € wert.

T hat eine neue Sache hergestellt, doch beläuft sich der Verarbeitungswert lediglich auf 100 € (Marktwert der neuen Sache i.H.v. 1.000 € – Materialwert i.H.v. 900 €). Der Verarbeitungswert (100 €) liegt also weit unter der von der Rechtsprechung aufgestellten Mindestmarke von 60% des Materialwertes (im Beispiel: Materialwert = 900 €). Allerdings kommt Erwerb von Miteigentum durch Verbindung in Frage (§ 947 Abs. 1 BGB).

II. Verarbeitungsklauseln

133 Übereignet ein Zulieferer Materialien unter Eigentumsvorbehalt (z.B. Kleidungsstoffe, Holz, Metall) an einen Hersteller (z.B. Schneider, Tischler, Automobilhersteller), wird häufig vereinbart, dass der Zulieferer trotz Weiterverarbeitung der gelieferten Ware **in jeder Be- oder Verarbeitungsstufe Eigentümer bleibt**, bis der Hersteller den Kaufpreis komplett bezahlt hat (sog. Weiterverarbeitungsklausel). Fraglich ist, ob sich eine solche Abrede gegenüber der Regelung in § 950 Abs. 1 S. 1 BGB durchsetzen kann.

134 Nach § 950 Abs. 1 S. 1 BGB erwirbt der Hersteller grundsätzlich Eigentum an den von ihm neu hergestellten Sachen. Zu prüfen ist, ob die Vereinbarung mit dem Zulieferer an diesem „originären" Eigentumserwerb etwas ändert. Eine Mindermeinung hält § 950 BGB für **abdingbar**. Die Regelung diene lediglich dem Schutz des Herstellers, auf den dieser verzichten könne (*Baur/Stürner*, § 53 Rn. 15). Die Rechtsprechung (BGHZ 20, 159, 163 f. – interessante Entscheidung mit vielen klausurrelevanten Aspekten) und ein anderer Teil der Lehre halten § 950 BGB als sachenrechtliche Zuordnungsvorschrift nicht für abdingbar, setzen aber am **Begriff des Herstellers** an: Wenn der Hersteller nicht für sich selbst, sondern für den Lieferanten produziere, sei dieser Hersteller i.S.v. § 950 BGB (Arg.: Die Frage, wer Hersteller ist, bemesse sich bei § 950 BGB ohnehin nach den Vertragsbeziehungen und nicht nach den objektiven Produktionsabläufen). Nach dieser Ansicht erwirbt der *Lieferant* als Hersteller laut Vertragsabrede originär Eigentum an der neu hergestellten Sache. Der wohl überwiegende Teil der Lehre ist der Meinung, § 950 BGB sei weder abdingbar noch dürfe der Herstellerbegriff mit Hilfe von Verarbeitungsklauseln „manipuliert" werden, denn § 950 BGB schütze nicht nur den Hersteller (der auf diesen Schutz verzichten könnte), sondern auch den Rechtsverkehr, der sich – ähnlich wie beim Publizitätsmittel Besitz – an der in § 950 BGB zum Ausdruck kommenden Verkehrsanschauung orientiert. Trotzdem kommt auch die h.L. zu einem ähnlichen Ergebnis wie die Rechtsprechung: Zwar erwerbe der *Hersteller* gem. § 950 BGB originär Eigentum, aber nur für eine logische (juristische) Sekunde. Dann werde der Zulieferer aufgrund einer vorweggenommenen (antizipierten) Einigung (= § 929 S. 1 BGB) und eines vorweggenommenen (antizipierten) Besitzkonstituts (= § 930 BGB) Eigentümer der neu hergestellten Ware (Staudinger/*Heinze*, § 950 Rn. 41). In der Sache handelt es sich also nach dieser Ansicht um eine **Sicherungsübereignung** der neu hergestellten Sache, an der der Hersteller zuvor nach § 950 BGB Eigentum erworben hat (Unterschied zur Rspr.: Durchgangserwerb!). Im Ergebnis ist man sich also darüber einig, dass ein Eigentumsvorbehalt mit Hilfe einer Verarbeitungsklausel „verlängert" werden kann (sog. **verlängerter Eigentumsvorbehalt** – vgl. dazu auch Rn. 239 f.).

Wenn es möglich ist, den Zulieferer zum Alleineigentümer der neu hergestellten Ware zu machen, dann muss es auch möglich sein, ihn neben dem Hersteller und (oder) anderen Zulieferern zum Miteigentümer (Bruchteilseigentümer nach §§ 741 ff., 1008 ff. BGB) zu machen. Üblich sind Klauseln, nach denen z.B. der Zulieferer neben dem Hersteller nur Miteigentümer der neu hergestellten Ware zu 1/2 wird oder nach denen mehrere Zulieferer (z.B. von Holz-, Leder- und Polstermaterial bei der Herstellung von Polstermöbeln) Miteigentümer zu 2/5, 2/5 und 1/5 werden. **135**

E. Entschädigung für Rechtsverlust, § 951 Abs. 1 BGB

Wenn das Gesetz für die Fälle der Verbindung, Vermischung oder Verarbeitung das Eigentum an beweglichen Sachen untergehen lässt, dient dies der Erhaltung wirtschaftlicher Einheiten (§§ 946–948 BGB) bzw. der Berücksichtigung des Arbeitswertes (§ 950 BGB). Dies bedeutet jedoch nicht, dass der Rechtsverlust entschädigungslos hingenommen werden muss. Vielmehr sieht § 951 Abs. 1 BGB als **Ersatz für den nach §§ 946–950 BGB eingetretenen Eigentumsverlust** eine „Vergütung in Geld nach den Vorschriften über die Herausgabe einer ungerechtfertigten Bereicherung" vor. Durch diesen Ausgleichsmechanismus setzt sich auf vermögensrechtlicher Ebene der im Eigentum verkörperte Sachwert quasi fort, weshalb man den Anspruch auch als **Rechtsfortwirkungsanspruch** bezeichnet. Ähnlich ist die Funktion von § 816 Abs. 1 S. 1 BGB, wenn ein Eigentumsverlust aufgrund gutgläubigen Erwerbs erlitten wird (vgl. Rn. 107). **136**

Beispiel: Auf einer Großbaustelle werden mehrere Einfamilienhäuser errichtet. A nimmt irrig an, ein angeliefertes Waschbecken, das dem Nachbarn B gehört, sei für ihn bestimmt, und lässt es einbauen. B kann von A nach § 951 Abs. 1 i.V.m. §§ 812 Abs. 1 S. 1 Alt. 2, 818 Abs. 2 BGB „eine Vergütung in Geld" (= Ersatz des objektiven

Wertes) verlangen. Der Schaden des B kann allerdings höher sein als der objektive Wert des Waschbeckens. Schadensersatz kann B indessen nur fordern, wenn die weitergehenden Voraussetzungen der §§ 989, 990 BGB oder des § 823 Abs. 1 BGB erfüllt sind, A also schuldhaft das Eigentum des B verletzt hat.

137 § 951 BGB ist eine sog. **Rechtsgrundverweisung**, d.h. es müssen die gesamten Voraussetzungen des § 812 Abs. 1 S. 1 Alt. 2 BGB (= Anwendungsfall der Eingriffskondiktion) vorliegen. Die ausdrückliche Verweisung zeigt lediglich, dass **§§ 946 ff. BGB keinen rechtlichen Grund i.S.v. § 812 BGB bilden**. Außerdem stellt § 951 Abs. 1 S. 2 BGB klar, dass abweichend von den allgemeinen bereicherungsrechtlichen Grundsätzen nicht Herausgabe des primär Erlangten (= Eigentumsrückübertragung), sondern nur Wertersatz (§ 818 Abs. 2 BGB) gefordert werden kann.

Beispiel: Installateur I baut im Haus des A ein Waschbecken zum Vorzugspreis von 250 € ein. Unter Hinweis auf § 951 Abs. 1, 812 Abs. 1, 818 Abs. 2 BGB verlangt I später 300 €, weil das Waschbecken objektiv so viel wert gewesen sei. Für den Fall, dass A bereits Eigentum nach § 929 S. 1 BGB erworben haben sollte (I lässt das Waschbecken zunächst bei A anliefern, bevor er es einbaut), scheidet § 951 BGB ohnehin aus, weil der Rechtsverlust nicht „infolge der Vorschriften der §§ 946–950“ eingetreten ist. Was aber wäre, wenn A tatsächlich das Eigentum nach § 946 BGB erworben hat (I baut das Waschbecken auf der Baustelle des A ein, bevor A davon Kenntnis hat)? Auch hier ist ein Kondiktionsanspruch nach § 951 Abs. 1, 812 Abs. 1 S. 1 Alt. 2 BGB nicht gegeben, weil I **mit Rechtsgrund** (= Kaufvertrag) geleistet hat.

138 Schwierigkeiten bereitet der Ausgleichsanspruch aus § 951 BGB, wenn nicht zwei, sondern drei Personen am Geschehen beteiligt sind.

Beispiel nach BGHZ 56, 228, 239 ff.: Baustoffhändler A liefert an B Baumaterialien unter Eigentumsvorbehalt. B, der den Kaufpreis noch nicht bezahlt hat, baut diese abredewidrig auf dem Grundstück des C ein. Nachdem B zahlungsunfähig geworden ist, verlangt A von C gem. § 951 BGB Ausgleich für den Rechtsverlust. C ist nicht durch die „Leistung“ des A bereichert. Eine Leistungskondiktion des A gegen C (§ 812 Abs. 1 S. 1 Alt. 1 BGB) scheidet also aus. Eine Eingriffskondiktion des A gegen C nach § 951 i.V.m. § 812 Abs. 1 S. 1 Alt. 2 BGB (Bereicherung „in sonstiger Weise“) soll nach dem Grundsatz des **Vorrangs der Leistungsbeziehung** dann nicht in Betracht kommen, wenn C den Rechtsvorteil durch Leistung, wenn auch nicht durch Leistung des A, erlangt hat (*Wellenhofer*, § 10 Rn. 12). Hier hat C den Rechtsvorteil durch eine Leistung des B erlangt.

Anstatt den Rechtsstreit theoretisch unter Bezugnahme auf das Schlagwort des Vorrangs der Leistungsbeziehung zu führen, sollte man wertend folgende Überlegung anstellen: Angenommen, B hätte bei C nicht eingebaut, sondern **bereits vor dem Einbau dem C rechtsgeschäftlich Eigentum übertragen**, dann hätte C nach §§ 929, 932 BGB gutgläubig Eigentum erworben. A könnte sich nur an B (nach § 816

Abs. 1 S. 1 BGB), jedoch nicht an C halten. Warum soll es anders sein, wenn C nicht nach §§ 929, 932 BGB, sondern nach § 946 BGB bestandskräftiges Eigentum erworben hat? A kann also von C keinen Ausgleich nach § 951 BGB verlangen, weil die Voraussetzungen einer ungerechtfertigten Bereicherung in diesem Verhältnis nicht vorliegen.

Ob erst übereignet und dann eingebaut wird oder ob gleich – ohne **139**
vorangehende rechtsgeschäftliche Übereignung – eingebaut wird, darf rechtlich keinen Unterschied machen. Würde ein rechtsgeschäftlicher Eigentumserwerb scheitern (an § 935 BGB oder weil der Erwerber bösgläubig ist), könnte nach § 985 BGB Herausgabe verlangt werden. Dieser Anspruch ist in Fällen gesetzlichen Eigentumserwerbs (§§ 946 ff. BGB) jedoch ausgeschlossen, dafür soll § 951 Abs. 1 S. 1 BGB als Rechtsfortwirkungsanspruch Ersatz gewähren. Wäre die – hypothetische – rechtsgeschäftliche Übereignung jedoch wirksam, dann gäbe es nur Ansprüche gegen den Verfügenden (v.a. § 816 Abs. 1 S. 1 BGB), nicht aber gegen den Erwerber (vgl. Rn. 107). Dann kann in den Konstellationen, in denen der Eigentumserwerb direkt auf Gesetz beruht (§§ 946 ff. BGB), nichts anderes gelten, die Anwendung von § 951 Abs. 1 S. 1 BGB ist hier ausgeschlossen.

Beispiel: Handwerker H stiehlt Baumaterialien bei B und baut diese im Haus seines Kunden K ein. B verliert nach §§ 946, 94 Abs. 2 BGB sein Eigentum an dem Baumaterial. Neuer Eigentümer wird Hauseigentümer K.

Zu beachten ist in diesem Fall, dass hier bezüglich des Bereicherungsgegenstandes (Baumaterial) zwischen H und K ebenfalls eine Leistungsbeziehung besteht. Hier zeigt sich, dass das Schlagwort vom Vorrang der Leistungsbeziehung nicht unreflektiert für die Falllösung herangezogen werden darf: **Entscheidend ist die Wertung des § 935 BGB:** Hätte H dem K das Eigentum am Baumaterial rechtsgeschäftlich übertragen, hätte B gem. § 985 BGB von K Herausgabe des Baumaterials verlangen können, weil ein gutgläubiger Erwerb nach §§ 929, 932 BGB an § 935 BGB gescheitert wäre. Dieser Herausgabeanspruch wird jedoch durch § 946 BGB vereitelt. Gerade in einem solchen Fall soll nach § 951 Abs. 1 S. 1 BGB ein bereicherungsrechtlicher Ausgleich verlangt werden können.

Es gilt folgende Regel: § 951 Abs. 1 BGB greift im Ergebnis nur dann, **wenn bei hypothetischer rechtsgeschäftlicher Übertragung** der Sache auf den Bereicherungsschuldner dieser kein Eigentum erworben hätte.

Der Bereicherungsanspruch aus § 951 BGB kann durch die Regeln **140**
des **Eigentümer-Besitzer-Verhältnisses** nicht verdrängt werden.

Fall nach BGHZ 55, 176 ff. (Jungbullen-Fall): D stiehlt E einen Jungbullen und verkauft ihn an den gutgläubigen Metzger M, der das Tier schlachtet und zu Wurst verarbeitet. Wie ist die Rechtslage?

Lösung: Schadensersatzansprüche des E gegen M aus §§ 989, 990 BGB sind mangels Bösgläubigkeit ausgeschlossen. Ein Anspruch aus §§ 951 Abs. 1 S. 1, 812 Abs. 1 S. 1 Alt. 2, 818 Abs. 2 BGB wäre nach der oben entwickelten Regel und parallel zum vorangehenden Beispiel gegeben (Wertung des § 935 BGB). Fraglich ist jedoch, ob der abschließende Charakter des Eigentümer-Besitzer-Verhältnisses (Rn. 162 und 171) die Anwendung von § 951 BGB sperrt. Doch sind Ansprüche auf Wertersatz wegen Verarbeitung oder Veräußerung in den §§ 985 ff. BGB nicht vorgesehen. Daher wird der Anspruch aus § 951 BGB (das Gleiche würde – in anderen Fällen – für einen Anspruch aus § 816 Abs. 1 S. 1 BGB gelten) durch das Eigentümer-Besitzer-Verhältnis nicht verdrängt (Rn. 188), es handelt sich vielmehr um einen Rechtsfortwirkungsanspruch, der an die Stelle des vereitelten Vindikationsanspruchs (§ 985 BGB) tritt. Dass M für den Bullen an D einen Kaufpreis gezahlt hat, kann er E nicht gem. § 818 Abs. 3 BGB entgegenhalten, denn solange er nach § 985 BGB Herausgabe schuldete, konnte er sich hierauf auch nicht berufen.

Anspruch auf Wertersatz aus §§ 951, 812 Abs. 1 S. 1 Alt. 2 BGB

- Eigentumsverlust aufgrund §§ 946–950 BGB
- Rechtsgrundverweisung auf § 812 Abs. 1 S. 1 Alt. 2 BGB
  - etwas erlangt (stets nach §§ 946–950 BGB Eigentum)
  - in sonstiger Weise auf Kosten des bisherigen Eigentümers (Beachte: Subsidiarität der Eingriffskondiktion)
  - ohne rechtlichen Grund
- Rechtsfolge: Wertersatz gem. § 818 Abs. 2 BGB

F. Eigentum an Schuldurkunden, § 952 BGB

141 § 952 Abs. 1 S. 1 BGB bestimmt, dass das Eigentum an einem über eine Forderung ausgestellten Schuldschein dem Forderungsinhaber zusteht. Schuldurkunde i.S.v. § 952 Abs. 1 BGB ist etwa das **Sparbuch**. Wird die Forderung auf das Sparguthaben gem. § 398 BGB abgetreten, geht somit das Eigentum am Sparbuch automatisch auf den neuen Gläubiger über.

Wer Inhaber einer Sparforderung und damit Eigentümer des Sparbuchs ist, muss im Zweifel durch Auslegung ermittelt werden. Allein die Tatsache, dass jemand ein Sparbuch auf einen fremden Namen anlegt, führt nicht dazu, dass der im Sparbuch Bezeichnete Inhaber der Forderung wird (Staudinger/*Gursky*, § 952 Rn. 12).

Auf **Kfz-Briefe** (offizielle Bezeichnung: Zulassungsbescheinigung Teil II) wird § 952 BGB analog angewendet (vgl. Rn. 77). Der Eigentümer eines Autos wird also automatisch auch Eigentümer des Kfz-Briefs. Das Recht am Papier folgt bei § 952 BGB dem Recht aus dem Papier. Wichtig ist es, sich bewusst zu machen, dass die analoge Anwendung von § 952 BGB auf den Kfz-Brief zur Konsequenz hat, dass dieser nicht getrennt vom Fahrzeug nach §§ 929 ff. BGB übereignet werden kann. **142**

In Klausuren, bei denen es um das Eigentum an einem PKW geht, ist die Frage nach dem Eigentum am Kfz-Brief eine beliebte Zusatzproblematik.

Auf **gewöhnliche Eintrittskarten** zu Freizeitveranstaltungen (z.B. Fußballspiele) findet § 952 BGB keine Anwendung, weil diese nach §§ 929 ff. BGB übertragen werden und das Eintrittsrecht dem Recht an der Karte folgt. Der Eintritt ist demjenigen zu gewähren, der die Karte vorzeigt (Inhaberpapier nach § 807 BGB). Etwas anderes gilt aber bei **personalisierten Eintrittskarten** (z.B. WM-Tickets). Bei diesen handelt es sich – wie bei Sparbüchern – um qualifizierte Legitimationspapiere gem. § 808 BGB. Dem Inhaber der personalisierten Eintrittskarte *kann* schuldbefreiend die Leistung (z.B. Zutritt zum Stadion) gewährt werden, ihm *muss* die Leistung aber nur dann gewährt werden, wenn er auch zugleich Inhaber des auf der Karte verbrieften Anspruchs ist (was regelmäßig der auf der Karte Benannte ist). Hier wird das Eintrittsrecht (z.B. Anspruch aus § 631 BGB) durch Abtretung (§ 398 BGB) übertragen. Das Eigentum an dem Ticket folgt dann gem. § 952 Abs. 2 BGB dem Eintrittsrecht. **143**

G. Fruchterwerb, §§ 953–957 BGB

Während §§ 946 ff. BGB regeln, wer Eigentümer wird, wenn aus mehreren Sachen eine einheitliche gebildet wird, betreffen §§ 953 ff. BGB gewissermaßen die spiegelbildliche Frage, wer das Eigentum erwirbt, wenn **aus einer einheitlichen Sache zwei oder mehrere selbständige Sachen** entstehen. Dabei geht es um Fälle, in denen Erzeugnisse oder sonstige Bestandteile von einer Sache getrennt werden. **144**

„Erzeugnisse“ sind alle natürlichen Tier- und Bodenprodukte, z.B. Milch, Eier, Jungtiere, geerntete Pflanzen oder Hölzer. Die Substanz der ursprünglichen Sache darf jedoch nicht vernichtet werden, Fleisch eines

Tieres ist daher kein Erzeugnis. **„Sonstige Bestandteile"** sind anorganische Gegenstände, die unter Zerstörung der Muttersache gewonnen werden, z.B. Kies, Steine, Mineralien.

145 Die Systematik der §§ 953 ff. BGB folgt einer Art Schachtelprinzip: Ausschlaggebend für die Zuweisung des Eigentums ist die Nutzungsnähe: Die stärkste Stellung im Gefüge der §§ 953 ff. BGB kommt demjenigen zu, der aufgrund einer Gestattung nach § 956 BGB berechtigt ist, sich die Erzeugnisse oder sonstigen Bestandteile anzueignen, sowie demjenigen, der ein solches Recht gutgläubig von einem Nichtberechtigten herleitet (§ 957 BGB): Ein solches Aneignungsrecht wird beispielsweise dem Pächter eingeräumt, wenn ihm der nach § 581 Abs. 1 S. 1 BGB geschuldete Fruchtgenuss gewährt wird. An zweiter Stelle (§ 955 BGB) steht der gutgläubige Eigenbesitzer (*Beispiel:* A hält sich gutgläubig – etwa aufgrund einer unerkannt nichtigen Eigentumsübertragung – für den Eigentümer). An dritter Stelle steht gem. § 954 BGB der dinglich Nutzungsberechtigte (z.B. der Nießbrauchsberechtigte, §§ 1030 ff. BGB). An letzter Stelle (§ 953 BGB) steht der Eigentümer der Mutter- bzw. Hauptsache.

Eigentum an den Erzeugnissen oder sonstigen Bestandteilen einer Sache erwirbt …

gemäß § 953, wer **Eigentümer der Muttersache** ist. Aber nicht, wenn …

nach § 954 ein **dinglich Nutzungsberechtigter** vorhanden ist. Dieser erwirbt jedoch kein Eigentum, wenn …

nach § 955 der **gutgläubige Eigenbesitzer** der Mutter- oder Hauptsache Eigentum erwirbt. Dieser erwirbt nur dann kein Eigentum, wenn …

nach § 956 ein **schuldrechtlich Aneignungsberechtigter** vorhanden ist, auch wenn dieser sein Aneignungsrecht nur gutgläubig von einem Nichtberechtigten herleitet (§ 957).

H. Aneignung, §§ 958–964 BGB

An **herrenlosen Sachen** kann durch Aneignung Eigentum erworben werden (§ 958 Abs. 1 BGB), sofern nicht die Aneignung gesetzlich verboten ist oder das Aneignungsrecht eines anderen verletzt wird (§ 958 Abs. 2 BGB). Herrenlos ist eine Sache nur dann, wenn bisher kein Eigentum an ihr bestanden hat (z.B. wilde Tiere i.S.v. § 960 Abs. 1 S. 1 BGB) oder wenn das Eigentum durch Dereliktion i.S.v. § 959 BGB aufgegeben wurde (z.B. Sperrmüll). Für eine **Dereliktion** muss die Aufgabe des Besitzes mit der Absicht der Eigentumsaufgabe zusammentreffen. Hieran fehlt es, wenn jemand eine Sache lediglich verliert, gesetzlicher Eigentumserwerb kommt dann nur nach § 973 BGB (Fund) in Frage. Überfährt ein PKW-Fahrer ein Reh und nimmt es mit, so erwirbt er nach § 958 Abs. 2 BGB kein Eigentum, soweit dadurch etwa das **Aneignungsrecht** eines Jagdpächters verletzt wird. 146

Beispiel 1: sog. Containern (nach BayObLG NStZ-RR 2020, 104): Nimmt jemand auf dem Gelände eines Supermarktes abgelaufene Lebensmittel aus einem Abfallcontainer an sich, kommt es nicht zum Eigentumserwerb nach § 958 Abs. 1 BGB. Denn die Lebensmittel sind nicht herrenlos i.S.v. § 959 BGB. Dafür fehlt es schon an einer Besitzaufgabe, da sich die Lebensmittel noch auf dem Firmengelände und damit in der Herrschaftssphäre des Supermarktes befinden, die Sachherrschaft i.S.v. § 854 BGB ist zwar gelockert, aber nicht aufgehoben. Außerdem besteht typischerweise keine Absicht, auf das Eigentum zu verzichten. Supermarktbetreiber wollen Lebensmittel verkaufen und **nicht dem freien Zugriff von Personen aussetzen, die potenzielle Kunden** sind. Das tritt besonders klar zu Tage, wenn der Abfallcontainer verschlossen ist (so lag es in dem Fall, über den das BayObLG zu entscheiden hatte), wird aber auch dann anzunehmen sein, wenn sich die Lebensmittel in einem unverschlossenen Müllbehälter befinden. Dass der Wille zur Eigentumsaufgabe auch aus Sorge vor Haftungsrisiken fehlen soll, erscheint demgegenüber fernliegend. Denn wer abgelaufene Lebensmittel aus einem Abfallcontainer an sich nimmt, geht bewusst ein Risiko ein, das die deliktische Haftung des Supermarktbetreibers (unter dem Gesichtspunkt: „Handeln auf eigene Gefahr“) ausschließt (ausführlich zur sachenrechtlichen Bewertung des vor allem im strafrechtlichen Kontext diskutierten Containerns *Hellermann/Birkholz* JA 2020, 303 ff.).

Beispiel 2: Bei Altkleidersäcken, die zur Abholung an die Straße gestellt werden, liegt ebenfalls keine Dereliktion vor, sondern ein konkludentes Angebot zur Übereignung nach § 929 S. 1 BGB an die Organisation, die die Sammlung durchführt (so auch LG Ravensburg NJW 1987, 3142 für Bilder, die ein Künstler von der Müllabfuhr beseitigen lassen will). Besteht demgegenüber kein spezifisches Interesse an der Vernichtung der Gegenstände oder der Überlassung an eine konkrete Organisation, liegt eine Dereliktion i.S.v. § 959 BGB vor (etwa bei „normalem“ Sperrmüll oder Abfall, der zur Abholung bereitgestellt wird).

I. Fund, §§ 965–984 BGB

147 Durch den Fund einer Sache wird zwischen dem Verlierer und dem Finder ein gesetzliches Schuldverhältnis begründet, das in §§ 965 ff. BGB geregelt ist und Ähnlichkeiten mit der Geschäftsführung ohne Auftrag (§§ 677 ff. BGB) aufweist. Sachenrechtlich relevant ist vor allem § 973 BGB, der unter bestimmten Voraussetzungen einen gesetzlichen Eigentumserwerb des Finders vorsieht. Verloren ist eine Sache, die besitzlos, jedoch nicht herrenlos ist (ansonsten Möglichkeit der Aneignung, s.o.).

Beispiel: Student S findet auf der Straße einen 200 €-Schein: Nach § 973 BGB Eigentumserwerb sechs Monate nach Anzeige des Fundes. **Gegenbeispiel:** Putzfrau P findet in einem Supermarkt einen 100 €-Schein, den E beim Einkauf verloren hat. P könnte nach § 973 BGB Eigentum erwerben, wenn der Schein verloren wurde, also besitzlos war. Doch kann nach h.M. der Geschäftsinhaber aufgrund eines generellen Besitzwillens (Rn. 14) unmittelbaren Besitz i.S.v. § 854 Abs. 1 BGB an allen in seinen Räumlichkeiten befindlichen Fundsachen erwerben (BGHZ 101, 186 ff.). Die erforderliche Erkennbarkeit eines solchen generellen Besitzbegründungswillens liegt dann vor, wenn diesbezüglich besondere Anstalten getroffen wurden, z.B. die Anweisung an das Personal ergangen ist, Fundsachen abzugeben. Soweit dies der Fall war, wurde der Geldschein nie verloren (= besitzlos), weil durch das Liegenlassen im Geschäft der Supermarktinhaber unmittelbarer Besitzer wurde. Damit haben weder P noch der Geschäftsinhaber den Geldschein i.S.v. §§ 965 ff. BGB gefunden.

Zwar erwirbt der Finder unter den Voraussetzungen des § 973 BGB Eigentum, wenig bekannt ist aber, dass der frühere Eigentümer gegen den neuen Eigentümer gem. § 977 BGB einen auf drei Jahre befristeten bereicherungsrechtlichen Herausgabeanspruch hat. Eine mit § 951 Abs. 1 S. 2 BGB vergleichbare Einschränkung fehlt, vielmehr ist der Anspruch ausdrücklich auf „Herausgabe des durch die Rechtsänderung Erlangten“ und damit gem. § 812 Abs. 1 S. 1 Alt. 2 BGB primär auf Rückübereignung gerichtet.

J. Ersitzung, §§ 937–945 BGB

148 Wer **zehn Jahre Eigenbesitzer** einer fremden beweglichen Sache war (für Grundstücke gilt § 900 BGB), erwirbt gem. § 937 Abs. 1 BGB das Eigentum. Eigenbesitzer ist gem. § 872 BGB derjenige, der eine Sache als ihm gehörend besitzt (Gegensatz: Fremdbesitzer = Besitzmittler). Wer eine fremde Sache ersitzen will, muss sich also für den Eigentümer halten. Gem. § 937 Abs. 2 BGB ist der Eigentumserwerb durch

Ersitzung ausgeschlossen, wenn der Erwerber beim Erwerb des Eigenbesitzes nicht in „gutem Glauben“ ist (Verweis auf den Maßstab des § 932 Abs. 2 BGB) oder später erfährt (= positive Kenntnis), dass ihm das Eigentum nicht zusteht. Praktische Bedeutung hat die Ersitzung vor allem in Fällen, in denen ein gutgläubiger Erwerb an § 935 BGB scheitert, sowie bei der Veräußerung durch oder an einen unerkannt Geschäftsunfähigen. Durch die Ersitzung wird vermieden, dass die vermeintliche (vgl. § 1006 Abs. 1 S. 1 BGB) und die wirkliche Rechtslage dauerhaft auseinanderfallen. Demgegenüber kann der bösgläubige Besitzer, für den eine Ersitzung nicht in Frage kommt, die nach § 985 BGB geschuldete Herausgabe erst nach 30 Jahren wegen Verjährung (§§ 214 Abs. 1, 197 Abs. 1 Nr. 2 BGB) verweigern (Rn. 155a).

Beispiel: D stiehlt dem E ein Gemälde und verkauft es an den gutgläubigen A. Nach fünf Jahren veräußert A das Bild an den ebenfalls gutgläubigen B, der es seinerseits nach sechs Jahren dem Galeristen G übereignet, dem die wahre Herkunft bekannt ist. Ein gutgläubiger Eigentumserwerb vom Nichtberechtigten nach §§ 929, 932 ff. BGB ist auf allen Stufen gem. § 935 BGB ausgeschlossen, doch hat B das Eigentum gem. § 937 Abs. 1 BGB ersessen, da gem. § 943 BGB Besitzzeiten des gutgläubigen Vorbesitzers (fünf Jahre bei A) angerechnet werden. G hat damit gem. § 929 S. 1 BGB vom Berechtigten erworben, sein böser Glaube ist unschädlich.

Fall nach RGZ 130, 69: K kauft vom unerkannt geisteskranken V ein Gemälde. Nach mehr als zehn Jahren fordert V von K die Rückgabe.

Lösung: Ein Anspruch des V gegen K aus § 985 BGB scheitert am Eigentumserwerb des K. Wegen der Geschäftsunfähigkeit des V (§§ 104 Nr. 2, 105 Abs. 1 BGB) konnte K zwar nicht gem. § 929 S. 1 BGB Eigentum erwerben. K ist jedoch gem. § 937 Abs. 1 BGB als gutgläubiger Eigenbesitzer (§ 872 BGB) durch Ersitzung Eigentümer geworden. Fraglich ist jedoch, ob V gegen K ein Anspruch auf **Rückübertragung des Eigentums aus § 812 Abs. 1 S. 1 Alt. 1 BGB** zusteht. K hat durch Leistung des V den Besitz und auf dieser Grundlage – durch Ersitzung – das Eigentum am Gemälde erlangt. Der Kaufvertrag ist aufgrund der Geschäftsunfähigkeit des V gem. §§ 104 Nr. 2, 105 Abs. 1 BGB nichtig und bildet daher keinen wirksamen Rechtsgrund für den Eigentumserwerb. Die Ersitzung trägt nach Ansicht des Bundesgerichtshofs ihren Rechtsgrund jedoch in sich (BGH NJW 2016, 3162, 3165). Dies folge aus dem Zweck der Ersitzung, die im Sinne der Rechtssicherheit eine endgültige Sachzuordnung schaffen soll. Im Gesetz findet sich eine indirekte Stütze für diese Sichtweise in § 951 BGB und § 977 BGB: Während in den Fällen des gesetzlichen Eigentumserwerbs durch Verbindung, Vermischung, Verarbeitung und Fund bereicherungsrechtliche Ausgleichsansprüche ausdrücklich vorgesehen sind, fehlt eine vergleichbare Klarstellung im Anschluss an §§ 937 ff. BGB. Das Reichsgericht hatte demgegenüber noch die Auffassung vertreten, dass die Ersitzung als solche im vorliegenden Fall keinen Rechtsgrund bilde. Würde man dieser Auffassung folgen, so könnte sich K heutzutage gem. § 214 Abs. 1 i.V.m. § 199 Abs. 4 BGB allerdings auf die Verjährung des Bereicherungsanspruchs berufen (während die Verjährungsfrist zu der Zeit, als das RG den Fall zu entscheiden hatte, noch 30 Jahre betrug).

Kapitel 5. Ansprüche aus dem Eigentum (§§ 985 ff. BGB)

A. Herausgabeanspruch aus § 985 BGB

I. Tatbestand des § 985 BGB

Der Herausgabeanspruch des Eigentümers gegen den Besitzer aus § 985 BGB (sog. **Vindikationsanspruch**, von lat.: rei vindicatio = Eigentumsklage) gilt für bewegliche und unbewegliche Sachen. Tatbestandsvoraussetzungen des § 985 BGB sind lediglich, dass der Anspruchsteller **Eigentümer** und der Anspruchsgegner **Besitzer** der Sache ist. In Klausuren konkurrieren mit § 985 BGB oftmals andere Herausgabeansprüche: z.B. aus §§ 812, 823, 861, 1007 BGB (vgl. Rn. 107). 149

Der Anspruch aus § 985 BGB besteht sowohl gegen den unmittelbaren als auch den mittelbaren Besitzer: Ist der Anspruchsgegner **unmittelbarer Besitzer**, kann der Eigentümer die Herausgabe des unmittelbaren Besitzes an sich selbst oder, wenn ein Dritter zum Besitz der Sache berechtigt ist, Herausgabe an den Dritten verlangen. 150

Beispiel: D entwendet E ein Gemälde. E kann als Eigentümer nach § 985 BGB vom (unmittelbaren) Besitzer D Herausgabe des Gemäldes verlangen. Hatte E das Gemälde an die Galerie G verliehen, kann E von D lediglich Herausgabe an G fordern. Nur wenn G das Gemälde nicht mehr an sich nehmen will, kann E Herausgabe an sich selbst verlangen (vgl. § 986 Abs. 1 S. 2 BGB).

Aber auch wenn der Anspruchsgegner **mittelbarer Besitzer** ist, ist er nach h.M. nicht nur verpflichtet, dem Eigentümer den mittelbaren Besitz zu übertragen (durch Abtretung seines Herausgabeanspruchs gegen den unmittelbaren Besitzer, vgl. § 870 BGB), sondern auch, die Sache selbst herauszugeben, obwohl er diese gegenwärtig nicht hat. Denn es könnte sein, dass der mittelbare Besitzer – nach rechtskräftiger Verurteilung zur Herausgabe – den unmittelbaren Besitz vom Besitzmittler zurückbekommt, womit der Titel auf Herausgabe des (nur) mittelbaren Besitzes wertlos würde und eine neue Klage erforderlich wäre (MüKo/*Baldus*, § 985 Rn. 32 f.). 151

Beispiel: D entwendet E ein Gemälde und verleiht es an V. Obwohl D in diesem Fall nur mittelbarer Besitzer ist (der unmittelbare Besitzer V mittelt ihm nach § 868 BGB den Besitz), kann E von D nach § 985 BGB nicht nur Herausgabe des mittelbaren, sondern auch des unmittelbaren Besitzes verlangen.

II. Kein Recht zum Besitz, § 986 BGB

152 Allerdings kann der Besitzer nach § 986 Abs. 1 S.1 BGB die Herausgabe verweigern, wenn ihm ein **Recht zum Besitz** zusteht. Dabei kann es sich um ein schuldrechtliches (z.B. Miete oder Leihe) oder dingliches Besitzrecht handeln (z.B. Pfandrecht oder Anwartschaftsrecht).

Beispiele: Hat V dem M ein Appartement vermietet, kann V Herausgabe gem. § 985 BGB erst dann verlangen, wenn das Mietverhältnis beendet ist (ein konkurrierender Herausgabeanspruch ergibt sich aus § 546 Abs. 1 BGB). Hat E der Bank B für eine offene Darlehensforderung durch Einigung und Übergabe gem. §§ 1204 Abs. 1, 1205 Abs. 1 S. 1 BGB ein Pfandrecht an wertvollem Schmuck eingeräumt, kann E Rückgabe des Schmucks gem. § 985 BGB erst dann verlangen, wenn das Pfandrecht erloschen ist (ein konkurrierender Herausgabeanspruch ergibt sich hier aus § 1223 Abs. 1 BGB).

153 **Zurückbehaltungsrechte** etwa aus §§ 273, 1000 BGB begründen nach zutreffender Auffassung kein Recht zum Besitz i.S.v. § 986 BGB, sondern führen lediglich dazu, dass der Anspruch (hier: aus § 985 BGB) nur Zug um Zug (§ 274 BGB) durchgesetzt werden kann (vgl. *Wellenhofer*, § 21 Rn. 28). Demgegenüber ordnet der BGH Zurückbehaltungsrechte formal als Recht zum Besitz ein, weil § 986 BGB die Gegenrechte des Besitzers abschließend regele und damit alle Einreden erfasse. In der Sache gelangt der BGH jedoch überwiegend zu den gleichen Ergebnissen wie die h.L., denn die Geltendmachung eines Zurückbehaltungsrechts soll nicht zur Klageabweisung, sondern zur Verurteilung Zug-um-Zug führen. Außerdem wendet der BGH – obwohl seiner Ansicht nach eigentlich keine Vindikationslage vorliegt – die §§ 987 ff. BGB trotz Bestehens eines Zurückbehaltungsrechts an, soweit das Rechtsverhältnis, welches das (vorübergehende) Besitzrecht begründet, keine Regelung für die Frage der Nutzungsherausgabe und den Verwendungsersatz enthält (BGH NJW 2002, 1050, 1052).

154 Nach § 986 Abs. 1 S. 1 Alt. 2 BGB kann der Besitzer sein Besitzrecht auch **von einem Dritten ableiten**, soweit der Dritte dem Eigentümer gegenüber zum Besitz berechtigt ist und befugt war, den Besitz weiter zu übertragen (vgl. auch § 986 Abs. 1 S. 2 BGB).

Beispiel: E vermietet eine Sache an M, der sie – erlaubtermaßen – an U untervermietet. U leitet hier sein Besitzrecht von M ab und kann nach § 986 Abs. 1 S. 1 Alt. 2 BGB gegenüber E die Herausgabe der Sache verweigern. U hätte hingegen kein Recht zum Besitz, wenn M die Untervermietung nicht erlaubt wäre oder M selbst schon gar kein eigenes Recht zum Besitz zustünde, etwa weil sein Mietvertrag mit E nichtig ist.

155 Nach h.M. stellt § 986 BGB entgegen dem Wortlaut („kann verweigern“) keine Einrede, sondern eine (rechtshindernde) **Einwendung** dar, die im Prozess von Amts wegen zu berücksichtigen ist.

Herausgabeanspruch aus § 985 BGB
• Anspruchsteller ist Eigentümer
• Anspruchsgegner ist (unmittelbarer oder mittelbarer) Besitzer
• Anspruchsgegner hat kein Recht zum Besitz gem. § 986 BGB

III. Verjährung

Auf den ersten Blick überraschend ist, dass der Anspruch aus § 985 BGB der Verjährung unterliegt, doch verjährt gem. § 194 Abs. 1 BGB grundsätzlich jeder Anspruch. Eine Ausnahme besteht allerdings nach § 902 Abs. 1 S. 1 BGB für Ansprüche aus im Grundbuch eingetragenen Rechten und damit auch für den Vindikationsanspruch des im Grundbuch eingetragenen Grundstückseigentümers. Im Übrigen kann der Besitzer gem. §§ 214 Abs. 1, 197 Abs. 1 Nr. 2, 200 S. 1 BGB nach Ablauf von **30 Jahren** die Herausgabe der Sache verweigern. Das gilt auch für den bösgläubigen Besitzer (etwa den Dieb), der weiß, dass er nicht zum Besitz berechtigt ist, und selbst dann, wenn es sich um NS-Raubkunst handelt, da das Gesetz keinerlei Einschränkung vorsieht (OLG Frankfurt JuS 2019, 163, 164 f. m. Anm. *Wellenhofer*). Unter außergewöhnlichen Umständen mag es denkbar sein, die Erhebung der Einrede der Verjährung als Verstoß gegen Treu und Glauben (§ 242 BGB) zu bewerten, doch reicht dafür ein bloß passives Abwarten des in Anspruch genommenen Besitzers nicht aus. Gem. § 198 BGB kann sich der Besitzer sogar auf die **bei einem Vorbesitzer verstrichene Verjährungszeit** berufen. **155a**

Durch den Eintritt der Verjährung verliert der Eigentümer nicht sein Eigentum, vielmehr kann es zu einem dauerhaften Auseinanderfallen von Eigentum und Besitz kommen. Nach h.M. erlangt der Besitzer durch den Eintritt der Verjährung auch **kein Recht zum Besitz** (BeckOGK/*Spohnheimer*, § 985 Rn. 87.2). Demgegenüber kann der gutgläubige Eigenbesitzer gem. § 937 Abs. 1 BGB bereits nach zehn Jahren das Eigentum an einer beweglichen Sache durch Ersitzung erwerben (Rn. 148).

B. Das Eigentümer-Besitzer-Verhältnis

I. Vindikationslage

§ 985 BGB ist nicht nur ein – im Sachenrecht besonders wichtiger – **156**
Herausgabeanspruch, vielmehr eröffnet die Vorschrift auch die Anwendung eines **eigenständigen Haftungsregimes**, des sog. Eigentümer-Besitzer-Verhältnisses (EBV), das in §§ 987 ff. BGB umfassend geregelt

ist. Für die Anwendbarkeit der §§ 987 ff. BGB ist nämlich das Bestehen einer sog. **Vindikationslage** stets Voraussetzung; d.h. dem Besitzer darf gegen den Eigentümer kein Recht zum Besitz i.S.v. § 986 BGB zustehen. Sinn und Zweck der §§ 987 ff. BGB können an folgendem Beispiel verdeutlicht werden:

Ausgangsfall: D stiehlt E eine Maschine und veräußert sie an K.

Wegen § 935 BGB kann K nicht gem. §§ 929 S. 1, 932 BGB gutgläubig Eigentum erwerben. Da der mit D geschlossene Kaufvertrag ihm nur im Verhältnis zu D, nicht aber gegenüber E ein Recht zum Besitz vermittelt, hat E einen Herausgabeanspruch gegen K aus § 985 BGB (= Vindikationslage). Die Frage ist nun, ob K dem E Schadensersatz leisten muss, wenn die Maschine in der Zwischenzeit zerstört oder beschädigt wurde, ob er dem E Nutzungen herausgeben bzw. vergüten muss, die er gezogen oder nicht gezogen hat, und schließlich, ob er für Verwendungen, die er auf die Sache gemacht hat, von E Ersatz verlangen kann.

Die Regeln des Eigentümer-Besitzer-Verhältnisses differenzieren danach, ob K bösgläubig ist oder bereits auf Herausgabe verklagt wurde, ob er den Besitz durch eine Straftat oder verbotene Eigenmacht erlangt hat oder ob er den Besitz unentgeltlich erworben hat.

Bevor Sie sich mit den zum Teil recht diffizilen und in der Literatur zuweilen überbetonten Sonderproblemen aus dem Bereich der §§ 985 ff. BGB befassen, sollten Sie versuchen, das Grundmuster der gesetzlichen Regelung anhand des unproblematischen Ausgangsfalls (Eigentümer-Dieb-Käufer) zu erarbeiten. Erst wenn Sie den Sinn der gesetzlichen Regelung – möglichst durch bloße Lektüre des Gesetzestextes – verstanden haben, sollten Sie sich komplizierteren Einzelfragen zuwenden.

II. Anspruch des Eigentümers auf Schadensersatz nach §§ 989, 990 BGB

157 Im Ausgangsfall (D stiehlt dem E eine Maschine und veräußert sie an K) besteht eine Vindikationslage. Doch welche Ansprüche hat E, wenn die Maschine durch K erheblich beschädigt wurde, bevor sie ihm zurückgegeben wird?

1. Abgestuftes Haftungssystem

Die Regelungen des EBV stellen ein abgestuftes Haftungssystem auf.

a) Bösgläubiger Besitzer

158 Der **bösgläubige** (unredliche) **Besitzer** haftet nach § 990 Abs. 1 i.V.m. § 989 BGB auf Schadensersatz, wenn er das fremde Eigentum **schuldhaft verletzt**. Dabei unterscheiden § 990 Abs. 1 S. 1 und S. 2 BGB danach, ob der Besitzer von Anfang an bösgläubig war (Satz 1) oder der böse Glaube erst nachträglich eingetreten ist (Satz 2): Nach § 990 Abs. 1 S. 1 BGB kommt es zunächst darauf an, ob der Besitzer im **Zeitpunkt des Besitzerwerbs** nicht in gutem Glauben ist, d.h. positiv weiß oder infolge grober Fahrlässigkeit nicht weiß, dass er gegenüber dem Eigentümer zum Besitz nicht berechtigt ist. Zur Konkretisierung des in § 990 Abs. 1 S. 1 BGB verwendeten Begriffs des guten Glaubens kann § 932 Abs. 2 BGB entsprechend angewendet werden, wobei sich der böse Glaube im vorliegenden Kontext auf das fehlende Besitzrecht bezieht. Demgegenüber löst eine erst **nach Besitzerwerb** eintretende Bösgläubigkeit gem. § 990 Abs. 1 S. 2 BGB die Haftung nur dann aus, wenn positive Kenntnis von der fehlenden Besitzberechtigung vorliegt. Zur weitergehenden Haftung wegen Verzugs nach §§ 990 Abs. 2, 287 S. 2 BGB vgl. Rn. 186.

159 Die **Abgrenzung** zwischen den Fällen des § 990 Abs. 1 S. 1 BGB (grobe Fahrlässigkeit) und § 990 Abs. 1 S. 2 BGB (Kenntnis) ist problematisch, wenn sich der **berechtigte Fremdbesitzer zum nichtberechtigten Eigenbesitzer aufschwingt**. Das klassische Anschauungsbeispiel ist die Feldbahnlokomotiven-Entscheidung des BGH:

Fall (nach BGHZ 31, 129 ff.): Gegen Ende des Zweiten Weltkriegs brachte die Reichsbahn sieben Feldlokomotiven, die dem E gehörten, vor den herannahenden Russen in Sicherheit. Infolge der Kriegswirren wurden die Lokomotiven von der Reichsbahn später versehentlich als vermeintliches Reichseigentum veräußert. Hat E gegen die Reichsbahn einen Anspruch auf Schadensersatz?

Lösung: In dieser Konstellation ist zum Zeitpunkt der ursprünglichen Besitzergreifung noch keine Vindikationslage gegeben, denn der Reichsbahn stand als berechtigter Geschäftsführer ohne Auftrag (§§ 677, 683 S. 1 BGB) zunächst ein Recht zum Besitz an den Lokomotiven zu. Indem sie aber später die Lokomotiven in eigenem Interesse veräußerte, hat sie sich zum nichtberechtigten Eigenbesitzer aufgeschwungen. Der Bundesgerichthof erblickt hierin eine Besitzergreifung i.S.v. § 990 Abs. 1 S. 1 BGB und hält daher einen Schadensersatzanspruch nach §§ 989, 990 Abs. 1 S. 1 BGB für möglich, soweit die Reichsbahn in diesem Moment grob fahrlässig i.S.v. § 990 Abs. 1 S. 1 BGB handelte (Hintergrund: Im Unterschied zum konkurrierenden Anspruch etwa aus § 823 Abs. 1 BGB verjährte dieser

Anspruch nach § 195 BGB a.F. erst in 30 Jahren, der gleichfalls konkurrierende Anspruch aus § 816 Abs. 1 S. 1 BGB war wegen der Geldentwertung wertlos geworden). Die überwiegende Ansicht in der Literatur lehnt diesen Ansatz ab, denn § 990 Abs. 1 S. 1 BGB knüpft an den Erwerb der Sachherrschaft (§ 854 Abs. 1 BGB) an. Als die Reichsbahn den unmittelbaren Besitz an den Lokomotiven erstmals erlangte, stand ihr aber noch ein Recht zum Besitz aus GoA zu. Daher kann ein Schadensersatzanspruch aus §§ 989, 990 BGB nur unter den Voraussetzungen des § 990 Abs. 1 S. 2 BGB (Kenntnis) gewährt werden. Es kommt somit darauf an, ob die Reichsbahn in dem Zeitpunkt, in dem sie ihr Besitzrecht aus GoA verlor, positive Kenntnis vom Fehlen ihres Besitzrechts hatte (vgl. *Wilhelm*, Rn. 1287).

160 Wichtig ist, sich bewusst zu machen, unter welchen Voraussetzungen die gerade angesprochene Fragestellung in Klausuren überhaupt zu diskutieren ist.

Fall zur Abgrenzung: M mietet von E ein Auto, unterschlägt dieses und veräußert es an X.

Auch in diesem Fall hat sich M zum Eigenbesitzer aufgeschwungen, doch hat er **nach wie vor ein Recht zum Besitz**. Dadurch, dass M Pflichten aus dem Mietvertrag verletzt, erlischt nämlich nicht automatisch sein Besitzrecht (dafür wäre eine wirksame Kündigung Voraussetzung), so dass bereits keine Vindikationslage besteht. Schadensersatzansprüche aus Vertrags- und Deliktsrecht sind hier auch vollkommen ausreichend, um die Interessen des E zu schützen. Demgegenüber hatte im Feldlokomotiven-Fall die Reichsbahn aufgehört, im Interesse des Klägers zu handeln, so dass keine berechtigte GoA mehr vorlag und ihr Besitzrecht gleichzeitig mit der Umwandlung von Fremd- in Eigenbesitz erlosch.

b) Verklagter Besitzer

161 Dem bösgläubigen Besitzer steht gem. § 989 BGB der auf Herausgabe verklagte Besitzer (der sog. **Prozessbesitzer**) gleich, da dieser – selbst wenn er gutgläubig sein sollte – ab Rechtshängigkeit (§§ 261, 253 Abs. 1 ZPO) mit dem Verlust des Prozesses und damit mit der Herausgabe rechnen muss.

c) Gutgläubiger Besitzer

162 Anders als der bösgläubige Besitzer und der Prozessbesitzer haftet der **gutgläubige** (redliche) **Besitzer** nicht auf Schadensersatz (§ 993

Abs. 1 Hs. 2 BGB). Für unseren Ausgangsfall heißt das: Ist K bösgläubig oder wurde er bereits auf Herausgabe der Maschine verklagt, so haftet er auf Schadensersatz, wenn er die Maschine schuldhaft beschädigt. Der redliche Besitzer dagegen haftet nicht auf Schadensersatz, selbst wenn er die Maschine absichtlich zertrümmert.

§ 993 Abs. 1 Hs. 2 BGB schließt für den unberechtigten, aber redlichen Besitzer den Rückgriff auf die allgemeinen Haftungsregeln aus: Der **unberechtigte Besitzer, der an sein Recht zum Besitz glaubt, wird durch das Eigentümer-Besitzer-Verhältnis privilegiert**, denn nach allgemeinen Regeln (§ 823 BGB) würde er bereits bei einfacher Fahrlässigkeit auf Schadensersatz haften. Die Privilegierung des redlichen Besitzers ist eine zentrale Funktion des EBV.

Eine Sonderregelung trifft § 991 Abs. 2 BGB für den redlichen unbe- 163
rechtigten **Fremdbesitzer.**

Beispiel: V stiehlt E ein Auto und vermietet es an den gutgläubigen M, der es aus Unachtsamkeit beschädigt. M ist gegenüber E nach § 985 BGB zur Herausgabe verpflichtet, da M vom nichtberechtigten (mittelbaren) Besitzer V kein wirksames Besitzrecht i.S.v. § 986 Abs. 1 S. 1 Alt. 2 BGB ableiten kann (Rn. 154). Da M gutgläubig ist, haftet er dem E nach allgemeinen Grundsätzen (§ 993 Abs. 1 Hs. 2 BGB) eigentlich nicht auf Schadensersatz. Wäre der mittelbare Besitzer V jedoch Eigentümer, würde M ihm auf Schadensersatz haften (etwa aus § 280 BGB oder § 823 BGB), wenn er schuldhaft seine Pflichten aus dem Mietvertrag verletzt (im konkreten Fall hat V als Dieb keinen Schaden). Da M somit mit einer Inanspruchnahme rechnen muss, ist er nicht schutzwürdig und haftet gem. § 991 Abs. 2 BGB dem E gegenüber wie ein Prozessbesitzer nach § 989 BGB auf Schadensersatz, wenn er die Grenzen seines (vermeintlichen) Besitzrechts überschreitet. Die Schadensersatzhaftung wegen sog. Fremdbesitzerexzesses ist ein allg. Prinzip, vgl. Rn. 189.

d) Deliktischer Besitzer

Einer verschärften Haftung unterliegt der sog. **Deliktsbesitzer:** Hat 164
sich der Besitzer durch verbotene Eigenmacht oder eine Straftat den Besitz verschafft (z.B. Hehlerei), haftet er zusätzlich zur regelmäßig bereits nach §§ 989, 990 BGB gegebenen Haftung gem. § 992 BGB auch nach den (allgemeinen) Vorschriften über unerlaubte Handlungen auf Schadensersatz. Dies eröffnet insbesondere über § 848 BGB die Haftung auch für zufälligen Untergang der Sache. Bei der **Straftat** muss es sich um ein Delikt handeln, das zum Schutz des Eigentümers die Art der Besitzverschaffung mit Strafe bedroht (z.B. §§ 240, 242, 248b, 253, 263 StGB, aber nicht §§ 246, 266 StGB). Der Begriff der **verbotenen Eigenmacht** ist in § 858 BGB definiert (= unfreiwilliger Verlust des un-

mittelbaren Besitzes). Dabei soll nach h.M. nur eine schuldhaft verbotene Eigenmacht nach § 992 BGB ersatzpflichtig machen (Staudinger/*Thole*, § 992 Rn. 10).

Beispiel: B zieht beim Verlassen einer Gastwirtschaft versehentlich, aber schuldlos den Mantel des E an, der exakt das gleiche Modell besitzt. Auf der Straße stürzt B aus Unachtsamkeit und beschädigt den Mantel. Haftung nach §§ 992, 823 Abs. 1 BGB?

Nach h.M. rechtfertigt nur **schuldhaft verbotene Eigenmacht**, die Sperrwirkung des EBV zu durchbrechen und den Rückgriff auf § 823 BGB zuzulassen. Im Beispielsfall haftet B demnach nicht nach §§ 992, 823 BGB. Als gutgläubiger Besitzer ist er vielmehr gem. § 993 Abs. 1 Hs. 2 BGB von jeder Schadensersatzhaftung freigestellt. Hätte B leicht fahrlässig die Mäntel vertauscht, würde er nach §§ 992, 823 BGB (schuldhaft verbotene Eigenmacht) auf Schadensersatz haften, während die Haftung nach §§ 989, 990 BGB ausgeschlossen wäre (böser Glaube i.S.v. § 932 Abs. 2 BGB setzt grob fahrlässiges Verhalten voraus).

165 Wir haben es also mit einer **Haftungssteigerung** zu tun vom redlichen Besitzer, den grundsätzlich keine Haftung trifft, über den bösgläubigen Besitzer, der für Verschulden haftet, bis zum Deliktsbesitzer, der auch für den zufälligen Untergang der Sache verantwortlich ist.

Schadensersatzansprüche im EBV
• Vindikationslage i.S.v. §§ 985, 986 BGB
• Schädigung durch **Prozessbesitzer** (§ 989 BGB), **bösgläubigen Besitzer** (§ 990 BGB) oder **ausnahmsweise redlichen Besitzer** im Fall des § 991 Abs. 2 BGB und des sog. Fremdbesitzerexzesses (vgl. Rn. 189)
• schuldhafte Eigentumsverletzung (in Fällen des § 990 Abs. 2 BGB (Verzug) beachte: § 287 S. 2 BGB – vgl. Rn. 186)
• verschärfte Haftung des **Deliktsbesitzers** (§§ 992, 823, 848 BGB)

2. Zurechnungsfragen

166 **Beispiel:** Prokurist P erwirbt im Namen des einzelkaufmännischen Firmeninhabers K einen Wagen von D, der das Fahrzeug zuvor dem Eigentümer E gestohlen hatte. P kennt diese Hintergründe. Das Fahrzeug wird als Firmenwagen von K selbst, aber auch von anderen Firmenangehörigen gefahren.

Hier stellen sich zwei Fragen, die streng zu trennen sind:

a) Unter welchen Voraussetzungen ist K als bösgläubiger Besitzer anzusehen?

b) Unter welchen Voraussetzungen ist K für die Beschädigung des Wagens seitens eines Mitarbeiters verantwortlich?

a) Wissenszurechnung

Durch die Übergabe des Wagens an den Besitzdiener P (§ 855 BGB) wird K unmittelbarer Besitzer. Da K wegen § 935 BGB nicht gutgläubig das Eigentum erwerben kann, ist er gem. § 985 BGB dem E zur Herausgabe verpflichtet, denn der Kaufvertrag mit D begründet gegenüber E kein Recht zum Besitz i.S.v. § 986 Abs. 1 S. 1 BGB. Ist K selbst gutgläubig i.S.v. § 990 Abs. 1 BGB, stellt sich die Frage, unter welchen Voraussetzungen er sich das **Wissen seines Besitzdieners P zurechnen** lassen muss. Zwar ist § 166 BGB nicht direkt anwendbar, weil es nicht um die rechtlichen Folgen einer Willenserklärung geht (der Besitzerwerb ist ein Realakt, bei dem Stellvertretung gar nicht möglich ist). Gleichwohl wendet der BGH **§ 166 BGB analog** an, wenn der gutgläubige Besitzer den bösgläubigen „Besitzdiener im Rechtsverkehr vollkommen selbständig für sich hat handeln lassen und der Besitzdiener im Rahmen der ihm zur freien Entscheidung zugewiesenen Tätigkeit den Besitz für den Besitzherrn erworben hat" (BGHZ 32, 53 (Ls.)). Soweit der Besitzdiener eine rein mechanische Tätigkeit ausübt, die mit keinem Entscheidungsspielraum verbunden ist, kommt eine Wissenszurechnung nur unter den Voraussetzungen von § 831 BGB analog in Frage (*Prütting*, Rn. 73). Konsequenz: Exkulpationsmöglichkeit nach § 831 Abs. 1 S. 2 BGB. **167**

b) Verschuldenszurechnung

Weitere Voraussetzung für einen Anspruch auf Schadensersatz nach §§ 990, 989 BGB wäre ein Verschulden auf Seiten des K. Beschädigt nicht K persönlich, sondern einer seiner Mitarbeiter den nach § 985 BGB herauszugebenden Wagen, muss K sich im Rahmen der §§ 989, 990 BGB das **Verschulden seiner Hilfspersonen nach § 278 BGB zurechnen lassen**, denn das Eigentümer-Besitzer-Verhältnis ist ein gesetzliches Schuldverhältnis im Sinne des § 278 BGB. **168**

Ob der Besitzer im Rahmen der §§ 989, 990 BGB für das Verschulden von Hilfspersonen haftet (stets Verschuldenszurechnung nach § 278 BGB), ist eine ganz andere Frage als die, ob er sich im Rahmen von § 990 Abs. 1 S.1 BGB den bösen Glauben der beim Besitzerwerb eingeschalteten Personen zurechnen lassen muss (Wissenszurechnung nach § 166 BGB analog oder § 831 BGB analog).

III. Anspruch des Eigentümers auf Ersatz von Nutzungen nach §§ 987, 990 BGB

169 Außer einem Anspruch auf Schadensersatz kann dem Eigentümer gegen den Besitzer auch ein Anspruch auf Nutzungsherausgabe zustehen. Voraussetzung dafür ist – wie stets für Ansprüche aus dem EBV –, dass im Zeitpunkt, zu dem die Nutzungen gezogen werden, eine **Vindikationslage** besteht (§§ 985, 986 BGB). Auch für die Frage der Nutzungsherausgabe stellt das Gesetz wieder ein abgestuftes Haftungssystem auf.

Frage: Welche Ansprüche hat E im Ausgangsfall (Rn. 156), wenn K die Maschine vor der Rückgabe nutzt?

1. Bösgläubiger bzw. verklagter Besitzer

170 Der **bösgläubige** und der **verklagte Besitzer** müssen nicht nur gem. §§ 987 Abs. 1, 990 Abs. 1 BGB alle Nutzungen herausgeben, die sie tatsächlich gezogen haben, sondern gem. §§ 987 Abs. 2, 990 Abs. 1 BGB auch (Wert-)Ersatz für die Nutzungen leisten, die sie – entgegen den Regeln einer ordnungsgemäßen Wirtschaft – schuldhaft nicht gezogen haben (*Beispiel:* Weinberg wird nicht geerntet, so dass Trauben auf den Rebstöcken verfaulen). Dabei ist erneut zu beachten, dass § 990 Abs. 1 S. 1 und 2 BGB für die Bösgläubigkeit des Besitzers unterschiedliche subjektive Anforderungen stellen, je nachdem, ob es um den Zeitpunkt des Besitzerwerbs oder um nachträgliche Bösgläubigkeit geht. Der Begriff der **Nutzungen ist in § 100 BGB legaldefiniert**. Da objektive Gebrauchsvorteile (§ 100 Var. 3 BGB) anders als Sach- oder Rechtsfrüchte (§ 100 Var. 1 und 2 BGB) nicht in Natur herausgegeben werden können, muss insofern nach § 987 Abs. 1 BGB Wertersatz geleistet werden. Zur weitergehenden Haftung wegen Verzugs nach §§ 990 Abs. 2, 280 Abs. 2 BGB vgl. Rn. 186.

2. Gutgläubiger Besitzer

171 Demgegenüber muss der **gutgläubige Besitzer** nach § 993 Abs. 1 Hs. 1 BGB i.V.m. § 818 BGB nur die sog. „Übermaßfrüchte" herausgeben (z.B. übermäßig geschlagenes Holz). Der normale Ertrag der Sache verbleibt ihm; schlichte Gebrauchsvorteile braucht er nicht zu vergüten (§ 993 Abs. 1 Hs. 2 BGB). Nach allgemeinen Vorschriften (§§ 812, 818 Abs. 1 BGB) müsste demgegenüber derjenige, der eine fremde Sache nutzt, alle Nutzungen herausgeben. Für den gutgläubigen Besitzer im Eigentümer-Besitzer-Verhältnis gilt das altdeutsche Rechtssprichwort: „Wer säet, der mähet". Wie auch schon bei der Frage der Schadensersatzhaftung zeigt sich, dass die **Privilegierung des gutgläubigen Besitzers** eine zentrale Funktion des EBV ist.

§ 993 Abs. 1 Hs. 2 BGB untersagt nicht nur für die Schadensersatzhaftung (Rn. 162), sondern auch für Ansprüche auf Nutzungsherausgabe den Rückgriff auf die allgemeinen Haftungsregeln. Hierdurch wird der **unberechtigte Besitzer, der an sein Recht zum Besitz glaubt**, privilegiert, denn nach allgemeinen Regeln (§§ 812, 818 Abs. 1 BGB) müsste er alle Nutzungen herausgeben.

Eine Sonderregelung trifft § 991 Abs. 1 BGB für einen unberechtigten **Fremdbesitzer**, der sein (vermeintliches) Recht zum Besitz von einem Dritten ableitet. Liegen die Voraussetzungen der §§ 987 ff. BGB bei beiden Besitzern vor, haften sie auch grundsätzlich beide auf Nutzungsherausgabe, dem Eigentümer steht insofern ein Wahlrecht zu. § 991 Abs. 1 BGB schränkt nun den Anspruch gegen einen bösgläubigen Fremdbesitzer, der sein **Recht von einem redlichen und unverklagten mittelbaren Besitzer ableitet**, ein. **172**

Beispiel: D entwendet dem E ein Auto, das er an den gutgläubigen V vermietet, der das Auto an M weitervermietet. Soweit M bösgläubig i.S.v. §§ 989, 990 BGB ist, könnte E von M Nutzungsersatz verlangen. Doch diesen Anspruch sperrt § 991 Abs. 1 BGB, denn andernfalls könnte M unter Berufung auf das Vorliegen eines Mietmangels i.S.v. §§ 536 ff. BGB evtl. Regress beim mittelbaren Besitzer V nehmen, was der Wertung des § 993 Abs. 1 BGB (keine Haftung des redlichen Besitzers) widersprechen würde.

3. Unentgeltlicher Besitzer

Eine Ausnahme besteht zu Lasten des **unentgeltlichen Besitzers.** **173**

Beispiel: Wie Ausgangsfall (Rn. 156), allerdings hat D die Maschine an den gutgläubigen K nicht verkauft, sondern verschenkt.

Der unentgeltliche Besitzer muss *alle* Nutzungen herausgeben (§ 988 BGB), auch wenn er gutgläubig ist. Er hat ja schließlich auch kein Opfer gebracht, um die Sache zu erlangen. Dabei verweist § 988 BGB auf das Bereicherungsrecht (Rechtsfolgenverweisung), somit müssen Nutzungen nur herausgegeben werden, soweit sie nach § 818 Abs. 3 BGB noch als Bereicherung vorhanden sind.

Etwas ungenau ist es, wenn § 988 BGB nur den Eigenbesitzer („als ihm gehörig") und den Besitzer aufgrund eines dinglichen Nutzungsrechts („zum Zwecke der Ausübung eines … Nutzungsrechts *an* der Sache") ausdrücklich anführt, die Vorschrift gilt für jeden Besitzer.

Das Gesetz geht an verschiedenen Stellen davon aus, dass derjenige, der eine Sache unentgeltlich erwirbt, weniger schutzwürdig ist als derjenige, der dafür Aufwendungen getätigt hat. Zur **„Schwäche des unentgeltlichen Erwerbs"** siehe insbes. §§ 816 Abs. 1 S. 2, 822 BGB (vgl. ausführlich *Medicus/Petersen*, Rn. 382 ff.).

174 Umstritten ist, ob der **rechtsgrundlose Besitz dem unentgeltlichen Besitz gleichzustellen** ist. Dabei spricht man von einem „rechtsgrundlosen" Besitz dann, wenn der Betreffende den Besitz ohne rechtlichen Grund i.S.v. § 812 Abs. 1 BGB erlangt hat.

Beispiel: E verkauft und übereignet sein Landgut an B. Später stellt sich heraus, dass E unerkannt geisteskrank war. B gibt das Grundstück an den Betreuer (§ 1814 BGB) des E zurück, will aber die Nutzungen behalten.

Beide Rechtsgeschäfte, das obligatorische und das dingliche, sind aufgrund der Geschäftsunfähigkeit des E von Anfang an nichtig. Nach allgemeinen Regeln wäre B als rechtsgrundloser Besitzer bereicherungsrechtlich gem. § 818 Abs. 1 BGB – neben der Herausgabe des Besitzes am Grundstück (§ 812 Abs. 1 S. 1 Alt. 1 BGB) – an und für sich auch zur Herausgabe aller gezogenen Nutzungen verpflichtet. Da B jedoch weder bösgläubiger (§ 990 BGB) noch verklagter (§ 987 BGB) Besitzer ist und den Besitz auch nicht unentgeltlich erlangt hat (§ 988 BGB), scheint der Anspruch auf Nutzungsherausgabe gem. § 993 Abs. 1 Hs. 2 BGB (Sperrwirkung des EBV zugunsten des redlichen Besitzers) ausgeschlossen zu sein. Dieses Ergebnis kann jedoch schwerlich richtig sein: Wäre lediglich der Kaufvertrag nichtig, die Übereignung aber wirksam, hätte E sein Eigentum an B verloren und es läge kein EBV vor, so dass E nach § 818 Abs. 1 BGB alle Nutzungen herausverlangen könnte. Es wäre ein kaum hinzunehmender Widerspruch, wenn im vorliegenden Fall B alle Nutzungen behalten dürfte, nur weil zusätzlich auch das dingliche Rechtsgeschäft nichtig ist. **Daher wendet die Rechtsprechung § 988 BGB auf den rechtsgrundlosen Besitzer entsprechend an** (BGH NJW 1995, 454, 455; 1955, 2627, 2628). Mit anderer Begründung gelangt die h.L. zum gleichen Ergebnis: Zwar könne § 988 BGB nicht auf den rechtsgrundlosen Besitzer angewendet werden, doch müsse im vorliegenden Fall die Sperrwirkung des § 993 BGB durchbrochen werden, so dass eine direkte Anwendung von §§ 812 Abs. 1 S. 1 Alt. 1, 818 Abs. 1 BGB zulässig sei (zu unterschiedlichen Ergebnissen führen beide Ansätze erst im Dreipersonenverhältnis, vgl. *Medicus/Petersen*, Rn. 600).

4. Deliktischer Besitzer

175 Zu Lasten des **deliktischen Besitzers**, der den Besitz durch eine Straftat oder schuldhaft (Rn. 164) durch verbotene Eigenmacht (§ 858 BGB) erlangt hat, verschärft das Gesetz die Haftung noch einmal: Der Deliktsbesitzer muss unter dem Aspekt des Schadensersatzes alle Nutzungen erstatten, die der Eigentümer gezogen hätte, wenn ihm sein Eigentum nicht vorenthalten worden wäre (§§ 992, 823, 249 BGB). Allerdings kommt es auf diesen Anspruch nur in seltenen Fällen an, denn der

Deliktsbesitzer haftet, soweit er – wie regelmäßig – ein bösgläubiger Besitzer ist, nach §§ 987, 990 BGB ohnehin schon auf Herausgabe aller tatsächlich gezogenen Nutzungen sowie Ersatz der Nutzungen, die er schuldhaft entgegen den Regeln einer ordnungsmäßigen Wirtschaft nicht gezogen hat (auch ein konkurrierender Anspruch auf Nutzungsherausgabe nach § 988 BGB kann bestehen).

Ansprüche auf Nutzungsherausgabe im EBV
• Vindikationslage i.S.v. §§ 985, 986 BGB
• **Prozessbesitzer** (§ 989 BGB) und **bösgläubige Besitzer** (§ 990 BGB) haften für gezogene und schuldhaft nicht gezogene Nutzungen (in Fällen des § 990 Abs. 2 BGB (Verzug) beachte: § 280 Abs. 2 BGB – vgl. Rn. 186) **unentgeltliche Besitzer** (§ 988 BGB) und **rechtsgrundlose Besitzer** (str.) haften für gezogene Nutzungen **redliche Besitzer** haften nur für Übermaßfrüchte (§ 993 Abs. 1 Hs. 1 BGB)
• verschärfte Haftung des **Deliktsbesitzers** (§§ 992, 823 BGB)

IV. Anspruch des Besitzers auf Ersatz von Verwendungen nach §§ 994, 996 BGB

1. Abgestuftes Haftungssystem

Besteht ein Eigentümer-Besitzer-Verhältnis (Voraussetzung: Vindikationslage), kann nicht nur der Eigentümer gegen den Besitzer Ansprüche auf Schadensersatz oder Nutzungsherausgabe geltend machen, auch umgekehrt können dem Besitzer gegen den Eigentümer Ausgleichsansprüche zustehen, wenn er während der Besitzzeit Aufwendungen auf die herauszugebende Sache gemacht hat. 176

Beispiel: D stiehlt das Auto des E und veräußert es an K. Welche Ansprüche hat K gegen E, wenn er **(a)** das Auto vor der Rückgabe in die Inspektion bringt, **(b)** einen defekten Motor austauschen lässt, **(c)** die tadellose Karosserie rosa umlackiert?

a) Bösgläubiger bzw. verklagter Besitzer

Der **bösgläubige Besitzer** und der **Prozessbesitzer** können vom Eigentümer gem. § 994 Abs. 2 BGB nur Ersatz für notwendige Verwendungen verlangen, und das nur nach den Vorschriften über die GoA (= §§ 683, 684 BGB). 177

Verwendungen sind Aufwendungen, d.h. freiwillige Vermögensopfer (Ggs.: Schäden als unfreiwillige Vermögensopfer), die einer Sache unmittelbar zugutekommen, indem sie den Bestand der Sache erhalten, wiederherstellen oder verbessern. Damit handelt es sich bei den o.g. Beispielen (Inspektion des PKW, Einbau eines neuen Motors und Neulackierung) jeweils um Verwendungen (*Beispiel* für sonstige Aufwendungen, die keine Verwendung darstellen: Anmietung einer Garage für das Auto). Zu den Verwendungen gehört auch der **Einsatz der eigenen Arbeitskraft**, sofern diese objektiv einen Vermögenswert darstellt, unabhängig davon, ob der Besitzer einen (korrespondierenden) Verdienstausfall erleidet (BGHZ 131, 220, 224 ff.).

178 Nach Auffassung der Rspr. (BGHZ 41, 157, 160 f.) kann von einer Verwendung nur gesprochen werden, wenn die Sache als solche erhalten bleibt, daher sollen **grundlegende Umgestaltungen** (z.B. Bebauung eines bislang unbebauten Grundstücks) nicht mehr zu den „Verwendungen" zählen (sog. enger Verwendungsbegriff). Demgegenüber legt die h.L. einen weiten Verwendungsbegriff zu Grunde, der auch sachändernde Verwendungen umfasst (Staudinger/*Thole*, Vorbem. zu §§ 994 ff. Rn. 44).

179 **Notwendig** sind Verwendungen, wenn sie objektiv erforderlich sind, um die Sache zu erhalten oder die Nutzungsmöglichkeit zu sichern. Die Notwendigkeit ist im Ausgangsfall daher bezüglich der Inspektion und des Austausches des defekten Motors, nicht aber hinsichtlich der rosa Lackierung gegeben.

180 Wenn § 994 Abs. 2 BGB dem Besitzer den Ersatz für notwendige Verwendungen nur **nach den Regeln über die GoA** gestattet, stellt sich die Frage, was der Verweis auf die §§ 683, 684 BGB konkret bedeutet. Problematisch ist, dass es an einem Fremdgeschäftsführungswillen oftmals fehlen wird, weil der Besitzer die Verwendungen für sich selbst machen will oder grob fahrlässig die Mangelhaftigkeit seines Besitzrechts nicht kennt: Man spricht daher von einer **partiellen Rechtsgrundverweisung** auf §§ 683 S. 1, 670 BGB bzw. §§ 684 S. 1, 812, 818 BGB. Ein Fremdgeschäftsführungswille muss nicht geprüft werden, sondern nur die Übereinstimmung mit dem wirklichen oder mutmaßlichen Willen des Eigentümers. Dabei wird man – mangels entgegenstehender Anhaltspunkte – davon ausgehen können, dass notwendige Verwendungen regelmäßig sowohl dem Interesse des Eigentümers als auch seinem mutmaßlichen Willen i.S.v. § 683 BGB entsprechen. Im Ausgangsfall wären daher auch dem bösgläubigen bzw. verklagten Besitzer gem. §§ 683 S. 1, 670 BGB die Kosten für Inspektion und Austauschmotor zu ersetzen (anders wäre es, wenn der Eigentümer vorhatte, das Auto zu verschrotten). Entsprechen die Maßnahmen demgegenüber nicht dem wirklichen oder mutmaßlichen Willen des Eigentümers, so kann nach §§ 684 S. 1, 812, 818 BGB Ersatz für notwendige Verwendungen nur insoweit verlangt werden, als der Eigentümer durch diese tatsächlich bereichert ist. Andere als notwendige Verwendungen werden dem bösgläubigen Besitzer oder dem Prozessbesitzer nicht erstattet: § 996 BGB.

Nach § 997 Abs. 1 BGB steht aber sowohl dem gut- als auch dem bösgläubigen Besitzer ein **Wegnahmerecht** zu, wenn er mit der fremden nach § 985 BGB an den Eigentümer herauszugebenden Sache eine andere so verbunden hat, dass sie wesentlicher Bestandteil der herauszugebenden Sache wurde (§§ 946, 947 Abs. 2 BGB – vgl. Rn. 117 ff.). Das Wegnahmerecht ist für den Besitzer vor allem interessant, wenn kein Verwendungsersatzanspruch besteht (z.B. Einbau von „überflüssigen" Luxusteilen in ein Auto etc.). Nach § 997 Abs. 1 S. 2 BGB gilt § 258 BGB. Hat der Besitzer gleichzeitig einen Verwendungsersatzanspruch aus §§ 994 ff. BGB, so muss er wählen: Nimmt er in Ausübung seines Wegnahmerechts eine als Verwendung verbundene Sache weg, gehen bis zur Wegnahme entstandene Ansprüche auf Verwendungsersatz unter. Soweit Miteigentum nach § 947 Abs. 1 BGB entsteht, gilt § 997 BGB nicht, da sich die Auseinandersetzung unter Miteigentümern nach §§ 741 ff. BGB richtet. **181**

b) Gutgläubiger Besitzer

Der **gutgläubige** (redliche) **Besitzer** wird bezüglich des Verwendungsersatzes durch §§ 994 Abs. 1, 996 BGB wiederum besser gestellt als der bösgläubige Besitzer und der Prozessbesitzer: Er kann gem. § 994 Abs. 1 S. 1 BGB vom Eigentümer **alle notwendigen Verwendungen** ersetzt verlangen, doch sind die „gewöhnlichen" Erhaltungskosten (= Unterhaltungskosten) ausgenommen, soweit dem Besitzer die Nutzungen verbleiben (§ 994 Abs. 1 S. 2 BGB), das ist beim redlichen Besitzer gem. § 993 BGB (Rn. 171) regelmäßig der Fall (Ausnahme: § 988 BGB). Dementsprechend wären im obigen Beispiel Inspektionskosten nicht zu ersetzen, solange dem Besitzer die Gebrauchsvorteile verbleiben, dagegen bestünde für den Austauschmotor ein Anspruch auf Verwendungsersatz. **182**

Für nicht notwendige, aber **nützliche Verwendungen** kann der gutgläubige Besitzer gem. § 996 BGB Ersatz fordern, soweit der Wert der Sache dadurch erhöht wird. Die Wertsteigerung ist nach herrschender Meinung objektiv zu bestimmen. Auf die subjektive Brauchbarkeit, d.h. auf die Frage, ob der Eigentümer aus dem erhöhten objektiven Wert auch persönlich einen Nutzen zieht, kommt es demgegenüber nicht an, denn nur bei § 994 Abs. 2 BGB wird durch den Verweis auf die Regeln der GoA das Interesse bzw. der Wille des Eigentümers regulierend berücksichtigt (*Neuner*, Rn. 184 f. m.w.N. auch zur Gegenansicht). Reine **Luxusverwendungen**, die den Wert der Sache nicht erhöhen, werden nie erstattet. Damit ist im Ausgangsfall die Neulackierung der tadellosen Karosserie nicht zu ersetzen. **183**

Ansprüche auf Verwendungsersatz im EBV
• Vindikationslage i.S.v. §§ 985, 986 BGB
• **Prozessbesitzer** und **bösgläubiger Besitzer** (§ 994 Abs. 2 BGB) werden entschädigt für notwendige Verwendungen nach Regeln der GoA (§§ 683 S. 1, 670 oder §§ 684, 812 BGB); der **redliche Besitzer** (§§ 994 Abs. 1, 996 BGB) wird entschädigt für notwendige Verwendungen (Ausnahme: § 994 Abs. 1 S. 2 BGB) sowie wertsteigernde nützliche Verwendungen.

2. Zurückbehaltungsrecht nach § 1000 BGB

184 Nach § 1000 S. 1 BGB kann der Besitzer die Herausgabe der Sache verweigern, bis er wegen der ihm zu ersetzenden Verwendungen befriedigt wurde. Die Vorschrift ergänzt § 273 Abs. 2 BGB, der einen fälligen Anspruch auf Verwendungsersatz voraussetzt. Die Ergänzung ist erforderlich, da der Anspruch auf Verwendungsersatz aus §§ 994 ff. BGB gem. § 1001 BGB erst fällig wird, wenn der Eigentümer die Sache wieder erlangt oder die Verwendung genehmigt, so dass § 273 Abs. 2 BGB regelmäßig dem Besitzer erst zur Verfügung stünde, wenn er die Sache bereits herausgegeben hätte. Das Zurückbehaltungsrecht kommt gem. § 1000 S. 2 BGB nicht dem deliktischen Besitzer zugute.

Soweit der BGH den Standpunkt vertritt, Zurückbehaltungsrechte stellten ein **Recht zum Besitz** i.S.v. § 986 Abs. 1 BGB dar (Rn. 153), kann diese Ansicht zumindest für das Zurückbehaltungsrecht aus § 1000 BGB nicht zutreffen (a.A. BGH NJW 1955, 340, 341), denn mit Vornahme der ersten Verwendung würde ein Besitzrecht entstehen, das die Vindikationslage beseitigen würde, die aber ihrerseits Voraussetzung für Verwendungsersatzansprüche aus dem EBV ist (Staudinger/*Thole*, § 986 Rn. 56).

3. Sonderfall: Der nicht-mehr-berechtigte Besitzer

185 **Beispiel:** K hat ein Auto unter Eigentumsvorbehalt gekauft und gibt es zur Reparatur in die Werkstatt des U. Nach Ausführung der Reparaturarbeiten fällt K in Insolvenz. Der Vorbehaltsverkäufer V verlangt nunmehr von U Herausgabe des Autos. U demgegenüber macht Verwendungsersatzansprüche geltend.

Entscheidet sich der Insolvenzverwalter nach Eröffnung des Insolvenzverfahrens gegen die Erfüllung des Vertrags (§§ 107 Abs. 2 S. 1, 103 Abs. 2 S. 1 InsO), entfällt das Besitzrecht des Vorbehaltskäufers und damit auch das abgeleitete Besitzrecht des Werkunternehmers (§ 986 Abs. 1 S. 2 BGB). Der Werkunternehmer hat auch kein gesetzliches Unternehmerpfandrecht gutgläubig erworben (§§ 647, 1257, 1207, 932 BGB, vgl. Rn. 220). Damit ist U dem V nach § 985 BGB zur Herausgabe verpflichtet. Fraglich ist, ob U im Gegenzug einen Anspruch auf Verwendungsersatz geltend machen kann (§§ 994, 1000 BGB). Man könnte Zweifel haben, ob U wirklich eigene „Verwendungen" auf die Sache gemacht hat oder ob es sich nicht vielmehr um „Verwendungen" des K handelt, denn K hat die Reparatur auf eigene Rechnung veranlasst, doch sieht die Rspr. hierüber hinweg und wertet die Reparatur als Verwendungen des U (BGHZ 34, 122, 127 ff.; BGHZ 51, 250, 251 ff.). Entscheidendes Problem ist jedoch, dass U die **Verwendungen zu einer Zeit gemacht hat, als er noch zum Besitz berechtigt war**, eine Vindikationslage mithin noch gar nicht bestand. Der BGH bejaht entgegen kritischer Stimmen in der Literatur (MüKo/*Raff*, Vor §§ 987–1003 Rn. 19 ff.) gleichwohl die Anwendbarkeit der §§ 987 ff. BGB. Ausreichend sei es, wenn die Vindikationslage zu dem Zeitpunkt bestehe, in dem Ersatz der Verwendungen geltend gemacht werde (BGHZ 34, 122, 129 ff.). In der Sache liegt diesem argumentativen Trick die Wertung zu Grunde, dass ein zum Besitz berechtigter Fremdbesitzer nicht schlechter gestellt sein dürfe als ein gutgläubiger nicht-berechtigter Fremdbesitzer in entsprechender Lage. In der Praxis behilft man sich heute, indem in den AGB des Werkunternehmers die Verpfändung des zu reparierenden Wagens vereinbart wird, denn der gutgläubige Erwerb eines vertraglichen Pfandrechts ist ohne Weiteres möglich (BGHZ 68, 323 ff.; vgl. auch Rn. 221).

V. Konkurrenz des Eigentümer-Besitzer-Verhältnisses zu anderen Haftungssystemen

1. Anwendbarkeit des allgemeinen Leistungsstörungsrechts auf den Vindikationsanspruch

Das Eigentümer-Besitzer-Verhältnis stellt eine rechtliche Sonderverbindung (= Schuldverhältnis) dar. Die §§ 280 ff. BGB können daher auf den Anspruch aus § 985 BGB angewendet werden, sofern sie nicht in Widerspruch zu den Wertungen des Eigentümer-Besitzer-Verhältnisses treten. Wird der Vindikationsanspruch vereitelt, weil ein Nichtberechtigter wirksam über den Gegenstand verfügt, haftet der Verfügende nicht nach **§ 285 BGB**, sondern nur nach § 816 Abs. 1 S. 1 BGB auf Herausgabe des Erlangten. Auch der Rückgriff auf **§§ 280 Abs. 1 und 2, 286, 287 S. 2 BGB** (Verzögerungsschaden) ist grundsätzlich ausgeschlossen. Eine Ausnahme gilt jedoch nach § 990 Abs. 2 BGB für den bösgläubigen Besitzer i.S.v. § 990 Abs. 1 BGB. Dieser haftet im Falle des Herausgabeverzugs nach §§ 280 Abs. 1 und 2, 286 BGB für den Vorenthaltungsschaden (z.B. für Nutzungen, die der Eigentümer bei rechtzeitiger Rückgabe hätte ziehen können) sowie für den zufälligen Untergang der Sache (§ 287 S. 2 BGB). 186

Umstritten ist die Anwendbarkeit von **§§ 280 Abs. 1 und 3, 281 BGB** auf § 985 BGB. Dazu folgender

Fall: E ist Eigentümer eines Gemäldes (Wert = 500 €). Dieses wird ihm von D gestohlen. D veräußert das Gemälde an K. E weist gegenüber K seine Eigentümerstellung nach und verlangt Herausgabe des Gemäldes. Nachdem E dem K erfolglos eine angemessene Frist zur Herausgabe gesetzt hat, verlangt er von K gem. §§ 280 Abs. 1 und 3, 281 Abs. 1 S. 1 BGB Schadensersatz i.H.v. 500 €.

Lösung: Das Eigentümer-Besitzer-Verhältnis sieht für die vorliegende Fallgestaltung keinen spezifischen Schadensersatzanspruch vor. §§ 989, 990 BGB gewähren Schadensersatz nur, wenn die „Sache verschlechtert wird, untergeht oder aus einem anderen Grunde … nicht herausgegeben werden kann." In Frage kommt aber ein Anspruch auf Schadensersatz aus §§ 280 Abs. 1 und 3, 281 BGB. K schuldet E gem. § 985 BGB die Herausgabe des Gemäldes. Es liegt daher ein Eigentümer-Besitzer-Verhältnis und mithin ein Schuldverhältnis i.S.v. § 280 Abs. 1 S. 1 BGB vor. Die Pflichtverletzung ist in der Nichterfüllung des fälligen, möglichen und durchsetzbaren Herausgabeanspruchs trotz Ablaufs einer angemessenen Frist zu sehen. Darüber hinaus handelte K zumindest fahrlässig gem. § 276 Abs. 2 BGB, indem er die Rückgabe des Bildes verweigerte. Grundsätzlich sind damit die Voraussetzungen des Schadensersatzanspruchs aus §§ 280 Abs. 1 und 3, 281 Abs. 1 S. 1 BGB gegeben.

In **systematischer Sicht** ließe sich aber einwenden, dass § 990 Abs. 2 BGB nur für die Haftung wegen Verzugs auf das allgemeine Schuldrecht verweist. Fraglich erscheint außerdem, ob der Rückgriff auf §§ 280 Abs. 1 und 3, 281 BGB mit der **Rechtsnatur des Vindikationsanspruchs** zu vereinbaren ist. Der Vindikationsanspruch dient in erster Linie der Zusammenführung von Eigentum und Besitz. Es ließe sich argumentieren, dass der Anspruch nicht auf eine Vermögensmehrung beim Eigentümer gerichtet ist, sondern lediglich der Verwirklichung des Eigentums in Natur dient. Darüber hinaus würde die Zubilligung eines Anspruchs auf Schadensersatz statt der Leistung gem. § 281 Abs. 4 BGB zum Untergang des ursprünglichen Herausgabeanspruchs führen mit der Folge, dass der Besitzer (K) analog § 255 BGB Eigentümer des Gemäldes wird. Darin könnte eine Art Zwangskauf gesehen werden: Der Eigentümer könnte dem Besitzer das Eigentum an der Sache aufdrängen und dafür den Wert der Sache ersetzt verlangen. Daher wird die Anwendbarkeit von §§ 280 Abs. 1 und 3, 281 Abs. 1 S. 1 BGB teilweise verneint (so etwa

Staudinger/*Thole*, § 985 Rn. 82). Der BGH bejaht hingegen die Anwendbarkeit des Schadensersatzanspruchs statt der Leistung, **sofern sich der Anspruch gegen einen bösgläubigen oder verklagten Besitzer richtet** (BGH NJW 2016, 3235).

Die Ansicht des BGH überzeugt: Der Eigentümer einer Sache hat genauso wie ein obligatorischer Herausgabegläubiger ein Interesse daran, vom Leistungsanspruch (= Herausgabeanspruch) auf einen Schadensersatzanspruch überzugehen. Dies gilt insbesondere in den Fällen, in denen Ungewissheit über die Erfolgsaussichten der Vollstreckung des Herausgabeanspruchs besteht. Da die **Privilegierung des redlichen Besitzers** auch im vorliegenden Kontext vom BGH beibehalten wird, entstehen keine Wertungswidersprüche zum Eigentümer-Besitzer-Verhältnis. Auch der systematische Einwand lässt sich – bei etwas spitzfindiger Gesetzeslektüre – entkräften: Nach § 990 Abs. 2 BGB bleibt die Haftung wegen Verzugs „unberührt" und wird nicht erst angeordnet. Daraus lässt sich ablesen, dass das Eigentümer-Besitzer-Verhältnis durchaus ein Schuldverhältnis i.S.v. §§ 280 Abs. 2, 286 BGB darstellt. K war ab der Aufklärung durch E bösgläubig und haftet daher aus §§ 280 Abs. 1 und 3, 281 Abs. 1 S. 1 BGB auf Schadensersatz statt der Leistung i.H.v. 500 €.

2. Anwendbarkeit von §§ 987 ff. BGB neben vertraglichen Herausgabeansprüchen

Beispiel: M räumt nach wirksamer Kündigung die gemieteten Räume nicht. 187
Steht dem Vermieter V, der auch Eigentümer der Räume ist, ein Herausgabeanspruch aus § 985 BGB zu? Ist M dem V nach §§ 990, 987 Abs. 1 BGB zur Nutzungsherausgabe verpflichtet?

Mit wirksamer Kündigung des Mietvertrags erlischt das Besitzrecht des M i.S.v. § 986 Abs. 1 S. 1 BGB, so dass ab diesem Zeitpunkt V ein Herausgabeanspruch aus § 985 BGB zusteht, der nach ganz h.M. neben den vertraglichen Herausgabeanspruch aus § 546 Abs. 1 BGB tritt (vgl. BGHZ 85, 11, 13). Grundsätzlich sind damit auch die Voraussetzungen (Vindikationslage) für einen Anspruch auf Nutzungsherausgabe nach §§ 990, 987 Abs. 1 BGB gegeben (sog. **nicht-mehr-Berechtigter**). Doch steht im vorliegenden Fall dem V bereits nach den mietrechtlichen Vorschriften als besondere Form des Nutzungsersatzes ein Anspruch auf Fortentrichtung der vereinbarten Miete zu (§ 546a Abs. 1 BGB); daneben kommt auch ein Anspruch aus §§ 812 Abs. 1 S. 1 Alt. 2, 818 Abs. 1 und 2 BGB in Betracht. Teilweise wird die Auffassung vertreten, dass beim Fortfall einer Besitzberechtigung die Abwicklungsvorschriften des jeweiligen Schuldverhältnisses (etwa §§ 346 ff. BGB oder §§ 812 ff.

BGB) eine abschließende Regelung darstellen und Ansprüche aus §§ 987 ff. BGB verdrängen. Die Gegenansicht hält demgegenüber einen Rückgriff auf die Vorschriften des Eigentümer-Besitzer-Verhältnisses für zulässig, soweit der Eigentümer hierdurch besser gestellt wird. Nach dieser Auffassung bestehen daher keine Bedenken, auch noch einen konkurrierenden Anspruch auf Nutzungsersatz aus §§ 990, 987 Abs. 1 BGB zuzusprechen (vgl. *Gursky/Thöne*, Problem 1 (S. 1 ff.) und Problem 8 (S. 43 ff.)).

3. Anwendbarkeit von §§ 812 ff. BGB neben §§ 987 ff. BGB

188 Bereits erörtert wurde, ob der gutgläubige, aber **rechtsgrundlose Besitzer** wegen der in § 818 Abs. 1 BGB enthaltenen Wertung Nutzungsherausgabe schuldet, obwohl § 993 Abs. 1 a.E. BGB insofern Sperrwirkung zu entfalten scheint. Gelöst wird dieses Problem von der Rspr. nicht durch einen offenen Rückgriff auf §§ 812 Abs. 1 S. 1, 818 Abs. 1 BGB (so aber die h.L.), sondern durch die Gleichstellung des rechtsgrundlosen mit dem unentgeltlichen Besitzer i.S.v. § 988 BGB (Rn. 174).

Keinesfalls ausgeschlossen wird durch das EBV der Rückgriff auf Bereicherungsansprüche wegen **ungerechtfertigten Eingriffs in den Substanzwert** des Eigentums.

Beispiel 1: D entwendet E einen Computer, den er an den gutgläubigen Z für 500 € verkauft, dieser veräußert ihn weiter an den gutgläubigen K für 600 €.

E kann die wegen § 935 BGB unwirksame Veräußerung von Z an K gem. § 185 Abs. 1 BGB genehmigen (E könnte auch die Veräußerung D–Z genehmigen, doch hat Z den höheren Kaufpreis erzielt) und dann von Z nach § 816 Abs. 1 S.1 BGB Herausgabe der 600 € verlangen. Zwar ist Z gutgläubiger (unberechtigter) Besitzer i.S.v. §§ 987 ff. BGB, doch schließt § 993 Abs. 1 BGB schon seinem Wortlaut nach den Anspruch auf Herausgabe des Veräußerungserlöses nicht aus (dieser ist weder ein Anspruch auf Schadensersatz noch auf Nutzungsherausgabe).

Beispiel 2 (nach BGHZ 55, 176 ff. – Jungbullenfall): D stiehlt E einen Bullen und verkauft ihn an den gutgläubigen Metzger M, der ihn zu Wurst verarbeitet.

E kann von M Wertersatz nach §§ 951, 812 Abs. 1 S. 1 Alt. 2, 818 Abs. 2 BGB verlangen. Der Rückgriff auf diesen Wertersatzanspruch wird durch § 993 Abs. 1 BGB schon dem Wortlaut nach nicht gesperrt. § 993 Abs. 1 BGB soll den gutgläubigen Besitzer zwar von Schadensersatzansprüchen freistellen, ihm aber nicht den Wert der Sache belassen, wenn er sich diese durch einen objektiv ungerechtfertigten Eingriff in sein Vermögen einverleibt hat. Vor der Verarbeitung hätte M den Bullen nach § 985 BGB herausgeben müssen, nach der Verarbeitung tritt der

Wertersatzanspruch als **Rechtsfortwirkungsanspruch** an die Stelle des vereitelten Vindikationsanspruchs (vgl. auch Rn. 140).

Nur die Ansprüche des Eigentümers auf Schadensersatz und Nutzungsherausgabe werden durch das EBV abschließend geregelt (§ 993 BGB). Bereicherungsrechtliche Ansprüche bei **Verbrauch** (§§ 812 Abs. 1 S. 1 Alt. 2, 818 Abs. 2 BGB), bei **Verarbeitung** (§§ 951, 812 BGB) und bei **Veräußerung** (§ 816 BGB), die auf Wertersatz bzw. Herausgabe des Erlangten gerichtet sind, werden nicht verdrängt.

4. Anwendbarkeit von §§ 823 ff. BGB neben §§ 987 ff. BGB

§ 992 BGB ordnet nur für den deliktischen Besitzer eine Schadensersatzhaftung nach §§ 823 ff. BGB an. Im Übrigen sperrt das Vorliegen eines Eigentümer-Besitzer-Verhältnisses den Rückgriff auf das Deliktsrecht. Eine Ausnahme von diesem Grundsatz wird allerdings für den Fall des sog. **Fremdbesitzerexzesses** gemacht. **189**

Beispiel: M beschädigt fahrlässig ein Auto, das er von E gemietet hat. Da E jedoch unerkannt geschäftsunfähig ist, ist der Mietvertrag nichtig.

Die §§ 985 ff. BGB gelten nicht nur für den Eigenbesitzer (§ 872 BGB), sondern auch für den Fremdbesitzer. Da M gutgläubig ist, ist eine Schadensersatzhaftung nach §§ 989, 990, 992 BGB ausgeschlossen. An und für sich wäre auch der Rückgriff auf § 823 BGB durch § 993 Abs. 1 a.E. BGB gesperrt. Hier jedoch **überschreitet** M durch die Beschädigung des Mietwagens die **Grenzen des ihm vermeintlich zustehenden Besitzrechts** (sog. Fremdbesitzerexzess). Wäre der Mietvertrag wirksam, würde M nach § 280 Abs. 1 BGB auf Schadensersatz haften. M ist damit nicht schutzwürdig, so dass die Sperrwirkung des § 993 Abs. 1 BGB zu durchbrechen und der Rückgriff auf § 823 BGB zuzulassen ist. Denn anders als der gutgläubige unberechtigte Eigenbesitzer glaubt der gutgläubige unberechtigte Fremdbesitzer nicht an eine unbeschränkte Verfügungsbefugnis, sondern nur an ein beschränktes Recht zum Besitz. Die gleiche Wertung liegt auch der Regelung des § 991 Abs. 2 BGB zu Grunde (Unterschied zum vorliegenden Fall: bei § 991 Abs. 2 BGB Dreipersonenkonstellation), vgl. Rn. 163.

Überschreitet der **unberechtigte Fremdbesitzer** die Grenzen seines vermeintlichen Besitzrechts (= Fremdbesitzerexzess), haftet er nach §§ 823 ff. BGB. Die Privilegierung des redlichen Besitzers in § 993 Abs. 1 a.E. BGB ist zu durchbrechen, da sie auf diesen Fall nicht passt.

190 Entscheidend ist, sich bewusst zu machen, dass im gerade dargelegten Beispielsfall die Anwendung der §§ 985 ff. BGB nur deshalb in Frage kommt, **weil der Mietvertrag nichtig ist** und daher kein Recht zum Besitz besteht. Wäre der Mietvertrag demgegenüber wirksam, könnte M hieraus ein Recht zum Besitz (§ 986 Abs. 1 S. 1 BGB) ableiten, so dass keine Vindikationslage bestünde und der Anwendungsbereich der §§ 987 ff. BGB von vornherein nicht eröffnet wäre. Damit würde sich auch nicht die Frage einer etwaigen Sperrwirkung des EBV stellen. E hätte gegen M vertragliche (§§ 280, 546 Abs. 1 BGB) und deliktische Schadensersatzansprüche (§§ 823 ff. BGB).

Überschreitet der **berechtigte Fremdbesitzer** (z.B. Mieter aufgrund wirksamen Mietvertrags) die Grenzen seines Besitzrechts, sind die §§ 823 ff. BGB ohne Weiteres anwendbar. Mangels Vindikationslage stellt sich die Frage der Konkurrenz zu §§ 987 ff. BGB hier erst gar nicht.

C. Beseitigungs- und Unterlassungsanspruch, § 1004 BGB

191 Das Eigentum als absolutes Recht wird von der Rechtsordnung umfassend geschützt: Bei schuldhaften Eigentumsverletzungen besteht nach § 823 Abs. 1 BGB ein Anspruch auf **Schadensersatz**. Aber auch gegen nicht-schuldhafte Eingriffe kann sich der Eigentümer effektiv zur Wehr setzen: So steht ihm gem. § 812 Abs. 1 S. 1 Alt. 2 BGB ein Anspruch auf **Bereicherungsausgleich** zu, wenn jemand ohne rechtlichen Grund in den Zuweisungsgehalt seines Eigentums eingreift. Vom nichtberechtigten Besitzer kann der Eigentümer nach § 985 BGB **Herausgabe** der Sache verlangen. Wird das Eigentum in anderer Weise als durch Entziehung oder Vorenthaltung gestört, steht dem Eigentümer schließlich auch noch ein Anspruch auf **Beseitigung** (§ 1004 Abs. 1 S. 1 BGB) oder **Unterlassung** (§ 1004 Abs. 1 S. 2 BGB) der Beeinträchtigung zu.

Beispiele: E ist Eigentümer eines Grundstücks. Passanten überqueren dieses gegen seinen Willen; ein Baum vom Grundstück des N stürzt auf das Grundstück des E; trotz entgegenstehenden Hinweises wird Werbematerial in seinen Briefkasten geworfen; an seiner Hauswand werden ohne seine Zustimmung Plakate aufgehängt; seine Garagenausfahrt wird zugeparkt.

Zwar gilt § 1004 BGB für Mobilien und Immobilien gleichermaßen, den Hauptanwendungsbereich hat die Norm aber – wie schon die Beispiele zeigen – im Grundstücksrecht (vgl. SachenR II, Rn. 279 ff.). Eigentumsstörungen, die bewegliche Sachen betreffen und keine Besitzentziehung darstellen, sind selten (*Baur/Stürner*, § 12 Rn. 6). Im vorliegenden Band zum Mobiliarsachenrecht soll deshalb nur ein Überblick über die Tatbestandsvoraussetzungen gegeben werden, die sich im Übrigen unmittelbar aus dem Gesetz ablesen lassen (für eine ausführliche Darstellung vgl. etwa *Wellenhofer*, § 24 Rn. 1 ff.):

Beseitigungs- und Unterlassungsanspruch aus § 1004 BGB	
Anspruch auf **Beseitigung** (§ 1004 Abs. 1 S. 1 BGB)	Anspruch auf **Unterlassung** (§ 1004 Abs. 1 S. 2 BGB)
• Beeinträchtigung des Eigentums	• Gefahr (weiterer) Beeinträchtigungen des Eigentums
• Anspruchsteller ist Eigentümer • Anspruchsgegner ist Störer • keine Duldungspflicht des Eigentümers aus Rechtsgeschäft oder Gesetz (§ 1004 Abs. 2 BGB)	

Auch wenn der Wortlaut der Norm einen Unterlassungsanspruch nur **192** bei der Besorgnis *weiterer* Beeinträchtigungen zugesteht, kann der Eigentümer den potentiellen Störer auch **schon vor der ersten Beeinträchtigung vorbeugend** gem. § 1004 Abs. 1 S. 2 BGB auf Unterlassung in Anspruch nehmen, wenn eine solche Beeinträchtigung ernsthaft droht (vgl. BGH NJW 2004, 3701). Eine umfangreiche Kasuistik gibt es zu der Frage, wer als Störer und damit als **Anspruchsgegner** in Frage kommt. Ohne Frage gehört dazu der sog. **Handlungsstörer**, der durch seine Handlung oder sein Unterlassen die Beeinträchtigung bewirkt, auch wenn er dies nur mittelbar durch die Handlung eines Dritten adäquat verursacht hat. Geht die Gefahr bzw. die Beeinträchtigung von einer Sache aus, haftet ihr Eigentümer oder Besitzer als **Zustandsstörer** nur, wenn die Eigentumsbeeinträchtigung wenigstens mittelbar auf seinen Willen zurückzuführen ist, was der Fall wäre, wenn er die Gefahr hätte beherrschen können, insbesondere wenn er die Gefahrenlage selbst geschaffen hat (BGH NJW 2005, 1366).

Der Anspruch aus § 1004 Abs. 1 BGB setzt zwar eine Verursachung **193** durch den Störer, nicht aber sein Verschulden voraus. Vor diesem Hintergrund ist der Umfang des Beseitigungsanspruchs insbesondere im Hinblick auf die Abgrenzung zum verschuldensabhängigen Schadensersatzanspruch aus § 823 Abs. 1 BGB seit langem umstritten.

Beispiel: W betreibt eine Werbeagentur. Sein Geschäftsmodell sieht vor, für seine Kunden Aufkleber zu produzieren und diese durch Mitarbeiter ungefragt auf möglichst vielen Kraftfahrzeugen anzubringen. E ist Eigentümer eines der Fahrzeuge und verlangt von W Beseitigung. Das Bekleben des Fahrzeugs stellt eine

Eigentumsbeeinträchtigung dar. W ist als Arbeitgeber des handelnden Mitarbeiters zumindest mittelbarer Handlungsstörer und damit Anspruchsgegner. Deshalb ist er gem. § 1004 Abs. 1 S. 1 BGB verpflichtet, die Störungsquelle, also den Aufkleber, zu beseitigen. Fraglich ist, ob er darüber hinaus auch den Lack des Fahrzeugs reparieren muss, wenn dieser durch den verwendeten Kleber beschädigt wurde. Die Rspr. würde dies wohl bejahen. Der Störer sei gem. § 1004 Abs. 1 S. 1 BGB zur Beseitigung auch solcher Eigentumsbeeinträchtigungen verpflichtet, die zwangsläufig durch die Beseitigung der primären Störung entstehen (BGH NJW 2005, 1366). Teile der Literatur würden einen solchen Anspruch dagegen nur über den Grundsatz der Naturalrestitution gem. §§ 823 Abs. 1, 249 BGB zusprechen (vgl. *Baur/Stürner*, § 12 Rn. 20 m.w.N.).

Der Anwendungsbereich von § 1004 Abs. 1 BGB geht weit über die Eigentumsbeeinträchtigung hinaus: Es gibt Normen, die auf § 1004 BGB verweisen (z.B. § 1227 BGB für das Pfandrecht), zudem ist anerkannt, dass § 1004 BGB bei der **Beeinträchtigung aller absoluten Rechte** (z.B. auch Gesundheit, allgemeines Persönlichkeitsrecht) analog Anwendung findet (sog. **quasi-negatorischer Abwehranspruch**), vgl. Grüneberg/*Herrler*, § 1004 Rn. 4.

Kapitel 6. Besitzschutz

A. Grundlagen

I. Überblick und Terminologie

Besitz ist die tatsächliche Herrschaft über eine Sache (vgl. § 854 Abs. 1 BGB). Die Feststellung, dass jemand Besitzer ist, sagt allerdings nichts darüber aus, ob damit auch ein Recht zum Besitz (etwa aus Eigentum oder Mietvertrag) verbunden ist. Gleichwohl räumt das Gesetz in §§ 859, 861, 862 BGB jedem Besitzer das Recht ein, sich gegen die Störung oder Entziehung seines Besitzes zur Wehr zu setzen. Hierdurch soll **Selbstjustiz verhindert** werden, denn andernfalls könnte jeder, der ein besseres Recht auf die Sache hat, dem Besitzer die Sache entwenden, ohne Konsequenzen befürchten zu müssen. 194

Beispiel: D stiehlt das Fahrrad des E und verkauft es an den gutgläubigen K. E entdeckt es und will es sich zurückholen. K, der gegenüber E kein Recht zum Besitz hat (sein Eigentumserwerb scheitert an § 935 Abs. 1 BGB, sein Recht zum Besitz aus § 433 Abs. 1 S. 1 BGB wirkt nur gegenüber D als Verkäufer) und über die Hintergründe möglicherweise gar nichts weiß, kann sich gegen eine gewaltsame Wegnahme durch E nur wehren, wenn er aus seiner bloßen Position als Besitzer Rechte ableiten kann.

Um die Eigenart der Besitzschutzansprüche zu verstehen, muss man sich in erster Linie bewusst machen, dass ein **Recht *zum* Besitz** und ein **Recht *aus* dem Besitz** zweierlei sind und mit den Besitzschutzansprüchen i.d.R. nicht die endgültige Klärung der Rechtslage angestrebt wird, sondern nur die vorläufige Verteidigung des Status quo erreicht werden soll, bis der vermeintlich zum Besitz Berechtigte seine Ansprüche gerichtlich durchgesetzt hat. So ist auch die Wertung des Gesetzgebers im Beispielsfall: Zwar hat E die Möglichkeit, seinen Anspruch auf Herausgabe seines Eigentums aus § 985 BGB vor Gericht gegen K durchzusetzen. Schreitet er aber zur Selbstjustiz, hat K gem. § 859 Abs. 1 und 2 BGB das Recht, sich hiergegen gewaltsam zu wehren und – falls dies nicht erfolgreich ist – nach § 861 BGB zu verlangen, dass ihm der Besitz am Fahrrad (zunächst) wieder eingeräumt wird.

Vor diesem Hintergrund wird die Unterscheidung zwischen den sog. 195
possessorischen (lat. *possessio* = Besitz) und **petitorischen** (lat. *petitio* = Forderung, Ersuchen) Besitzschutzansprüchen verständlich: Possessorische Ansprüche (insbes. §§ 861, 862 BGB) knüpfen an den Besitz als

solchen an und ermöglichen daher nur eine vorläufige Regelung (Bewahrung oder Wiederherstellung des bisherigen Zustands, im Beispiel also zunächst Rückgabe des Fahrrads von E an K, wenn E mit seiner „Wegnahme" erfolgreich war), während sich die petitorischen Ansprüche (z.B. § 1007 BGB) auf ein Recht zum Besitz stützen und die Rechtslage endgültig klären sollen (im Beispiel also Herausgabe des Fahrrads von K an E).

II. Verbotene Eigenmacht

196 Sowohl die Selbsthilferechte aus § 859 BGB als auch die Besitzschutzansprüche aus §§ 861, 862 BGB setzen tatbestandlich verbotene Eigenmacht voraus. Dieser Begriff ist in § 858 Abs. 1 BGB legaldefiniert.

197 Verbotene Eigenmacht erfordert dreierlei:

- Es bedarf einer Besitzbeeinträchtigung durch Besitzentziehung oder Besitzstörung (zur Abgrenzung vgl. Beispiel Rn. 199).
- Die Besitzstörung muss ohne (nicht notwendigerweise *gegen*) den Willen des Besitzers erfolgen. Abzustellen ist dabei auf den unmittelbaren Besitzer, da nur dieser geschützt ist. Es ist deshalb nicht möglich, verbotene Eigenmacht gegenüber einem mittelbaren Besitzer zu verüben.
- Schließlich darf das Gesetz die Besitzbeeinträchtigung nicht gestatten.

Der Begriff der **Gestattung** ist für das Verständnis des Besitzschutzes von besonderer Bedeutung. Eine solche liegt nämlich nur vor, wenn das Gesetz ausnahmsweise gerade die eigenmächtige Beeinträchtigung des fremden Besitzes erlaubt. Beispielsweise gestatten §§ 758, 808 ZPO dem Gerichtsvollzieher die Störung des Besitzes an der Wohnung und die Wegnahme von gepfändeten Sachen. Auch das Selbsthilferecht des § 229 BGB kann im Einzelfall eine Besitzbeeinträchtigung legitimieren, wenn obrigkeitliche Hilfe nicht rechtzeitig zu erlangen ist. Dagegen gestatten weder dingliche Ansprüche (z.B. § 985 BGB) noch schuldrechtliche Ansprüche (z.B. § 546 BGB) ein entsprechendes Verhalten. Diese Ansprüche gewähren zwar ein einklagbares Recht, erlauben aber keine Selbsthilfe.

Keine Voraussetzung für verbotene Eigenmacht ist dagegen das Bewusstsein der Rechtswidrigkeit oder ein Verschulden. Verbotene Eigenmacht liegt also auch vor, wenn der Eigentümer dem Dieb die Sache „im guten Glauben" entwendet.

> § 858 BGB ist ein Schutzgesetz im Sinne des § 823 Abs. 2 BGB (BGH NJW 2009, 2530). Ob dem unrechtmäßigen Besitzer allerdings überhaupt ein Schaden entstanden ist, muss im Einzelfall untersucht werden.

B. Gewalt- bzw. Selbsthilferecht des Besitzers

§ 859 BGB erlaubt dem Besitzer, sich gegen verbotene Eigenmacht mit Gewalt zu wehren. Seine Handlung ist in diesem Fall also nicht widerrechtlich, so dass derjenige, der verbotene Eigenmacht ausübt (und sei es auch der eigentlich Berechtigte), als Opfer der Gewalt seinerseits keinen Anspruch etwa aus § 823 Abs. 1 BGB geltend machen kann. **198**

§ 859 Abs. 1 BGB, der für bewegliche Sachen und Grundstücke gleichermaßen gilt, regelt den Fall des unmittelbaren Angriffs auf den Besitz (sog. **Besitzwehr**). Die Rechte des Besitzers entsprechen in diesem Fall grundsätzlich denen der Notwehr gem. § 227 BGB. § 859 Abs. 2 und 3 BGB normieren die **Besitzkehr** für bewegliche Sachen (Abs. 2) und Grundstücke (Abs. 3). Hat der Störer die Sache bereits in Besitz genommen, kann sich der (bisherige) Besitzer die Sache mit Gewalt zurückholen. Dafür muss er allerdings die in den Normen genannten zeitlichen Vorgaben („auf frischer Tat" bzw. „sofort") einhalten. **199**

Beispiel: Parkt ein fremdes Fahrzeug auf dem angemieteten Parkplatz, handelt es sich nach wohl h.M. um eine Besitzentziehung, so dass die Entfernung durch den Mieter gem. § 859 Abs. 3 BGB sofort geschehen muss, wobei die Rspr. insoweit allerdings keinen zu strengen Maßstab anlegt. Parkt das fremde Fahrzeug dagegen vor der Einfahrt, soll eine Besitzstörung gem. § 859 Abs. 1 BGB vorliegen, so dass der Grundstücksberechtigte keine zeitliche Grenze für die Entfernung beachten muss (vgl. *Baur/Stürner*, Sachenrecht § 9 Rn. 15 m.w.N. auch zur Rspr.; zur Erstattungsfähigkeit der Abschleppkosten gem. § 823 Abs. 2 BGB i.V.m. § 858 Abs. 1 BGB vgl. BGH JuS 2012, 358 m. Anm. *K. Schmidt,* umfassend dazu *Kaiser*, JA 2015, 534).

> § 859 BGB ist – anders als § 861 BGB oder § 862 BGB – keine Anspruchsgrundlage und gehört deshalb nicht in den Obersatz.

C. Possessorische und petitorische Besitzschutzansprüche

I. Ansprüche aus §§ 861, 862 BGB

Schutzobjekt der §§ 861, 862 BGB ist der Besitz an beweglichen Sachen und Grundstücken. **200**

<table>
<tr><th colspan="2">Possessorische Besitzschutzansprüche aus §§ 861, 862 BGB</th></tr>
<tr><td>Anspruch aus § 861 Abs. 1 BGB</td><td>Anspruch aus § 862 Abs. 1 BGB</td></tr>
<tr><td>• Entzug des Besitzes</td><td>• Störung des Besitzes oder konkrete Gefahr einer zukünftigen Störung</td></tr>
<tr><td colspan="2">• durch verbotene Eigenmacht gem. § 858 Abs. 1 BGB
• kein Ausschluss…</td></tr>
<tr><td>… gem. § 861 Abs. 2 BGB</td><td>… gem. § 862 Abs. 2 BGB</td></tr>
<tr><td colspan="2">• kein Erlöschen des Anspruchs gem. § 864 BGB (Jahresfrist)</td></tr>
</table>

Anspruchsinhaber kann neben dem unmittelbaren Besitzer gem. § 869 S. 1 BGB auch der mittelbare Besitzer sein, soweit gegen den Besitzmittler verbotene Eigenmacht verübt wird, allerdings kann der mittelbare Besitzer grundsätzlich nur die Wiedereinräumung des Besitzes an den unmittelbaren Besitzer verlangen (§ 869 S. 2 BGB).

Fall nach BGH NJW-RR 2017, 818: E ist Eigentümer eines Autos, das er an M verliehen hat. Als das Auto einen Motorschaden erleidet, beauftragt M den W mit dem Einbau eines Austauschmotors. Nach durchgeführter Reparatur trifft sich M mit W zu einer Probefahrt, wobei M am Steuer sitzt. Im Anschluss kommt es zum Streit zwischen M und W über evtl. noch ausstehende Zahlungen. W zieht daraufhin gegen den Willen des M den Schlüssel aus dem Zündschloss und nimmt das Auto an sich. In seiner Werkstatt baut W den Motor wieder aus. Nachdem M ihm die ganze Geschichte erzählt hat, verlangt E von W Herausgabe des Autos mitsamt des vorübergehend eingebauten Austauschmotors.

Lösung: Ein Anspruch auf Herausgabe des Autos zusammen mit dem Motor kommt aus **§ 985 BGB** nur in Betracht, wenn E nach §§ 947 Abs. 2, 93 BGB Eigentum am Motor erworben hat. Dies ist jedoch beim Einbau eines (Austausch-)Motors zu verneinen, dieser wird nicht wesentlicher Bestandteil des Autos (Rn. 119). Zum Anspruch auf Herausgabe allein des Autos vgl. Rn. 220.

E könnte als mittelbarer Besitzer jedoch ein Anspruch aus **§§ 869 S. 1, 861 Abs. 1 BGB** auf Herausgabe von Auto und Motor zustehen, sofern das Verhalten des W gegenüber M als verbotene Eigenmacht i.S.v. § 858 Abs. 1 BGB einzustufen ist. Entscheidend ist insoweit, ob der **unmittelbare Besitz**, den W durch die Reparatur am Auto erlangt hat, im Zeitpunkt der Probefahrt mit der Überlassung des

Schlüssels wieder auf M übergegangen ist (so dass dieser unmittelbarer Besitzer vom Auto mitsamt Austauschmotor geworden wäre). Gegen eine tatsächliche Sachherrschaft des M i.S.v. § 854 Abs. 1 BGB spricht schon die kurze Dauer der Probefahrt. Außerdem möchte der Werkunternehmer W seinen Besitz nicht aufgeben, sondern durch die Teilnahme an der Probefahrt verhindern, dass sich M mit dem Fahrzeug entfernt. Schließlich bestünde aus Sicht des W die Gefahr, dass er durch die Rückgabe des Autos an M sein normalerweise aus § 647 BGB folgendes Werkunternehmerpfandrecht verliert (vgl. §§ 1257, 1253 Abs. 1 BGB). Dieser Grundgedanke ist auch dann beachtlich, wenn – wie im vorliegenden Fall – ein Unternehmerpfandrecht nicht entstehen konnte (vgl. zu dieser Problematik Rn. 185, 220). Im Ergebnis ist es demnach nur zu einer **Besitzlockerung** und nicht zu einer Besitzaufgabe gekommen. W hat dem M nicht den Besitz entzogen und damit keine verbotene Eigenmacht verübt.

Der Klausur-Klassiker des gutgläubigen Erwerbs eines gesetzlichen (Unternehmer-)Pfandrechts (Rn. 220) lässt sich gut durch die vorstehende Problematik erweitern (ausführliche Lösung etwa bei *M. Schwab*, ZJS 2017, 584).

In der Praxis ist der **Anspruch wegen Besitzstörung** von besonderer **201**
Bedeutung. Zur Wehr setzen kann man sich damit nicht nur gegen Immissionen (z.B. Lärm), wobei die Frage einer möglichen Duldungspflicht analog § 906 BGB zu klären ist, sondern beispielsweise auch gegen den Einwurf unerwünschten Werbematerials in den Briefkasten des Mieters (vgl. OLG Frankfurt, NJW 1996, 934), ggf. sogar psychische Störungen (Grüneberg/*Herrler*, § 862 Rn. 5).

Noch nicht abschließend geklärt ist die Bewertung sog. **digitaler Eigenmacht**: Durch die Vernetzung elektronischer Güter (z.B. Elektroautos, internetfähige Maschinen oder Haushaltsgeräte) ist es für Hersteller und Verkäufer technisch möglich, per Fernzugriff auf die im Gerät integrierte Software einzuwirken und die Nutzung gekaufter Objekte zu blockieren. In den allgemeinen Geschäftsbedingungen wird ein solches Blockaderecht teilweise für den Fall vereinbart, dass etwa Kaufpreisraten oder sonstige Nutzungsentgelte nicht pünktlich gezahlt werden. Unabhängig von der Frage der AGB-rechtlichen Zulässigkeit solcher Klauseln im Lichte von §§ 305c Abs. 1, 307 BGB könnte man sich auf den Standpunkt stellen, dass ein derartiger Fernzugriff eine unzulässige **Besitzstörung** i.S.v. § 858 Abs. 1 BGB darstellt, so dass der Käufer gem. § 862 Abs. 1 S. 1 BGB einen Anspruch auf Beseitigung der digitalen Blockade hat. Der BGH hat in einer Grundsatzentscheidung zu einer AGB-Klausel, die dem Vermieter einer Autobatterie für ein E-Fahrzeug nach Kündigung des Mietvertrags die Fernsperrung erlaubte, klargestellt, dass digitale Fernzugriffe grundsätzlich eine Besitzstörung darstellen, wenn die Nutzungsmöglichkeit des betreffenden Gutes komplett vereitelt wird (BGH,

NJW 2022, 3575). Es soll dann kein normativer Unterschied zu einem körperlichen Eingriff wie z.B. einer mechanischen Sperre vorliegen. Da das Gesetz die Störung nicht ausdrücklich gestattet (Rn. 197) und der Anspruch aus § 862 BGB auch nicht dispositiv ist und vertraglich abbedungen werden kann, kommt es für die Einordnung als unzulässige Besitzstörung i.S.v. § 858 Abs. 1 BGB darauf an, ob der Käufer seine **Zustimmung zum Eingriff** erteilt hat. Dabei ist zu beachten, dass es sich bei der Zustimmung nicht um ein Rechtsgeschäft handelt, sondern im Rahmen des § 858 Abs. 1 BGB – vergleichbar wie etwa beim Abhandenkommen i.S.v. § 935 BGB (Rn. 102 f.) – der natürliche Wille des Besitzers ausschlaggebend ist (MüKo/*Schäfer*, § 858 Rn. 14). Entscheidend ist der Zeitpunkt des digitalen Fernzugriffs, so dass eine frühere Zustimmung, die etwa aus dem Einverständnis mit den AGB abgeleitet werden kann, allenfalls Indizwirkung entfaltet. Daher kommt es im vorliegenden Kontext weder auf die AGB-rechtliche Wirksamkeit der fraglichen Klausel an, noch ist der Käufer/Besitzer an die in der AGB-Klausel ursprünglich geäußerte Zustimmung gebunden (Staudinger/*Gutzeit*, § 858 Rn. 19 und 27). Allerdings wird man davon ausgehen müssen, dass das für das Vorliegen verbotener Eigenmacht i.S.v. § 858 Abs. 1 BGB erforderliche Handeln „ohne den Willen des Besitzers" (Rn. 197) nur dann vorliegt, wenn der Käufer/Besitzer bereits vor der Durchführung der elektronischen Blockade geäußert hat, dass er diese – trotz der betreffenden AGB-Klausel – nicht akzeptiere. Diskutieren lässt sich auch, ob possessorischer Besitzschutz deshalb von vornherein eingeschränkt ist, weil der „fernzugreifende" Hersteller als Mitbesitzer zu qualifizieren ist (so *Duden*, NJW 2023, 18 Rn. 10 ff.). Dann wäre Besitzschutz nur in sehr engen Grenzen, beispielsweise im Falle des Besitzentzugs, gegeben (§ 866 BGB). Der BGH konnte diese Frage offenlassen, hat aber Zweifel angemeldet, „ob allein die Sperrmöglichkeit, von der die Beklagte nur nach Vertragsbeendigung Gebrauch machen will, Mitbesitz begründe" (BGH, NJW 2022, 3575 Rn. 24). Die Diskussion der komplexen Fragen im Zusammenhang mit digitaler Eigenmacht ist noch im Fluss (vgl. etwa Fallbearbeitung *Schmid/Rottmann*, JuS 2020, 849 ff.; *Wais/Lieberknecht,* JA 2024, 449 ff.).

202 Auf den ersten Blick schwer nachvollziehbar erscheint § 863 BGB, der die möglichen Einreden des Anspruchsgegners im Prozess beschränkt und eine Berufung auf ein Recht zum Besitz nicht zulässt. Verständlich wird der Normzweck jedoch, wenn man sich noch einmal Sinn und Zweck der possessorischen Ansprüche vor Augen führt, die u.a. gerade die Selbstjustiz verhindern sollen.

Fall: D stiehlt E ein Skateboard. Nach 18 Monaten entdeckt E sein Skateboard im Garten des D und nimmt es trotz des Protestes des D an sich. D verklagt E auf Rückgabe des Skateboards.

Lösung: D hat einen Anspruch auf Wiedereinräumung des Besitzes aus § 861 Abs. 1 BGB, da die Rechtsordnung dem Eigentümer, auch dem Dieb gegenüber, nicht die eigenmächtige Wegnahme des Diebesgutes gestattet, so dass sein Verhalten verbotene Eigenmacht darstellt. Auch ist der Anspruch des D nicht gem. § 861 Abs. 2 BGB ausgeschlossen: Zwar war der Besitz des D gegenüber E seinerseits fehlerhaft (§ 858 Abs. 2 BGB), doch lag die Besitzerlangung durch D schon mehr als ein Jahr zurück. Schließlich kann E vor Gericht nicht einwenden, dass er als Eigentümer ein Recht zum Besitz habe und es daher treuwidrig sei, dass D etwas herausverlange, was er alsbald wieder zurückgeben müsse. Auch diese sog. dolo-agit-Einrede (§ 242 BGB) schließt § 863 BGB aus, weil sie das Ziel, Selbstjustiz zu verhindern, gerade unterlaufen würde.

§ 863 BGB verhindert dagegen nicht, dass derjenige, der ein Recht zum **203**
Besitz behauptet (im Beispielsfall E als Eigentümer), seinerseits in einem Parallelprozess Klage auf Herausgabe der Sache – bzw. auf Feststellung des Besitzrechts – gegen den aktuellen (und fehlerhaften) Besitzer erhebt. Wurde über eine entsprechende Klage zugunsten des Berechtigten **bereits rechtskräftig entschieden**, wird die gegen ihn gerichtete Besitzschutzklage nach § 862 BGB unbegründet (§ 864 Abs. 2 BGB).

Umstritten ist dagegen die Frage, ob der Anspruchsgegner des Besitzschutzanspruchs seine Rechte auch mittels Widerklage in demselben Prozessrechtsverhältnis geltend machen kann (sog. **petitorische Widerklage**). Rspr. und h.M. bejahen dies trotz § 863 BGB und gehen davon aus, dass der possessorische Anspruch erlischt, wenn das im Wege der Widerklage geltend gemachte Recht zum Besitz im Sinne einer Bejahung entscheidungsreif ist. Teilweise wird entgegengehalten, dass diese – pragmatische – Lösung mit dem Wortlaut von § 864 Abs. 2 BGB, der auf die Rechtskraft abstellt, nicht zu vereinbaren ist (vgl. Zöller/*Schultzky*, § 33 Rn. 36 m.w.N.).

II. Ansprüche aus § 1007 BGB

Anders als die possessorischen Ansprüche aus §§ 861 ff. BGB soll **204**
§ 1007 BGB die Rechtslage zwischen den Beteiligten endgültig klären und wird deshalb oft als petitorischer Anspruch bezeichnet. Man ist sich weitgehend darüber einig, dass die Vorschrift dogmatisch missglückt ist und nur einen sehr geringen praktischen Anwendungsbereich hat. Grundsätzlich soll der bisherige berechtigte oder gutgläubige Besitzer von dem aktuellen Besitzer die Sache herausverlangen dürfen, wenn letzterer beim Besitzerwerb nicht in gutem Glauben war (§ 1007 Abs. 1 BGB) oder dem früheren Besitzer die Sache abhandengekommen war (§ 1007 Abs. 2 BGB). Fast immer wird die gleiche Rechtsfolge aber über die zentraleren Ansprüche aus § 985 BGB oder § 861 BGB zu erreichen sein, so dass § 1007 BGB lediglich eine zusätzliche Anspruchsgrundlage bietet. Eine eigenständige Bedeutung hat § 1007 BGB nur in den seltenen Fällen, in denen der frühere Besitzer nicht ohnehin Eigentümer war (oder sein Eigentum nicht beweisen kann) und ihm der Besitz nicht durch verbotene Eigenmacht entzogen wurde.

Beispiel: Dem Mieter (Anspruchsteller) eines Smokings wird dieser entwendet, der Dieb veräußert das Kleidungsstück an den gutgläubigen Anspruchsgegner. Will der Mieter selbst den Smoking vom Erwerber herausverlangen, greifen weder § 985 BGB, da der Mieter nicht Eigentümer ist, noch § 861 BGB, da der Anspruchsgegner keine verbotene Eigenmacht begangen hat. Einen eigenen Herausgabeanspruch kann der Mieter deshalb nur auf § 1007 Abs. 2 BGB stützen.

205 Bei der Prüfung von § 1007 BGB ist zu beachten, dass die Absätze 1 und 2 jeweils eigene Anspruchsgrundlagen bilden und sich die Einwendungen des § 1007 Abs. 3 BGB auf beide vorhergehenden Absätze beziehen.

Über die Verweisung in § 1007 Abs. 3 S. 2 BGB sind im Verhältnis zwischen dem früheren und dem aktuellen Besitzer die **Regelungen des EBV anwendbar**. Das heißt, der frühere Besitzer kann ggf. Ansprüche auf Schadens- oder Nutzungsersatz, der aktuelle Besitzer auf Verwendungsersatz geltend machen (vgl. Rn. 169 ff. und 176 ff.).

<table>
<tr><th colspan="2">Herausgabeansprüche aus § 1007 Abs. 1 und 2 BGB</th></tr>
<tr><td>Anspruch aus § 1007 Abs. 1 BGB</td><td>Anspruch aus § 1007 Abs. 2 BGB</td></tr>
<tr><td colspan="2">• bewegliche Sache
• früherer Besitz (jeglicher Art) des Anspruchstellers
• gegenwärtiger Besitz (jeglicher Art) des Anspruchsgegners</td></tr>
<tr><td>• Bösgläubigkeit des gegenwärtigen Besitzers bei Besitzerwerb hinsichtlich seines Rechts zum Besitz (§ 932 BGB entsprechend).</td><td>• Anspruchsteller ist die Sache abhandengekommen (vgl. § 935 BGB).
• Anspruchsgegner ist weder Eigentümer, noch ist ihm der Besitz zuvor abhandengekommen.</td></tr>
<tr><td colspan="2">• kein Ausschluss nach § 1007 Abs. 3 BGB</td></tr>
</table>

Ist § 1007 BGB ausnahmsweise die einzige Anspruchsgrundlage, die zum Erfolg führt, muss sie in der Klausur geprüft werden. Anders liegt der Fall aber, wenn schon § 985 BGB oder § 861 BGB einschlägig sind. Zwar sollten regelmäßig alle denkbaren Anspruchsgrundlagen geprüft werden, zu Recht empfehlen aber viele Lehrbuchautoren (vgl. nur *Medicus/Petersen*, Rn. 439; *Baur/Stürner*, § 9 Rn. 30), den regelmäßig ebenfalls einschlägigen § 1007 BGB in solchen Konstellationen – wenn überhaupt – nur kurz als Alternative zu erwähnen, da die Gefahr, bei der Anwendung dieser Vorschrift einen Fehler zu machen, größer sein dürfte als die Chance, mit ausführlicher Prüfung des Anspruchs zusätzliche Punkte zu erzielen.

D. Besitzschutz nach allgemeinen Vorschriften

Der Besitz wird auch durch allgemeine Normen des BGB geschützt. **206** Zwar ist der Besitz selbst gerade kein Recht (vgl. Rn. 194), wird aber, jedenfalls in der Form des berechtigten Besitzes, von der h.M. als sonstiges Recht im Sinne des § 823 Abs. 1 BGB behandelt. Auch ist der Besitz „etwas“ im Sinne des § 812 Abs. 1 S. 1 BGB.

Kapitel 7. Kreditsicherungsrechte

A. Einführung

I. Interessenlage und Arten der Kreditsicherung

Der Gläubiger einer Forderung trägt das Risiko, dass der Schuldner wirtschaftlich nicht in der Lage ist, diese bei Fälligkeit zu tilgen. Ausgangspunkt des Rechts der Kreditsicherheiten ist deshalb das Interesse des Gläubigers, eine Forderung gegen den Schuldner in der Form abzusichern, dass er auch dann befriedigt wird, wenn dem Schuldner – z.B. im Insolvenzfall – die Begleichung seiner Schuld nicht mehr möglich ist. **207**

Den Vertragsparteien stehen verschiedene Formen von Sicherungsmöglichkeiten zur Verfügung. Das Ausfallrisiko des Gläubigers kann beispielsweise dadurch vermindert werden, dass sich neben dem Schuldner weitere Personen bereit erklären, für die Forderung einzustehen, etwa in Form eines Schuldbeitritts (Rechtsfolge: § 421 BGB) oder einer Bürgschaft (§ 765 BGB). Ein auf diese Weise gesicherter Kredit wird als **Personalkredit** bezeichnet. Bei einem Personalkredit trägt der Gläubiger allerdings das Risiko, dass auch die zusätzlichen Schuldner nicht leisten können. Zudem ist es meist nicht einfach, eine Person zu finden, die geeignet erscheint und bereit ist, für eine fremde Schuld zu haften. **208**

Zu den Personalkrediten gehört auch die Sicherungsabtretung (= **Sicherungszession**) von Forderungen (§ 398 BGB) des Schuldners gegenüber Drittschuldnern. Bei Ausfall des Schuldners kann sich der Gläubiger durch Einziehung der Forderungen befriedigen.

Die aufgezeigten Nachteile der Personalkredite werden vermieden, wenn der Schuldner Sachwerte zur Verfügung stellen kann, die dem Gläubiger bei Ausfall des Schuldners als Sicherheit dienen, er sich also ggf. aus der Verwertung der Sachen befriedigen darf. Solchermaßen abgesicherte Kredite werden als **Realkredite** bezeichnet. Als Vermögenswerte kommen vor allem Grundstücke (= **Immobilien**) in Betracht, die in der Kreditpraxis wegen ihrer Wertbeständigkeit eine besonders große Rolle spielen. Das BGB stellt mit Hypothek (§§ 1113 ff. BGB), Grundschuld (§§ 1191 ff. BGB) und Rentenschuld (§§ 1199 ff. BGB) drei Arten von Grundpfandrechten zur Verfügung. **209**

210 Auch **Mobilien**, beispielsweise Maschinen oder Fahrzeuge, können zur Absicherung von Forderungen eingesetzt werden. Das BGB sieht insoweit ein Pfandrecht an beweglichen Sachen (**Fahrnispfandrecht**) als Kreditsicherungsmittel vor (§§ 1204 ff. BGB), das dem Gläubiger die Befriedigung seiner Forderung durch Verkauf des Pfandes gestattet, wenn die gesicherte Forderung nicht beglichen wird. Das vertragliche Pfandrecht an Mobilien hat allerdings erhebliche Nachteile, die seine Bedeutung in der Praxis sehr beschränken: Da die Entstehung eines Pfandrechts die Übergabe der Sache an den Gläubiger voraussetzt (§ 1205 BGB) und bei Rückgabe des Pfandes das Pfandrecht erlischt (§ 1253 Abs. 1 BGB), kann der Verpfänder die Sache nicht mehr nutzen, so dass von ihm benötigte Produktionsmittel von vornherein als Pfand nicht in Frage kommen. Zudem muss der Gläubiger das Pfand verwahren, was zu logistischen Schwierigkeiten und erheblichen Zusatzkosten führen kann.

In der Praxis hat sich deshalb die im Gesetz nicht näher geregelte **Sicherungsübereignung** als eigenständiges Rechtsinstitut etabliert, die es dem Schuldner ermöglicht, das Eigentum an einer beweglichen Sache gem. §§ 929, 930 BGB als Sicherheit auf den Gläubiger zu übertragen. Hier wird die Übergabe durch die Vereinbarung eines Besitzmittlungsverhältnisses i.S.v. § 930 BGB ersetzt, so dass der Schuldner den sicherungshalber übereigneten Gegenstand weiter nutzen kann.

Ähnlich ist die Situation bei Forderungen, die als Sicherheit eingesetzt werden sollen: Die Verpfändung einer Forderung muss dem Drittschuldner gegenüber offengelegt werden (§ 1280 BGB), während die Sicherungsabtretung als sog. **stille Zession** auch geheim erfolgen kann, denn eine Abtretung i.S.v. § 398 BGB kommt durch bloße Vereinbarung zwischen Zedent (bisheriger Gläubiger) und Zessionar (neuer Gläubiger) zustande.

Die Frage, warum vertragliche Fahrnispfandrechte in der Praxis regelmäßig keine Rolle spielen, ist als Einstieg in mündlichen Prüfungen recht beliebt.

211 Eine besondere Möglichkeit, eine Kaufpreisforderung abzusichern, bietet das Rechtsinstitut des **Eigentumsvorbehalts** (vgl. § 449 Abs. 1 BGB). Dem Käufer einer beweglichen Sache wird diese sofort übergeben, während das Eigentum bis zur vollständigen Kaufpreiszahlung beim Verkäufer verbleibt und damit als Sicherheit für den Fall dient, dass der Kaufpreis nicht bezahlt wird.

II. Dogmatische Grundlagen

1. Vorzüge einer dinglichen Absicherung

Eine gesetzliche Vorgabe, die Kreditgeber, insbesondere Banken, zur Absicherung eines Kredites zwingt, gibt es nicht, eine dingliche Absicherung ist aber aus wirtschaftlichen Gründen stets sinnvoll. Zwar kann auch der nicht abgesicherte Gläubiger einen Zahlungstitel erwirken (vgl. § 704 ZPO) und aus diesem die Zwangsvollstreckung in das gesamte Vermögen des Schuldners betreiben. Er wird damit aber keinen Erfolg haben, wenn das Vermögen des Schuldners als Haftungsmasse nicht mehr ausreicht, insbesondere weil es sich verringert hat oder weil die Verbindlichkeiten des Schuldners gestiegen sind. In solchen Fällen steht der Inhaber einer dinglichen Sicherheit besser da als der Inhaber einer ungesicherten Geldforderung, da ihm die dingliche Sicherheit als Haftungsmasse trotz Verfügungen des Schuldners grundsätzlich erhalten bleibt und er im Insolvenzverfahren und im Rahmen von Zwangsvollstreckungsmaßnahmen vorrangig befriedigt wird. 212

Beispiel: S schuldet G1 und G2 jeweils 50.000 €. G1 ist Inhaber eines Pfandrechts an dem wertvollen Schmuck der S.

Will G2 aufgrund eines Zahlungstitels in den Schmuck der S vollstrecken, kann G1 vorzugsweise Befriedigung gem. § 805 Abs. 1 ZPO verlangen. Veräußert S den Schmuck an D, steht er G2 als Haftungsmasse nicht mehr zur Verfügung. Als Inhaber des Pfandrechts kann G1 sich aus dem Schmuck demgegenüber grundsätzlich auch dann befriedigen, wenn zwischenzeitlich ein Dritter Eigentümer geworden ist. Im Fall der Insolvenz des Schuldners bietet das Pfand ein Absonderungsrecht gem. § 50 Abs. 1 InsO. Das Pfandrecht ist also – wie auch andere dingliche Sicherheiten – grundsätzlich „insolvenzfest".

2. Beschränkte dingliche Verwertungsrechte und Treuhandlösung

Als umfassendes Herrschaftsrecht an einer Sache weist das Eigentum dem Inhaber sämtliche Herrschaftsbefugnisse zu, die die Rechtsordnung zulässt (z.B. Nutzung, Verbrauch, Veräußerung, vgl. § 903 BGB). Das Recht, die Sache zu verwerten, ist daher nur ein Ausschnitt aus dem Vollrecht Eigentum und kann als sog. **beschränktes dingliches Recht** vom Eigentum getrennt und auf einen Dritten übertragen werden. Diese dogmatische Konstruktion liegt im Grundsatz sowohl den Grundpfandrechten als auch dem Fahrnispfandrecht zu Grunde. Durch die Einräumung eines (Grund-)Pfandrechts für einen Dritten verliert der Eigentümer nicht sein umfassendes Herrschaftsrecht, sondern überträgt nur einen beschränkten Teil, nämlich das Verwertungsrecht, mit dinglicher 213

Wirkung auf den Sicherungsnehmer. Auch nach der Übertragung des beschränkt dinglichen Rechts kann der Eigentümer beispielsweise sein Eigentum veräußern, wenn auch belastet mit dem Verwertungsrecht des Pfandrechtsinhabers. Der Gläubiger erhält mit dem beschränkt dinglichen Verwertungsrecht also nur das, was er zur Sicherung seiner Forderung auch benötigt. Fällt das Verwertungsrecht zu einem späteren Zeitpunkt an den Eigentümer zurück, etwa weil die gesicherte Forderung getilgt wurde, hat der Eigentümer wieder das uneingeschränkte Herrschaftsrecht.

214 Eine andere rechtliche Konstruktion liegt der Sicherungsübereignung (§§ 929 S. 1, 930 BGB), der Sicherungsabtretung (§ 398 BGB) und dem Eigentumsvorbehalt (§§ 929 S. 1, 158 BGB) zu Grunde (zur Sonderstellung der Grundschuld vgl. SachenR II, Rn. 235 ff.). Bei diesen Sicherungsrechten erhält der Gläubiger der zu sichernden Forderung als Sicherheit das Vollrecht Eigentum übertragen (bzw. behält dieses beim Eigentumsvorbehalt). Er bekommt also rechtlich mehr, als er zur Absicherung seiner Forderung benötigt. Das „Mehr" an Rechtsmacht, das der Gläubiger bei einer Sicherungsübereignung erhält, steht ihm aber nur **treuhänderisch** (= fiduziarisch) zu, deshalb spricht man in diesem Zusammenhang von einer eigennützigen (da im Interesse des Treuhänders bestellten) Sicherungstreuhand. Der Treuhänder darf das Eigentum zwar im Fall der Uneinbringlichkeit der Forderung verwerten, im Übrigen ist er aber regelmäßig durch den sog. **Sicherungsvertrag** verpflichtet, das Eigentum nicht anderweitig zu nutzen und es nach Wegfall des Sicherungszwecks auf den Sicherungsgeber zurück zuübertragen.

Wichtig in diesem Zusammenhang ist vor allem die klare Unterscheidung zwischen rechtlichem **Können** (Frage der dinglichen Berechtigung) und rechtlichem **Dürfen** (Frage der relativ wirkenden schuldrechtlichen Verpflichtung). Der Treuhänder kann als Vollrechtsinhaber in jeglicher Hinsicht wirksam über die Sache verfügen. Somit kann er sachenrechtlich mehr als er schuldrechtlich – angesichts seiner treuhänderischen Bindungen – darf. Eine konzentrierte und gute Darstellung der Gesamtproblematik findet sich bei *Medicus/Petersen*, Bürgerliches Recht, Rn. 488 ff.

3. Akzessorische und nicht akzessorische Sicherungsmittel

215 Die verschiedenen Kreditsicherheiten unterscheiden sich auch hinsichtlich ihrer **Akzessorietät**. Mit diesem Begriff wird die Abhängigkeit bzw. Verknüpfung zwischen Sicherheit und Forderung hinsichtlich Entstehung, Übertragung und Untergang beschrieben. Akzessorische Sicherheiten, zu denen unter anderem das Pfandrecht an beweglichen Sachen, die Hypothek und die Bürgschaft gehören, teilen grundsätzlich das Schicksal der gesicherten Forderung, das heißt, sie **entstehen** nur, wenn auch die zu sichernde Forderung entsteht, sie **erlöschen**, wenn die zu sichernde Forderung erlischt, und sie gehen bei Abtretung der Forderung **kraft Gesetzes auf den neuen Gläubiger mit über** (§ 401 BGB). Die Akzessorietät ist insbesondere ein Schutz für den Sicherungsgeber, da ein Auseinanderfallen von Sicherheit und Forderung und damit eine doppelte Inanspruchnahme durch den Inhaber der Forderung einerseits und den Inhaber der Sicherheit andererseits verhindert wird.

Bei den kraft Gesetzes nicht akzessorisch ausgestalteten Sicherungsmitteln, wie etwa der Grundschuld oder der Sicherungsübereignung, versuchen die Parteien regelmäßig, die insbesondere vom Sicherungsgeber gewünschten Konsequenzen der Akzessorietät durch Abschluss eines Sicherungs- bzw. Treuhandvertrags auf vertraglichem Weg zu erreichen. Im Ergebnis gelangt man daher für akzessorische und nicht akzessorische Sicherungsmittel oftmals zu ähnlichen Lösungen.

B. Fahrnispfandrecht, §§ 1204 ff. BGB

I. Grundlagen und wirtschaftliche Bedeutung

Wurde dem Gläubiger zur Absicherung einer Forderung ein Pfandrecht an einer beweglichen Sache (= Fahrnispfandrecht) bestellt, kann er sich durch Verwertung des Pfandes befriedigen, wenn der Schuldner sich weigert, die Forderung zu tilgen (§ 1204 BGB). Die zwingenden gesetzlichen Regelungen entsprechen allerdings regelmäßig nicht den wirtschaftlichen Interessen der Parteien (vgl. Rn. 210). Das **vertragliche Pfandrecht** ist daher in der Praxis weitgehend durch andere flexiblere Sicherungsrechte, insbesondere durch die Sicherungsübereignung, ersetzt worden. Ganz ausgestorben ist das vertragliche Pfandrecht allerdings nicht. Nach wie vor gibt es Pfandleihhäuser, die gegen Übergabe von Wertsachen, v.a. Schmuck oder Uhren, aber etwa auch Luxushandtaschen usw., (Klein-)Kredite vergeben. Zudem lassen sich Banken zur Sicherung ihrer Forderungen gegen die Kunden regelmäßig durch ihre AGB ein Pfandrecht an den Wertpapieren und allen Sachen einräumen, an denen sie im bankmäßigen Geschäftsverkehr ohnehin Besitz erlangt haben. Pfandrechte entstehen unabhängig vom Willen der Parteien auch **kraft Gesetzes** (z.B. Vermieterpfandrecht gem. § 562 BGB, Werkunternehmerpfandrecht gem. § 647 BGB) oder im Rahmen der Zwangsvollstreckung als **Pfändungspfandrechte** (vgl. §§ 803 ff. ZPO). Diese beiden Formen spielen auch in der Praxis eine größere Rolle. **216**

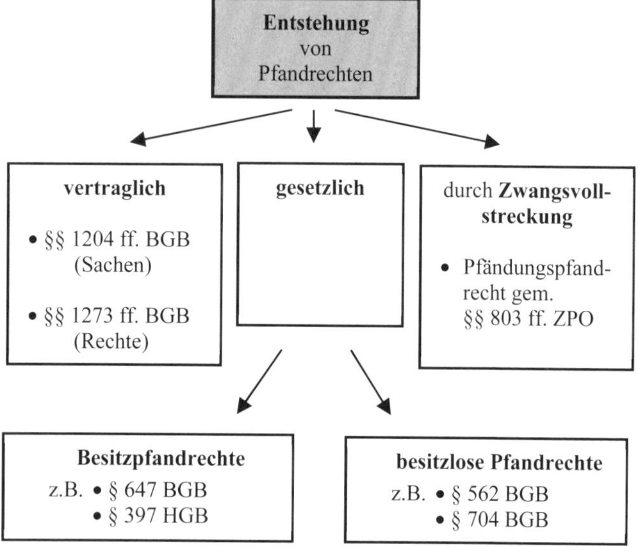

Pfandrechte sind streng akzessorisch. Ihr Bestand ist also mit dem Schicksal der zu sichernden Forderung fest verknüpft (vgl. Rn. 215).

Akzessorietät beim Pfandrecht
• Ohne Forderung entsteht kein Pfandrecht (§ 1204 BGB).
• Erlischt die Forderung, erlischt auch das Pfandrecht (§ 1252 BGB).
• Mit Übertragung der Forderung geht auch das Pfandrecht über (§ 1250 BGB und § 401 BGB).

II. Entstehung des Pfandrechts

1. Vertragliche Pfandrechte

217 Die Voraussetzungen für die Bestellung eines Pfandrechts gem. § 1205 Abs. 1 S. 1 BGB entsprechen weitgehend den Voraussetzungen für die Übertragung von Eigentum gem. § 929 S. 1 BGB: Erforderlich sind eine **dingliche Einigung** zwischen dem Verpfänder und dem Pfand-

gläubiger, die in diesem Fall allerdings nicht auf die Eigentumsübertragung, sondern auf die Einräumung des Pfandrechts gerichtet ist, die **Übergabe** der Pfandsache und die **Berechtigung** des Verpfänders. Aufgrund der Akzessorietät des Pfandrechts ist weitere Entstehungsvoraussetzung der **Bestand der zu sichernden Forderung** (§ 1204 Abs. 1 BGB). Grundsätzlich kann ein Pfandrecht allerdings auch für zukünftige oder bedingte Forderungen bestellt werden (§ 1204 Abs. 2 BGB), es entsteht in diesem Fall nach h.M. bereits mit der Bestellung (vgl. auch § 1209 BGB).

§§ 1204 Abs. 1, 1205 Abs. 1 S. 1 BGB
• Einigung (§ 1205 Abs. 1 S. 1 BGB)
• Übergabe (§ 1205 Abs. 1 S. 1 BGB)
• Berechtigung (§ 1205 Abs. 1 S. 1 BGB)
• Forderung (§ 1204 Abs. 1 BGB)

Wie bei der Übertragung des Eigentums kann auch bei der Bestellung eines Pfandrechts die **Übergabe** durch ein entsprechendes Surrogat **ersetzt** werden.

Beispiel: Befindet sich der Gläubiger bereits im Besitz der Pfandsache, ist für die Bestellung – wie im Fall des § 929 S.2 BGB – die Einigung ausreichend (§ 1205 Abs. 1 S.2 BGB). Ist der Eigentümer nur mittelbarer Besitzer der Sache, genügt – ähnlich wie im Fall des § 931 BGB – die Übertragung des mittelbaren Besitzes auf den Pfandgläubiger durch Abtretung des Herausgabeanspruchs gegen den unmittelbaren Besitzer (vgl. § 870 BGB i.V.m. § 398 BGB). Aus Publizitätsgründen muss in diesem Fall allerdings die Anzeige der Verpfändung durch den Eigentümer an den unmittelbaren Besitzer hinzukommen (§ 1205 Abs. 2 BGB). Schließlich kann die Übergabe – anders als bei der Übereignung nach § 929 BGB – auch durch die Einräumung qualifizierten Mitbesitzes ersetzt werden (§ 1206 BGB).

Nicht möglich ist eine Pfandrechtsbestellung aber mittels eines **Besitzkonstituts** (vergleichbar mit § 930 BGB), da der Gesetzgeber auf den Publizitätsakt der Besitzverschaffung beim Pfandrecht gerade nicht verzichten wollte. Das Gesetz sieht sogar vor, dass bei Rückgabe der Pfandsache an den Verpfänder das Pfandrecht kraft Gesetzes erlischt (§ 1253 BGB).

Ist der Verpfänder zur Einräumung des Pfandrechts etwa mangels Ei- **218**
gentümerstellung nicht berechtigt, ist **gutgläubiger Erwerb** des Pfandrechts möglich. § 1207 BGB verweist auf die Normen des gutgläubigen Eigentumserwerbs gem. §§ 932 ff. BGB, so dass auch insoweit eine Parallele zur Eigentumsübertragung besteht. Nur § 933 BGB ist in § 1207 BGB konsequenterweise nicht erwähnt, da schon die Bestellung durch Vereinbarung eines Besitzkonstituts (vgl. § 930 BGB) nicht möglich ist.

Fall: Der vermögenslose S hat bei G einen Kredit aufgenommen. Vater V übergibt dem G eine goldene Uhr und einigt sich mit ihm über die Bestellung eines Pfandrechts zur Absicherung des Kredits seines Sohnes S.Später stellt sich heraus, dass V die Uhr von seinem Freund F nur geliehen hatte. F verlangt Herausgabe der Uhr von G.

Lösung: F hat keinen Anspruch aus § 985 BGB. Zwar ist er Eigentümer der Uhr und G Besitzer, doch hat G gutgläubig ein Pfandrecht erworben und damit ein Recht zum Besitz gem. § 986 BGB (dass der Inhaber eines Pfands „auf Zeit zum Besitz berechtigt ist", lässt sich aus § 868 BGB ablesen). Verpfänder und Forderungsschuldner müssen nicht identisch sein, ein Dritter (hier V) kann eine bewegliche Sache auch für eine fremde Schuld verpfänden. Einigung und Übergabe zwischen V und G gem. § 1205 Abs. 1 S. 1 BGB lagen vor, ebenso die zu sichernde Forderung des G gegen S aus Darlehen gem. § 488 BGB. Zwar fehlte es an der Berechtigung des V, ein Pfandrecht einzuräumen. Da die Sache dem Berechtigten (hier F) aber nicht gem. § 935 BGB abhandengekommen war, konnte der gutgläubige G das Pfandrecht gem. §§ 1205, 1207, 932 BGB mit Übergabe der Sache erwerben. F bleibt nur ein Ablöserecht gem. § 1249 BGB.

2. Gesetzliche Pfandrechte

219 Das Gesetz schützt gewisse Personengruppen durch Einräumung von Pfandrechten, die unabhängig vom Willen der Beteiligten entstehen. Zwei Arten von gesetzlichen Pfandrechten sind zu unterscheiden: **Besitzpfandrechte** können nur entstehen, wenn der Pfandgläubiger Besitz an der Sache erlangt (z.B. Werkunternehmerpfandrecht gem. § 647 BGB). Daneben gibt es die sog. **besitzlosen Pfandrechte**, die der Gläubiger schon dann erwerben kann, wenn der Schuldner eine ihm gehörige Sache in den durch das jeweilige Schuldverhältnis (z.B. Mietverhältnis gem. § 535 BGB) vermittelten Machtbereich des Pfandgläubigers einbringt (z.B. Vermieterpfandrecht gem. §§ 562 ff. BGB).

220 Ob ein gesetzliches Pfandrecht **gutgläubig erworben** werden kann, ist umstritten.

Fall (nach BGHZ 34, 122 ff.): V verkauft K einen PKW unter Eigentumsvorbehalt. K lässt den Wagen in einer Werkstatt des U reparieren. Nachdem K mit seinen Kaufpreisraten in Verzug geraten ist, tritt V vom Kaufvertrag mit K wirksam zurück und verlangt von U Herausgabe des Fahrzeugs.

Lösung: Der Anspruch des V aus § 985 BGB ist gem. § 986 BGB ausgeschlossen, wenn U Inhaber eines Pfandrechts geworden ist. § 647 BGB gewährt dem Werkunternehmer ein gesetzliches Pfandrecht an den Sachen des Bestellers. Doch gehört im vorliegenden Fall der Wagen nicht dem Besteller K, sondern dem Vorbehaltsverkäufer V. Fraglich ist, ob auch an Gegenständen, die nicht dem Besteller gehören, ein gesetzliches Pfandrecht gem. § 1207 BGB gutgläubig erworben werden kann. Gemäß § 1257 BGB finden die Normen über die vertraglichen Pfandrechte „auf ein kraft Gesetzes entstandenes Pfandrecht" entsprechende Anwendung. Dennoch verneinen Rspr. und h.M. die Anwendung von § 1207 BGB. Dies ergebe sich aus dem insoweit eindeutigen **Wortlaut** des § 1257 BGB, der nur die Normen über ein bereits *entstandenes* Pfandrecht zur Anwendung bringen will, während § 1207 BGB gerade den Entstehungstatbestand als solches betreffe. Dieses Ergebnis ist auch **in der Sache gerechtfertigt:** Ein gutgläubiger Erwerb gesetzlicher Pfandrechte kommt bei den sog. besitzlosen Pfandrechten (z.B. des Vermieters nach §§ 562 ff. BGB) schon deshalb nicht in Frage, weil hier für eine analoge Anwendung der §§ 1207, 932 ff. BGB das Moment der Übergabe fehlt. Aber auch bei den mit Besitz verbundenen Pfandrechten (z.B. des Werkunternehmers) fehlt für den gutgläubigen Erwerb das Willensmoment: Nur im Rahmen von Willensäußerungen gewinnt der Rechtsschein des Besitzes Bedeutung. Wer einen Wagen zur Reparatur bringt, erklärt nur, dass er befugt ist, Reparaturen ausführen zu lassen, nicht aber, dass er Eigentümer ist.

Die Rspr. verneint daher die Möglichkeit des gutgläubigen Erwerbs des Pfandrechts gem. §§ 1257, 1207, 932 BGB. Aber auch sie will den Werkunternehmer schützen und gewährt ihm gegen den Eigentümer einen **Anspruch auf Verwendungsersatz** aus § 994 BGB, den er dem Herausgabeverlangen des V gem. § 1000 BGB entgegenhalten kann. Das ist nicht ganz unproblematisch: Voraussetzung für Ansprüche aus dem EBV ist das Vorliegen einer Vindikationslage (vgl. Rn. 156). Eine solche bestand jedoch nicht, als U die Verwendungen auf das Fahrzeug vornahm. Denn V war zu diesem Zeitpunkt noch nicht vom Vertrag zurückgetreten, so dass U von K ein Recht zum Besitz ableiten konnte (vgl. § 986 Abs. 1 S. 1 Alt. 2. BGB). Die Rspr. lässt es allerdings genügen, wenn der Anspruchsteller im Zeitpunkt des Herausgabeverlangens nicht mehr Berechtigter ist („nicht-mehr-berechtigter-Besitzer", ausführlich vgl. Rn. 185).

In der Praxis lassen sich Werkunternehmer regelmäßig ein **vertragliches Pfandrecht** an der zu reparierenden Sache einräumen. Dies kann 221 grundsätzlich auch durch eine entsprechende AGB-Klausel in dem Reparaturauftrag geschehen. Zwar bietet das vertragliche Pfandrecht keine stärkere Stellung als das gesetzliche Pfandrecht, doch besteht – jedenfalls nach Ansicht der Rspr. – über § 1207 BGB die Möglichkeit eines gutgläubigen Erwerbs (vgl. BGHZ 68, 323 und oben Rn. 185).

222 Eine Sonderregelung enthält § 366 Abs. 3 HGB für die im **Handelsrecht** geregelten gesetzlichen Pfandrechte des Kommissionärs (§ 397 HGB), Frachtführers (§ 440 HGB), Spediteurs (§ 464 HGB) und Lagerhalters (§ 475b HGB), bei denen ein gutgläubiger Erwerb grundsätzlich möglich sein soll. Eine analoge Anwendung dieser Vorschrift auf die im BGB geregelten gesetzlichen Pfandrechte wird von der herrschenden Meinung mangels Regelungslücke allerdings abgelehnt.

Der gutgläubige Erwerb eines Werkunternehmerpfandrechts ist ein klassisches Klausurproblem. Eine gute Übersicht zu den verschiedenen Ansichten auch hinsichtlich der damit einhergehenden Probleme im EBV findet sich bei *Medicus/Petersen*, Rn. 587 ff.

III. Übertragung und Erlöschen des Pfandrechts

223 Übertragung und Erlöschen des Pfandrechts hängen eng mit der strengen Akzessorietät dieses dinglichen Rechts zusammen. Gemäß § 1250 BGB (der der allgemeinen Regelung in § 401 BGB entspricht) **geht das Pfandrecht mit der gesicherten Forderung über**. Streng genommen kann also ein Pfandrecht als solches gar nicht übertragen werden. Möglich ist nur die Übertragung der Forderung (kraft Gesetzes oder durch Abtretung gem. § 398 BGB), die dann auch ohne weitere Vereinbarungen einen gesetzlichen Übergang des Pfandrechts zur Folge hat. Die Abtretung der Forderung ist durch Vereinbarung zwischen Zedent und Zessionar grundsätzlich formlos möglich und wird auch ohne Übergabe des Pfands wirksam. Der Zessionar kann in einem solchen Fall das Pfand gem. §§ 1227, 985 BGB vom bisherigen Pfandgläubiger herausverlangen, was § 1251 Abs. 1 BGB noch einmal ausdrücklich klarstellt.

224 Die Bestellung eines Pfandrechts ist der „**Ersterwerb**“, während die Übertragung eines Pfandrechts auch als „**Zweiterwerb**“ bezeichnet wird. Umstritten ist, ob ein gutgläubiger Zweiterwerb möglich ist. Die ganz h.M. lehnt dies ab.

Beispiel: S bestellt für G ein Pfandrecht an einer Sache zur Sicherung einer Forderung. Die Sache hatte er sich vom Eigentümer E nur geliehen, was G bekannt ist. Anschließend überträgt G die „durch Pfand gesicherte Forderung“ an den gutgläubigen D.

Ein gutgläubiger (Erst-)Erwerb des Pfandrechts durch G wäre gem. §§ 1205, 1207, 932 BGB grundsätzlich möglich, scheitert hier aber am fehlenden guten Glauben. Überträgt G die „durch Pfand gesicherte" Forderung gegen S an den gutgläubigen D, scheitert auch der Zweiterwerb des Pfandrechts. Da G kein Pfandrecht zusteht, kann mit der Übertragung der Forderung auch kein Pfandrecht kraft Gesetzes auf D übergehen. Ein Fall der §§ 1207, 932 ff. BGB liegt nicht vor, da es dort um die rechtsgeschäftliche Bestellung eines Pfandrechts durch einen Nichtberechtigten geht (= Ersterwerb). Für die Übertragung des Pfandrechts (= Zweiterwerb) hat das Gesetz den Weg des gesetzlichen Übergangs (§ 1250) gewählt, ein gutgläubiger Erwerb ist daher nicht vorgesehen.

Der Unterschied zwischen Ersterwerb (= Entstehung eines Rechts) und Zweiterwerb (= Übertragung eines – vermeintlich – schon bestehenden Rechts) ist von grundsätzlicher Bedeutung und spielt beispielsweise auch beim gutgläubigen Erwerb einer Vormerkung eine entscheidende Rolle (vgl. SachenR II, Rn. 136 ff.).

Wegen der strengen Akzessorietät **erlischt das Pfandrecht mit dem Erlöschen der gesicherten Forderung** (§ 1252 BGB). 225

Weitere **Erlöschensgründe** sind die Rückgabe des Pfandes an den Verpfänder oder Eigentümer (§ 1253 BGB), die vertragliche Aufhebung (§ 1255), die Übertragung der gesicherten Forderung bei vereinbartem Ausschluss des Übergangs des Pfandrechts (§ 1250 Abs. 2 BGB) und der Fall der Konsolidation (= Zusammenfall von Pfandrecht und Eigentum an der Pfandsache in einer Person, § 1256 Abs. 1 BGB).

Ein Sonderfall liegt vor, wenn der Schuldner der gesicherten Forderung und der Verpfänder bzw. Eigentümer der Pfandsache nicht dieselbe Person sind. Leistet der Eigentümer auf die Forderung, wozu er gem. § 1249 BGB berechtigt ist, erlischt die Forderung nicht, sondern geht kraft Gesetzes gem. § 1225 BGB auf ihn über. Dies hat zur Folge, dass mit der Forderung auch sonstige Sicherungsrechte, die evtl. existieren (ein Dritter hat sich etwa für die Forderung verbürgt), gem. § 401 BGB auf den Eigentümer übergehen (vgl. aber Rn. 296). Auch das Pfandrecht geht gem. § 1250 BGB grundsätzlich mit über, erlischt aber wegen § 1256 BGB, weil nun das Pfandrecht mit dem Eigentum an dem Pfand in derselben Person zusammentrifft. Außerdem bestehen in aller Regel Regressansprüche des Eigentümers gegen den Schuldner aus dem Innenverhältnis auf Aufwendungsersatz (§ 670 BGB). 226

IV. Rechte und Pflichten des Pfandgläubigers

227 Gemäß § 1227 BGB sind im Fall einer **Beeinträchtigung der Rechte** des Pfandgläubigers die für die Ansprüche aus dem Eigentum geltenden Vorschriften entsprechend anwendbar. So kann der Pfandgläubiger von einem Dritten die Herausgabe des Pfandes gem. §§ 1227, 985 BGB, Schadensersatz gem. §§ 1227, 987 ff. BGB und bei drohender Beeinträchtigung Unterlassung gem. §§ 1227, 1004 BGB verlangen. Bei der Berechnung des Schadensersatzanspruchs ist allerdings zu berücksichtigen, dass der Pfandgläubiger nur in seinem Sicherungsinteresse betroffen sein kann. Die Rechte aus §§ 1227, 985 ff. BGB stehen dem Pfandgläubiger auch gegenüber dem Eigentümer zu, wenn dieser dem Pfandgläubiger das Pfand vorenthält.

228 Zwischen Verpfänder und Pfandgläubiger besteht im Übrigen ein **gesetzliches Schuldverhältnis**, das – einem Verwahrvertrag ähnlich (vgl. § 1215 BGB) – die Rechte und Pflichten beider Parteien bestimmt, siehe insbesondere §§ 1213 ff. BGB. Das gesetzliche Schuldverhältnis begründet ein Besitzmittlungsverhältnis i.S.v. § 868 BGB. Der Pfandgläubiger hat nach § 986 BGB ein **Recht zum Besitz** (vgl. Rn. 152). Das lässt sich ebenfalls aus § 868 BGB ablesen, der den „Pfandgläubiger" ausdrücklich erwähnt und damit zeigt, dass der Inhaber eines Pfandrechts „auf Zeit zum Besitz berechtigt" ist. Da es sich beim Pfandrecht um ein absolutes Recht handelt, fällt es als „**sonstiges Recht**" auch in den Schutzbereich des § 823 Abs. 1 BGB.

V. Verwertung des Pfandes und Verteilung des Erlöses

229 Bei Eintritt der Pfandreife, also regelmäßig bei Fälligkeit der gesicherten Forderung, ist der Pfandgläubiger zur Befriedigung durch Verkauf des Pfandes berechtigt (§ 1228 BGB). Nach § 1235 BGB muss der Verkauf im Wege der „öffentlichen Versteigerung" (§ 383 Abs. 3 BGB; vgl. dazu Rn. 106) erfolgen. Dies ändert nichts daran, dass der Pfandgläubiger der Verkäufer ist. Der Kaufvertrag kommt zwischen Pfandgläubiger und Ersteher gem. § 156 BGB zustande. Der Pfandgläubiger wird vertreten durch den Auktionator. Die Übereignung erfolgt nach § 929 S. 1 BGB (Einigung durch den Auktionator als Vertreter und Übergabe durch den Auktionator als Besitzmittler des Pfandgläubigers). Sachmängelgewährleistung ist weitgehend ausgeschlossen (§ 445 BGB). Der Pfandgläubiger ist gesetzlich zur Verfügung ermächtigt (vgl. §§ 1242, 1228 Abs. 2 BGB), wenn er die in § 1243 Abs. 1 BGB genannten Rechtmäßigkeitsanforderungen einhält. Ist die Veräußerung rechtswidrig, handelt der Pfandgläubiger als Nichtberechtigter, der Erwerber

kann jedoch unter den Voraussetzungen des § 1244 BGB gutgläubig Eigentum erwerben.

Fall: S verpfändet dem G eine wertvolle Uhr, die dieser später im Wege der öffentlichen Pfandversteigerung durch einen Gerichtsvollzieher an den Käufer K veräußert. Konnte K Eigentum erlangen, wenn a) G dem S den Verkauf nicht angedroht hatte, b) die Versteigerung vor Pfandreife erfolgte oder c) sich später herausstellte, dass S die Uhr dem E gestohlen hatte?

Lösung: Im Fall a) konnte K gem. §§ 929, 1242 BGB von G (vertreten durch den Gerichtsvollzieher) Eigentum erwerben. Der Verstoß gegen § 1234 BGB macht die Veräußerung nicht rechtswidrig i.S.v. § 1243 Abs. 1 BGB, sondern führt nur zu einer möglichen Schadensersatzpflicht des G gem. § 1243 Abs. 2 BGB. Der Verstoß gegen § 1228 Abs. 2 BGB in Fall b) hat dagegen die Rechtswidrigkeit der Veräußerung gem. § 1243 Abs. 1 BGB zur Folge, K kann jedoch gem. §§ 1244, 929, 932 BGB das Eigentum gutgläubig erwerben, wenn er hinsichtlich der Rechtmäßigkeit der Versteigerung als Pfand redlich war. Auch in Fall c), in dem G gar kein Pfand zustand (§§ 1207, 935 BGB, s.o.), konnte K gutgläubig gem. §§ 1244, 929, 932 BGB Eigentum erwerben, wenn er hinsichtlich des Pfandrechts zugunsten des G gutgläubig war. Auf § 935 Abs. 2 BGB als Ausnahme von § 935 Abs. 1 BGB kommt es insoweit gar nicht an, da § 1244 BGB den gesamten § 935 BGB in seiner Verweisung ausnimmt.

Soweit sich der durch Pfandverkauf erwirtschaftete Erlös mit der Forderung deckt, „gebührt" dem Pfandgläubiger der Erlös (vgl. § 1247 BGB). Der Pfandgläubiger darf also den Erlös behalten (Eigentumserwerb nach § 929 S. 1 BGB). Nach § 1247 S. 1 BGB gilt die Forderung als „von dem Eigentümer berichtigt". Somit erlischt die Forderung, wenn Eigentümer und Schuldner identisch sind, und geht anderenfalls entsprechend § 1225 BGB (a.A. entsprechend § 1249 BGB) auf den Eigentümer über. Ist der Erlös höher als die Forderung, so erwirbt der Pfandgläubiger Eigentum am Erlös nur in Höhe seiner Forderung gem. § 929 S. 1 BGB. Den überschießenden Betrag erwirbt der ursprüngliche Eigentümer des Pfandes nach § 1247 S. 2 BGB im Wege dinglicher Surrogation. 230

Beispiel: Der berechtigte Pfandgläubiger G veräußert ordnungsgemäß ein Pfand des S für 100 € gem. § 1235 Abs. 1 BGB an K. Die Höhe der gesicherten Forderung gegen S betrug 80 €. Zahlt K die 100 € an G, erwerben G (§ 929 S. 1 BGB) und S (§ 1247 S. 2 BGB) bis zur Teilung Miteigentum gem. § 1008 BGB am Erlös im Verhältnis acht zu zwei. Beide Miteigentümer können Aufhebung der Bruchteilsgemeinschaft gem. § 749 BGB verlangen (im Einzelnen ist vieles strittig, vgl. ausführlich Staudinger/*Heinze*, § 1247 Rn. 2 ff.).

231 Neben dem „Normalfall" der Verwertung durch Pfandverkauf (§ 1233 Abs. 1 BGB) mittels öffentlicher Versteigerung ermöglicht das Gesetz gem. § 1233 Abs. 2 BGB auch die Verwertung nach den Vorschriften des Vollstreckungsrechts (§§ 814 ff. ZPO).

Beide Fälle (§ 1233 Abs. 1 und Abs. 2 BGB) führen zu einem Pfandverkauf, der privatrechtlichen Regeln folgt: Der Gerichtsvollzieher handelt aufgrund Auftrags des Pfandgläubigers, nicht hoheitlich als Vollstreckungsorgan. Die Fälle unterscheiden sich nur insoweit, als der Gerichtsvollzieher bei § 1233 Abs. 2 BGB, der einen Titel auf Duldung der Zwangsvollstreckung voraussetzt, die relativ strengen Regeln der §§ 1234 bis 1240 BGB beim Verkauf nicht beachten muss (MüKo/*Schäfer*, § 1233 Rn. 6). Schließlich kann der Gläubiger alternativ – quasi als dritte Verwertungsmöglichkeit – die gesicherte Forderung auch einklagen und sich aus dem Zahlungstitel durch Pfändung des bei ihm befindlichen Pfandes (vgl. § 809 ZPO) und anschließende – in diesem Fall dann aber hoheitliche – Versteigerung befriedigen (vgl. zu den Details MüKo/*Schäfer*, § 1228 Rn. 2 ff.).

Die Regelungen zur Verwertung des Pfands sind in ihren Ausdifferenzierungen nicht ganz einfach nachzuvollziehen. Klausurrelevant dürfte vor allem die Frage sein, unter welchen Voraussetzungen der Erwerber Eigentümer des verkauften Pfandes werden kann. Die Antwort ergibt sich regelmäßig aus der exakten Lektüre der §§ 1242–1244 BGB.

VI. Pfandrecht an Rechten

232 Gemäß § 1273 Abs. 1 BGB können auch Rechte verpfändet werden. Welche Vorschriften hierauf anwendbar sind, hängt von der Art des Rechts ab. Grundsätzlich erklärt § 1273 Abs. 2 BGB die Vorschriften über das Pfandrecht an beweglichen Sachen für entsprechend anwendbar. Vorrangig gelten allerdings für alle Rechte (beispielsweise auch für Urheber- oder Markenrechte) die §§ 1274 bis 1278 BGB. Darüber hinaus gibt es **Spezialregelungen für die Verpfändung von Forderungen** (§§ 1279 bis 1290 BGB) und von verbrieften Rechten bzw. Wertpapieren (§§ 1291 ff. BGB).

Die **Bestellung** eines Pfandrechts an einem Recht erfolgt gem. § 1274 BGB nach den für die Übertragung des jeweiligen Rechts geltenden Vorschriften. Eine Forderung wird demnach gem. § 398 BGB verpfändet, wobei sich die Parteien allerdings nicht auf die Übertragung des Rechts, sondern die Verpfändung zur Absicherung einer Forderung einigen müssen. Aus Publizitätsgründen ist allerdings zusätzlich eine Verpfändungsanzeige an den Schuldner erforderlich (§ 1280

BGB). Da gerade dies von den Sicherungsgebern oft nicht gewünscht ist, hat in der Praxis die auch verdeckt mögliche Sicherungsabtretung die Verpfändung weitgehend verdrängt.

Auch bei der **Verwertung** des Pfandrechts an Rechten ist nach der Art des verpfändeten Rechts zu differenzieren. Grundsätzlich gestattet § 1277 BGB die Verwertung nur nach Maßgabe der für die Zwangsvollstreckung geltenden Regelungen und nur bei Vorliegen eines Titels gegen den Inhaber des verpfändeten Rechts. Ein freihändiger Verkauf des Rechts ist also nicht möglich. Damit will der Gesetzgeber den Schuldner vor der Verschleuderung seines Vermögens schützen, was deshalb wichtig ist, weil sich der Wert von Rechten (z.B. gewerblichen Schutzrechten) oft nur schwer schätzen lässt. Eine Sonderregelung gibt es aber auch hier für verpfändete Forderungen gem. §§ 1281, 1282 BGB, da die Wertbestimmung insoweit keine Probleme bereitet.

C. Eigentumsvorbehalt

I. Grundlagen und Bedeutung

Oft weichen die Parteien eines Kaufvertrags von dem gesetzlichen **233**
Normalfall der Erfüllung Zug um Zug (vgl. § 320 BGB) ab und vereinbaren, dass der Käufer die Ware zwar sofort erhalten, aber erst später bezahlen soll. Mit einer solchen Absprache gewährt der Verkäufer dem Käufer quasi einen Kredit in Höhe des Kaufpreises. Um sich für den Fall der Nichtzahlung des Kaufpreises abzusichern, wird regelmäßig ein sog. Eigentumsvorbehalt (vgl. § 449 BGB) vereinbart, d.h. der Verkäufer behält das Eigentum bis zur vollständigen Bezahlung des Kaufpreises. Als Eigentümer der Ware ist der Vorbehaltsverkäufer damit nicht nur im Falle der Zwangsvollstreckung durch Gläubiger des Käufers in die Kaufsache und der Insolvenz des Käufers geschützt (vgl. Rn. 249), sondern er kann, wenn der Käufer seinen vertraglichen Zahlungspflichten nicht nachkommt, nach Rücktritt vom Kaufvertrag (§ 323 BGB i.V.m. § 449 Abs. 2 BGB) die Kaufsache gem. § 985 BGB oder § 346 Abs. 1 BGB wieder heraus verlangen (vgl. Rn. 246).

II. Bestellung eines Eigentumsvorbehalts

1. Einfacher Eigentumsvorbehalt

Die rechtliche Konstruktion des Eigentumsvorbehalts betrifft sowohl **234**
das Verpflichtungs- als auch das Verfügungsgeschäft. Beide Geschäfte sind stets auseinander zu halten (Trennungsprinzip!): Will der Verkäufer das Eigentum an der Kaufsache trotz Übergabe zurückbehalten, muss dies im **Kaufvertrag** vereinbart werden, da er anderenfalls zur sofortigen Eigentumsverschaffung verpflichtet wäre (§§ 433 Abs. 1, 271

Abs. 1 BGB). Eine solche Vereinbarung („die Ware bleibt bis zur vollständigen Bezahlung im Eigentum des Verkäufers") ist in der Praxis üblich und, da ein Eigentumsvorbehalt nur in den Fällen relevant wird, in denen der Käufer seinerseits seinen Leistungspflichten aus § 433 Abs. 2 BGB nicht unmittelbar nachkommt, auch nicht unbillig, so dass sie auch in AGB vereinbart werden kann.

Wenn im Kaufvertrag ein Eigentumsvorbehalt zwischen den Parteien vereinbart wurde, erfolgt die **Übereignung** gem. der **gesetzlichen Auslegungsregel des § 449 Abs. 1 BGB** im Zweifel unter der aufschiebenden Bedingung (§ 158 Abs. 1 BGB) der vollständigen Zahlung des Kaufpreises. Aufschiebend bedingt wird bei genauer Betrachtung die dingliche **Einigung** i.S.v. § 929 S.1 BGB, was zur Folge hat, dass trotz vorheriger Übergabe der Kaufsache erst bei Bedingungseintritt (vollständige Zahlung des Kaufpreises) alle Voraussetzungen für die Übereignung nach § 929 S. 1 BGB (Einigung und Übergabe) gegeben sind.

2. Nachträglicher Eigentumsvorbehalt

235 Manchmal entschließt sich der Verkäufer erst nach Abschluss des Kaufvertrags, die Kaufsache nur bedingt zu übereignen, obwohl dies in dem zuvor geschlossenen Kaufvertrag so nicht vereinbart wurde. Sachenrechtlich kann der Eigentumsvorbehalt gleichwohl wirksam sein (**nachträglicher einseitiger oder vertragswidriger Eigentumsvorbehalt**), denn der Käufer kann das bedingte Übereignungsangebot nur annehmen oder ablehnen. Lehnt er es ab, kommt gar keine Übereignung zustande.

Ein nachträglicher Eigentumsvorbehalt ist unproblematisch, wenn keine Vorleistungspflicht des Verkäufers vereinbart war. Denn kommt der Käufer seiner Zahlungspflicht bei Übergabe der Sache nicht nach, kann der Verkäufer die Einrede aus § 320 BGB erheben, was im Fall einer Klage des Käufers gem. § 322 BGB eine Zug-um-Zug-Verurteilung zur Folge hätte. Der Verkäufer stellt also durch den einseitigen Eigentumsvorbehalt nur die **Erfüllung Zug-um-Zug** sicher (Eigentumsübertragung gegen Kaufpreiszahlung). Anders sieht die Situation aber aus, wenn sich der Verkäufer zur Vorleistung verpflichtet hat.

Beispiel: K kauft bei V eine Küche zum Preis von 3.000 €. V verpflichtet sich, die Küche sofort anzuliefern, obwohl K erst in drei Monaten zahlen soll. Als V mit der Küche bei K erscheint, erklärt er diesem, dass er sich das Eigentum bis zur vollständigen Zahlung der 3.000 € vorbehalte. Dies hat sachenrechtlich zur Folge, dass K nur aufschiebend bedingt Eigentum erwerben kann. Er könnte V aber in diesem Fall aus dem Kaufvertrag auf unbedingte Übereignung verklagen und ein solches Urteil auch vollstrecken.

Mit dem nachträglichen Angebot des Verkäufers auf bedingte Übereignung dürfte regelmäßig **konkludent** auch ein **Angebot auf entsprechende Änderung des Kaufvertrags** einhergehen, das der Käufer ggf. annimmt, wenn er das Angebot auf bedingte Übereignung vorbehaltlos akzeptiert. Da allerdings beim einseitigen nachträglichen Eigentumsvorbehalt die Zweifelsregel des § 449 Abs. 1 BGB nicht gelten kann und der Käufer mit einem vertragswidrigen Verhalten des Verkäufers nicht zu rechnen braucht, muss der Verkäufer seinen entsprechenden Willen spätestens zum Zeitpunkt der Übergabe für den Käufer deutlich erkennbar machen. Unterlässt er dies, ist die Übergabe gem. §§ 133, 157 BGB entsprechend der vertraglichen Verpflichtung als Angebot zur unbedingten Übereignung auszulegen. **236**

Beispiel: K kauft bei V ein Fahrrad und ein Auto. Es wird vereinbart, dass K beide Kaufgegenstände erst eine Woche nach Übergabe bezahlen muss. Als V kurze Zeit später dem K Fahrrad und Auto übergibt, erklärt er, die Zulassungsbescheinigung Teil II (= Kfz-Brief) werde er bis zur Zahlung des Kaufpreises für das Auto nicht herausgeben.

Die Rspr. geht davon aus, dass ein **Eigentumsvorbehalt** auch **schlüssig vereinbart** werden kann, allerdings müssten dafür positive Anhaltspunkte sprechen. Dies ist bezüglich des Fahrrads nicht der Fall: Aus der bloßen Tatsache, dass der Verkäufer dem Käufer bei Abschluss des Kaufvertrags die Zahlung stundet, kann nicht auf die stillschweigende Vereinbarung eines Eigentumsvorbehalts geschlossen werden. Daher muss das Verhalten des V so ausgelegt werden, dass er bezüglich des Fahrrads spätestens mit der Übergabe konkludent die unbedingte Einigung zur Eigentumsübertragung erklärt hat. Anders ist es aber beim Auto. Die Übergabe des Kraftfahrzeugs unter gleichzeitiger Einbehaltung des Briefes durch den Verkäufer kann der Käufer nur als Angebot zur bedingten Übereignung verstehen. Demnach ist K also Eigentümer des Fahrrads, noch nicht aber des Autos geworden (vgl. BGH NJW 2006, 3488 und MüKo/*Westermann*, § 449 Rn. 16 m.w.N.).

Wurde im Kaufvertrag keine Vereinbarung über einen Eigentumsvorbehalt i.S.v. § 449 Abs. 1 BGB getroffen, liegt in der vorbehaltlosen Übergabe der Kaufsache auch dann eine unbedingte Übereignung i.S.v. § 929 S. 1 BGB, wenn der Kaufpreis nicht sofort gezahlt wird. Von der **konkludenten Vereinbarung eines (nachträglichen) Eigentumsvorbehalts** ist nach allgemeiner Verkehrsauffassung jedoch dann auszugehen, wenn beim Kauf eines PKW die Zulassungsbescheinigung Teil II zurückbehalten wird, bis der Käufer den Kaufpreis vollständig bezahlt hat.

237 Nicht ausreichend für die Annahme eines bedingten Übereignungsangebots ist es, wenn der Verkäufer auf seiner nach Lieferung der Ware übersandten **Rechnung** den Eigentumsvorbehalt erklärt, da der Käufer zuvor bei Empfangnahme der Ware das damit konkludent erklärte unbedingte Übereignungsangebot des Verkäufers bereits angenommen hat. Erklärt der Verkäufer seinen Eigentumsvorbehalt auf dem der Ware beiliegenden **Lieferschein**, kommt es für die Wirksamkeit der bedingten Erklärung zum einen darauf an, ob der Hinweis besonders hervorgehoben und für den Käufer damit gut erkenntlich ist, zum anderen, ob die Lieferung dem Käufer selbst oder nur einem nicht zur Vertragsgestaltung befugten Mitarbeiter zugegangen ist. Letzteres soll für die Begründung eines vertragswidrigen Eigentumsvorbehalts nicht ausreichen.

Bei der Prüfung der wirksamen Begründung eines Eigentumsvorbehalts ist stets sauber zwischen der schuldrechtlichen und der sachenrechtlichen Ebene zu trennen.

III. Sonderformen des Eigentumsvorbehalts

1. Erweiterter Eigentumsvorbehalt

238 Ein sog. erweiterter Eigentumsvorbehalt liegt vor, wenn der Verkäufer die dingliche Einigung unter die Bedingung der Erfüllung mehrerer Forderungen – also nicht nur der Kaufpreisforderung – stellt. So können die Parteien beispielsweise vereinbaren, dass das Eigentum erst übergehen soll, wenn der Käufer sämtliche noch offenen Forderungen des Gläubigers erfüllt hat. Eine Grenze zieht allerdings § 449 Abs. 3 BGB, wonach insbesondere die Vereinbarung eines sog. **Konzernvorbehalts** (der Käufer muss zunächst sämtliche Forderungen der mit dem Verkäufer verbundenen Unternehmen erfüllen) nichtig ist. Auch aus anderen Gründen kann ein erweiterter Eigentumsvorbehalt unwirksam sein. So kann ein **Kontokorrentvorbehalt**, der die Übereignung an die Bedingung knüpft, dass alle Forderungen aus der laufenden Geschäftsbeziehung zwischen Verkäufer und Käufer getilgt worden sind, wegen Verstoßes gegen § 307 Abs. 2 Nr. 2 BGB gegenüber Privatpersonen nicht in AGB vereinbart werden. Schließlich kann im Einzelfall auch ein Verstoß gegen § 138 BGB wegen Übersicherung in Frage kommen (vgl. insoweit Rn. 243 und 281 ff.).

2. Verlängerter Eigentumsvorbehalt

239 Beim verlängerten Eigentumsvorbehalt versucht der Vorbehaltsverkäufer, durch Vereinbarung mit dem Käufer eine Absicherung seiner

Kaufpreisforderung auch für den Fall zu erhalten, dass er sein Eigentum an der Kaufsache selbst verliert.

a) bei Verarbeitung

Verarbeitet der Käufer den gekauften Stoff zu einer neuen Sache, erwirbt er unter den Voraussetzungen des § 950 BGB Eigentum kraft Gesetzes. Der Verkäufer hätte dann zwar einen Bereicherungsanspruch gem. §§ 951, 812 BGB, dieser würde ihm aber keine dingliche Sicherheit bieten, so dass er im Fall einer Insolvenz des Käufers nur mit der ihm ohnehin zustehenden Kaufpreisforderung als Insolvenzgläubiger am Verfahren teilnehmen könnte. Die Vertragspraxis geht deshalb den Weg über die sog. Hersteller- oder Verarbeitungsklauseln. Die Parteien vereinbaren, dass der Käufer für den Verkäufer herstellt, was nach Ansicht der Rspr. zur Folge hat, dass der Verkäufer gem. § 950 BGB unmittelbar Eigentümer des neu hergestellten Produkts wird, das dann weiter als Sicherheit für die Kaufpreisforderung dient. Nach einer Gegenansicht kommt einer Verarbeitungsklausel wegen der zwingenden Natur des § 950 BGB keine unmittelbare Wirkung zu (vgl. ausführlich Rn. 133 f.). Vielmehr könne sich der Vorbehaltsverkäufer nur absichern, indem er sich das neu entstandene Produkt rückübereignen lasse. Dies kann mittels antizipierter Einigung (§ 929 S. 1 BGB) und antizipiertem Besitzmittlungsverhältnis (§ 930 BGB) geschehen, hindert aber nicht den Durchgangserwerb beim Käufer (vgl. Rn. 61). **240**

b) bei Weiterveräußerung

Will der Vorbehaltskäufer die unter Eigentumsvorbehalt gelieferte Ware vor vollständiger Zahlung des Kaufpreises weiterveräußern, würde der Vorbehaltsverkäufer sein Eigentum und damit seine dingliche Sicherheit verlieren, wenn der neue Erwerber das Eigentum gutgläubig gem. § 932 BGB oder § 366 HGB erwirbt. In der Praxis ist der Vorbehaltskäufer oft sogar faktisch gezwungen, die Ware weiterzuveräußern, um aus seinem Verkaufserlös den Vorbehaltsverkäufer zu befriedigen. Die Weiterveräußerung ist deshalb normalerweise von allen Beteiligten gewünscht. Um dem Vorbehaltskäufer den Weiterverkauf zu ermöglichen, ohne dass der Vorbehaltsverkäufer seine dingliche Sicherheit verliert, vereinbaren beide Parteien einen verlängerten Eigentumsvorbehalt, der sich regelmäßig aus folgenden – in AGB formulierten – Komponenten zusammensetzt: **241**

- Der Verkäufer ermächtigt den Käufer zur Weiterveräußerung im gewöhnlichen Geschäftsverkehr gem. § 185 Abs. 1 BGB (**Verfügungsermächtigung**).

– Im Gegenzug tritt der Vorbehaltskäufer dem Vorbehaltsverkäufer schon im Voraus die aus dem Weiterverkauf resultierende Kaufpreisforderung gegen den Drittkäufer ab (§ 398 BGB), die dem Vorbehaltsverkäufer dann als Ersatz für die dingliche Sicherheit dient (**antizipierte Sicherungszession**). Eine solche Vorausabtretung ist möglich, muss allerdings dem Bestimmtheitsgrundsatz genügen, so dass der Gegenstand der Forderung und der Umfang der Abtretung (z.B. Kaufpreisforderung in voller Höhe inkl. Gewinn des Vorbehaltskäufers oder nur in Höhe der ursprünglichen Kaufpreisforderung) benannt werden müssen.
– In der Regel wird zudem vereinbart, dass der Vorbehaltskäufer die Kaufpreisforderungen gegen die Drittkäufer, die nunmehr dem Vorbehaltsverkäufer zustehen, für den Vorbehaltsverkäufer einziehen darf, §§ 362 Abs. 2, 185 Abs. 1 BGB (**Einziehungsermächtigung**).

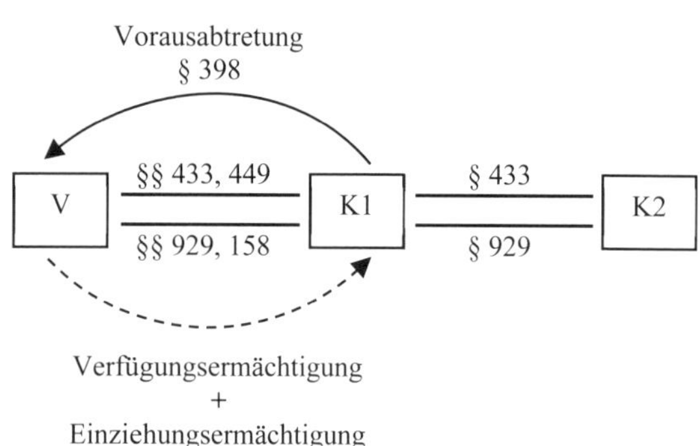

242 Die Einziehungsermächtigung ermöglicht dem Vorbehaltskäufer, die Sicherungsabtretung gegenüber seinen Kunden geheim zu halten, da er selbst wie der Forderungsinhaber auftreten kann. Nur wenn er seinerseits die Forderungen des Vorbehaltsverkäufers nicht mehr ordnungsgemäß bedient, widerruft dieser die Einziehungsermächtigung und legt die Sicherungsabtretung gegenüber dem Drittkäufer offen, so dass der Drittkäufer nicht mehr mit befreiender Wirkung an den Vorbehaltskäufer leisten kann (vgl. § 407 Abs. 1 BGB). Hat der Drittkäufer allerdings vor einem eventuellen Widerruf mit befreiender Wirkung an den Vorbehaltskäufer geleistet, erlischt die abgetretene Forderung, und die Sicherung des Vorbehaltsverkäufers geht verloren.

Fall: Produzent P verkauft an den Händler H hochwertige Telefonanlagen unter verlängertem Eigentumsvorbehalt, wobei seine wirksam Vertragsbestandteil gewordenen AGB den obigen Ausführungen (Rn. 241) entsprechen. H veräußert eine dieser Anlagen weiter an den Kunden K. Bei Abschluss des Kaufvertrags verabreden H und K hinsichtlich der Kaufpreisforderung ein Abtretungsverbot. Welche Rechte hat P gegen K?

Lösung: P hat keinen Anspruch gegen K aus §§ 433 Abs. 2, 398 BGB, da ein Abtretungsverbot gem. § 399 Alt. 2 BGB mit „dinglicher Wirkung" nach ganz h.M. wirksam vereinbart werden kann, so dass die Vorausabtretung ins Leere geht. Ein solches Abtretungsverbot verstößt regelmäßig auch weder gegen § 138 BGB noch gegen § 307 BGB, wenn es in den AGB vereinbart worden ist. (Etwas anderes könnte sich aus § 354a HGB ergeben, wenn beide Parteien Kaufleute sind, wofür der Sachverhalt zumindest hinsichtlich K allerdings keine Hinweise enthält.)

Ob P von K Herausgabe der Telefonanlage gem. § 985 BGB verlangen kann, hängt im Ergebnis davon ab, ob K beim Erwerb der Anlage gutgläubig war, denn H konnte als Vorbehaltskäufer das Eigentum nicht als Berechtigter an K übertragen. Seine Berechtigung könnte sich grundsätzlich zwar aus der im Rahmen des verlängerten Eigentumsvorbehalts vereinbarten Verfügungsermächtigung (§ 185 Abs. 1 BGB) ergeben, diese ist aber an eine Weiterveräußerung im gewöhnlichen Geschäftsverkehr geknüpft, die bei einem Abtretungsverbot gerade nicht vorliegt, so dass K nur gem. §§ 932 ff. BGB, § 366 HGB Eigentum erworben haben könnte. Die Rspr. geht allerdings jedenfalls dann von grober Fahrlässigkeit und damit fehlender Gutgläubigkeit aus, wenn der Käufer nach den Umständen – insbesondere bei Bestehen eines entsprechenden Handelsbrauchs – mit einem verlängerten Eigentumsvorbehalt des Vorlieferanten rechnen muss (vgl. BGH NJW-RR 2004, 555).

Je nach Ausgestaltung des verlängerten Eigentumsvorbehalts könnte eine **243** **Übersicherung** des Vorbehaltsverkäufers eintreten, also eine Situation, in der der Wert der abgetretenen Forderungen den Wert des gesicherten Kaufpreises erheblich übersteigt. Ob eine solche Übersicherung zur Unwirksamkeit der Sicherungsabtretung gem. § 138 BGB führt, wird von der h.M. entsprechend den Grundsätzen zur Sittenwidrigkeit wegen Übersicherung bei einer Sicherungsübereignung entschieden (siehe ausführlich Rn. 281 ff.).

3. Nachgeschalteter und weitergeleiteter Eigentumsvorbehalt

244 Ein **nachgeschalteter Eigentumsvorbehalt** liegt vor, wenn der Vorbehaltskäufer seinerseits einen Eigentumsvorbehalt mit dem Drittkäufer vereinbart, ohne den bereits bestehenden Eigentumsvorbehalt offen zu legen. In diesem Fall bestehen zwei Eigentumsvorbehalte hintereinander. Wird zuerst die Kaufpreisforderung des ursprünglichen Vorbehaltsverkäufers erfüllt, erwirbt der Vorbehaltskäufer bzw. Vorbehaltsweiterverkäufer Eigentum, zahlt der Drittkäufer zuerst an den ursprünglichen Vorbehaltskäufer, kann er das Eigentum direkt erwerben, entweder weil der ursprüngliche Vorbehaltsverkäufer mit der Weiterveräußerung unter nachgeschaltetem Eigentumsvorbehalt einverstanden war (§ 185 BGB) oder weil er gutgläubig vom Nichtberechtigten erworben hat. Vom **weitergeleiteten Eigentumsvorbehalt** spricht man, wenn der Vorbehaltskäufer die Ware unter Offenlegung des bestehenden Eigentumsvorbehalts an einen Zweitkäufer weiterveräußert. Da ein gutgläubiger Erwerb des Zweitkäufers ausgeschlossen ist, kann dieser erst dann Eigentum erwerben, wenn die Kaufpreisforderung des Vorbehaltsverkäufers gegen den Vorbehaltskäufer erfüllt ist. Da diese Konstellation regelmäßig nicht den Interessen der Vertragsparteien entspricht, ist der Fall in der Praxis sehr selten.

IV. Stellung des Vorbehaltsverkäufers

245 Da der **Vorbehaltsverkäufer** bis zur vollständigen Bezahlung des Kaufpreises (= Bedingungseintritt) Eigentümer bleibt, kann er als Berechtigter über den Kaufgegenstand grundsätzlich ein weiteres Mal verfügen (z.B. Übereignung gem. §§ 929, 931 BGB). Doch wird eine solche Verfügung gem. § 161 Abs. 1 S.1 BGB gegenüber dem Vorbehaltskäufer dann unwirksam, wenn die Bedingung eintritt (vgl. Rn. 250).

246 Zahlt der Vorbehaltskäufer den Kaufpreis nicht wie vereinbart, kann der Vorbehaltsverkäufer die Kaufsache gem. § 985 BGB nur herausverlangen, wenn er vom Kaufvertrag zurückgetreten ist (§ 449 Abs. 2 BGB). Mit dieser Regelung soll verhindert werden, dass der Verkäufer gem. § 985 BGB die Kaufsache herausverlangt und gleichzeitig weiterhin auf Zahlung des Kaufpreises besteht. Der **Rücktritt** erfordert gem. § 323 Abs. 1 BGB grundsätzlich eine Fristsetzung; allein die Tatsache, dass sich der Vorbehaltskäufer im Verzug befindet, reicht nicht aus. Im Einzelfall kann die Fristsetzung jedoch gem. § 323 Abs. 2 BGB entbehrlich sein. Der Rücktritt hat zur Folge, dass das Recht des Vorbehaltskäufers zum Besitz (§ 986 BGB) erlischt und die Parteien verpflichtet sind, die empfangenen Leistungen gem. § 985 BGB bzw. § 346 BGB zurück zu gewähren.

Durch die Lieferung einer Sache unter Eigentumsvorbehalt wird der Vorbehaltskäufer unmittelbarer Besitzer (§ 854 BGB), der **Vorbehaltsverkäufer** bleibt jedoch (bis zum Eintritt der Bedingung der vollständigen Kaufpreiszahlung) **mittelbarer Besitzer** (§ 868 BGB). Denn der Käufer ist nur solange zum Besitz berechtigt, wie er die Kaufpreisraten abredegemäß zahlt. Andernfalls hat der Vorbehaltsverkäufer – wie gerade dargestellt – die Möglichkeit, zurückzutreten und gem. § 985 BGB und § 346 BGB Herausgabe der Kaufsache zu verlangen. Die Abrede des Verkaufs unter Eigentumsvorbehalt fungiert insofern als Besitzmittlungsverhältnis i.S.v. § 868 BGB („oder in einem ähnlichen Verhältnis").

Besonderheiten sind zu beachten, wenn der Eigentumsvorbehalt mit einem **Teilzahlungsgeschäft** gem. §§ 506, 507 BGB zusammenfällt (Regelfall!). Diese Voraussetzungen sind gem. § 506 Abs. 3 und 4 i.V.m. § 491 Abs. 2 BGB regelmäßig schon dann gegeben, wenn ein Verbraucher (oder Existenzgründer, vgl. § 513 BGB) eine Ware bei einem Unternehmer unter Eigentumsvorbehalt kauft, deren Barzahlungspreis über 200 € liegt. Wichtigste Rechtsfolgen sind die **Einschränkung des Rücktrittsrechts** des Unternehmers gem. §§ 508 S. 1, 498 Abs. 1 S. 1 BGB (Fristdauer mindestens zwei Wochen, Verzug (!) mit mindestens zwei aufeinander folgenden Raten und mit mindestens zehn bzw. fünf Prozent des Gesamtbetrags) und die **Fiktion der Rücktrittserklärung**, wenn der Unternehmer die unter Eigentumsvorbehalt gelieferte Kaufsache wieder an sich nimmt (§ 508 S. 5 BGB). Anders als die Grundnorm des § 449 Abs. 2 BGB sind die Regelungen zum Schutz des Verbrauchers in § 508 BGB nicht dispositiv (§ 512 BGB). **247**

Die §§ 506 ff. BGB verweisen auf viele Normen des Verbraucherdarlehensrechts (§§ 491 ff. BGB). Merken Sie sich neben den speziellen Vorschriften zum Rücktrittsrecht aus §§ 508 S. 1, 498 Abs. 1 S. 1 BGB insbesondere, dass Teilzahlungsgeschäfte gem. §§ 507 Abs. 2 S. 1, 492 Abs. 1 BGB formbedürftig sind (zur Heilungsmöglichkeit des Formmangels § 507 Abs. 2 S. 2 BGB). Zudem steht dem Verbraucher bei Teilzahlungsgeschäften ein Widerrufsrecht gem. §§ 506 Abs. 1, 495 BGB zu. Auf die in der Praxis beliebten „Null-Prozent-Finanzierungen" sind die speziellen Regeln zum Rücktrittsrecht über §§ 515, 514 Abs. 1, 498 S. 1 BGB anwendbar. Das Widerrufsrecht folgt in diesem Fall aus §§ 515, 514 Abs. 2 BGB.

Grundsätzlich verjährt der Anspruch auf Herausgabe der Sache aus § 985 BGB gem. § 197 Abs. 1 Nr. 1 BGB erst nach 30 Jahren (Rn. 155a). Da dieser Anspruch aber an den Rücktritt vom Kaufvertrag geknüpft ist, kommt es auch darauf an, wie lange der Verkäufer zum Rücktritt berechtigt ist. Als Gestaltungsrecht unterliegt die Ausübung des Rücktrittsrechts zwar keiner **Verjährung**, ihre Geltendmachung ist aber gem. § 218 BGB unwirksam, wenn der Anspruch auf Zahlung des Kaufpreises verjährt ist, was grundsätzlich nach drei Jahren der Fall ist (§§ 195, 199 BGB). § 218 Abs. 1 S. 3 BGB verweist allerdings auf **§ 216 Abs. 2 S. 2 BGB**, **248** der den Rücktritt auch noch nach Verjährung des Kaufpreisanspruchs gestattet, so dass dem Verkäufer im Ergebnis doch 30 Jahre bleiben.

249 Greifen Gläubiger des Vorbehaltskäufers auf das Vorbehaltsgut im Wege der **Zwangsvollstreckung** zu, kann der Vorbehaltsverkäufer als „Nocheigentümer" Drittwiderspruchsklage gem. § 771 ZPO erheben, wenn der Gläubiger nicht gem. § 267 BGB den Restkaufpreis an den Vorbehaltsverkäufer bezahlt und so den Eigentumsübergang auf den Käufer herbeiführt. Wird über das Vermögen des Vorbehaltskäufers ein **Insolvenzverfahren** eröffnet, hat der Insolvenzverwalter ein Wahlrecht gem. §§ 103, 107 Abs. 2 InsO. Entscheidet sich der Verwalter gegen die Erfüllung des Vertrags, steht dem Vorbehaltsverkäufer ein Aussonderungsrecht gem. § 47 InsO zu (zum Schutz des Vorbehaltskäufers bei Vermögensverfall des Verkäufers vgl. Rn. 262).

V. Stellung des Vorbehaltskäufers (insbesondere das Anwartschaftsrecht)

250 Solange der Vorbehaltskäufer seine Kaufpreisraten ordnungsgemäß bezahlt, hat er eine **gesicherte Rechtsposition:** Der Verkäufer ist zwar noch Eigentümer, kann aber die Kaufsache nicht gem. § 985 BGB herausverlangen, da dem Vorbehaltskäufer aus dem Kaufvertrag ein Recht zum Besitz gem. § 986 BGB zusteht. Auch eine Verfügung des Vorbehaltsverkäufers über die Kaufsache, zu der er als Eigentümer grundsätzlich berechtigt ist, wird gem. § 161 Abs. 1 S. 1 BGB unwirksam, wenn der Kaufpreis durch den Vorbehaltskäufer vollständig bezahlt wird und damit die Bedingung für den Eigentumsübergang eintritt. Ein gutgläubiger Erwerb durch einen Dritten wäre zwar auch bei einer vorherigen bedingten Eigentumsübertragung denkbar (vgl. § 161 Abs. 3 BGB), scheitert aber regelmäßig daran, dass der Vorbehaltskäufer die Sache im Besitz hat (vgl. **§ 936 Abs. 3 BGB**).

Fall: V verkauft und übereignet K einen Computer unter Eigentumsvorbehalt. K erhält den Computer und zahlt die vereinbarten Raten. Noch vor vollständiger Zahlung des Kaufpreises verkauft und übereignet V denselben Computer an den gutgläubigen Dritten D unter Abtretung seines Herausgabeanspruchs gegen K. Später zahlt K den Restkaufpreis an V. Wer ist Eigentümer des Computers?

Lösung: Ursprünglich war V Eigentümer. Durch den Verkauf unter Eigentumsvorbehalt (§ 449 Abs. 1 BGB) hat er das Eigentum auf K lediglich unter der aufschiebenden Bedingung vollständiger Kaufpreiszahlung übertragen (§§ 929 S.1, 158 BGB). Noch vor Eintritt der Bedingung hat V sein Eigentum jedoch gem. §§ 929, 931 BGB unter Abtretung eines gegen K bestehenden Herausgabeanspruchs (hier eines zukünftigen Rückabwicklungsanspruchs aus § 346 Abs. 1 BGB) zunächst wirksam auf D übertragen. Diese Verfügung wurde aber gem. § 161 Abs. 1 S. 1 BGB unwirksam, als K die letzte Rate gezahlt hat und damit der Bedingungseintritt herbeigeführt wurde. Etwas anderes ergibt sich auch nicht aus der Gutgläubigkeit des D. Zwar verweist § 161 Abs. 3 BGB auf die §§ 932 ff. BGB, so dass D hier eigentlich gem. § 934 BGB (Alt. 1 – der Vorbehaltsverkäufer ist mittelbarer Besitzer: Rn. 246) die Sperrwirkung des § 161 Abs. 1 S. 1 BGB überwinden könnte. Da K allerdings noch Besitzer war, verhindert § 936 Abs. 3 BGB (vgl. Rn. 113), der auf das Anwartschaftsrecht des Vorbehaltskäufers analog anwendbar ist (*Medicus/Petersen*, Rn. 462), den Eigentumserwerb des D. Danach bleibt „das Recht", hier also das Anwartschaftsrecht, in der Hand des K bestehen und kann mit Bedingungseintritt zum Vollrecht erstarken. (Beachte: Wegen § 986 Abs. 2 BGB konnte D den Computer auch vor Bedingungseintritt nicht herausverlangen.)

Sofern es die Prüfungsordnung zulässt, sollten Sie sich im Gesetzestext neben § 936 Abs. 3 BGB als Merkhilfe „Anwartschaftsrecht" oder „§ 449 BGB" notieren.

1. Grundlagen und Bedeutung des Anwartschaftsrechts

Die soeben beschriebene **gesicherte Rechtsposition** des Vorbehalts- 251 käufers wird als Anwartschaftsrecht bezeichnet. Das Anwartschaftsrecht, das im Gesetz nicht geregelt ist, ist als subjektives dingliches Recht gewohnheitsrechtlich anerkannt. Das Anwartschaftsrecht ist eine Art Vorstufe zum Vollrecht (hier: Eigentum) und wird als „wesensgleiches Minus" zum Eigentum beschrieben, das mit Zahlung der letzten Kaufpreisrate zum Vollrecht Eigentum „erstarkt". Der wirtschaftliche Wert des Anwartschaftsrechts ist umso höher, je mehr Raten des Kaufpreises schon bezahlt sind.

Ein Anwartschaftsrecht nimmt die Rspr. an, **wenn von einem mehr-** 252 **aktigen Entstehungstatbestand eines Rechts schon so viele Erfordernisse erfüllt sind, dass der Veräußerer die Rechtsposition des Erwerbers nicht mehr einseitig zerstören kann** (ständige Rspr., vgl. schon BGH NJW 1955, 544). Dies ist bei einer Übereignung unter einer Bedingung wie beim Eigentumsvorbehalt aus den oben genannten Gründen (Rn. 250) der Fall. Zwar könnte der Vorbehaltsverkäufer vom Kaufvertrag zurücktreten und damit die dingliche Rechtsposition des Vorbehaltskäufers zerstören, dies setzt aber gem. § 323 BGB voraus, dass der

Käufer seine Raten nicht wie vorgesehen bezahlt, so dass dem Verkäufer diese Möglichkeit gerade nicht „einseitig" zur Verfügung steht.

Neben dem Kauf unter Eigentumsvorbehalt ist ein Anwartschaftsrecht des Käufers insbesondere bei dem Erwerb eines Grundstücks gem. §§ 873, 925 BGB anerkannt. Wegen des zeitlichen Auseinanderfallens von Einigung und Eintragung in das Grundbuch liegt auch insoweit ein mehraktiger Erwerbstatbestand vor. In welchen Fällen von einer gesicherten Rechtsposition des Erwerbers ausgegangen werden kann, ist umstritten, jedenfalls aber bei Eintragung einer entsprechenden Vormerkung im Grundbuch (SachenR II, Rn. 50 ff.).

Das Anwartschaftsrecht in seinen verschiedenen Konstellationen ist von größter Klausurrelevanz. Die Definition der Rechtsprechung sollten Sie beherrschen. Achten Sie aber darauf, sauber zu argumentieren: Nicht weil ein Anwartschaftsrecht vorliegt, darf der Veräußerer die Rechtsposition des Anwartschaftsberechtigten nicht mehr einseitig zerstören können, sondern wenn eine Rechtsposition nicht mehr zerstört werden kann, liegt ein Anwartschaftsrecht vor (vgl. *Medicus/Petersen*, Rn. 487).

2. Übertragung, Belastung und Erlöschen des Anwartschaftsrechts

253 Als dingliches Recht ist das Anwartschaftsrecht grundsätzlich übertragbar und belastbar. Als wesensgleiches Minus zum Vollrecht sind insoweit die Vorschriften für das Vollrecht entsprechend anwendbar. Beim Eigentum sind das die §§ 929 ff. BGB. In der Praxis findet eine Übertragung des Anwartschaftsrechts vor allem im Rahmen von Sicherungsübereignungen analog §§ 929, 930 BGB statt. Mit Bedingungseintritt wandelt sich das Anwartschaftsrecht in Sicherungseigentum. Insbesondere bei gemischten Warenlagern können mit der Sicherungsübertragung von Anwartschaftsrechten allerdings rechtliche Probleme verbunden sein (vgl. Rn. 271).

a) Übertragung durch den Berechtigten

254 **Beispiel:** A verkauft eine Maschine zum Preis von 30.000 € unter Eigentumsvorbehalt an B. Nachdem B zwei Drittel des Kaufpreises bezahlt hat, verkauft er aus Geldnot sein Anwartschaftsrecht für 15.000 € an C. B übergibt die Maschine an C, dieser zahlt später vereinbarungsgemäß den noch offenen Restkaufpreis in Höhe von 10.000 € an A. In diesem Fall ist aufgrund der bedingten Übereignung von A an B zunächst ein Anwartschaftsrecht bei B wirksam entstanden. B hat dieses Anwartschaftsrecht dann gem. § 929 S. 1 BGB analog auf C übertragen.

Bei der rechtlichen Konstruktion der Übertragung des Anwartschaftsrechts gem. §§ 929 ff. BGB analog sind vor allem zwei Punkte zu beachten:

- Eine **Zustimmung des Vorbehaltsverkäufers** zur Übertragung des Anwartschaftsrechts vom Vorbehaltskäufer auf einen Dritten ist **nicht erforderlich**. Selbst wenn die Parteien eine Weiterübertragung des Anwartschaftsrechts einvernehmlich ausgeschlossen haben, bleibt der Vorbehaltskäufer verfügungsbefugt (vgl. § 137 S.1 BGB). Allerdings bleibt die Verknüpfung mit dem zu Grunde liegenden Kaufvertrag bestehen. Wird der Rechtsgrund zwischen Vorbehaltsverkäufer und -käufer zerstört (etwa durch Rücktritt des Verkäufers wegen Zahlungsrückständen), geht das Anwartschaftsrecht unter. Denn nach Wegfall des Kaufvertrags kann die Bedingung (= vollständige Zahlung des vertraglich geschuldeten Kaufpreises) nicht mehr eintreten.
- Der zweite Punkt betrifft die Rechtsfolgen bei Eintritt der Bedingung (= vollständige Zahlung des Kaufpreises). Das Anwartschaftsrecht soll in diesem Fall beim aktuellen Inhaber zum Vollrecht erstarken, ein **Durchgangserwerb** beim Vorbehaltskäufer und gleichzeitig ursprünglichen Anwartschaftsberechtigten (= Ersterwerber) **findet nicht statt**.

Ausgangsfall: A verkauft und übereignet B eine exklusive Kaffeemaschine unter Eigentumsvorbehalt. Nachdem B die Hälfte des Kaufpreises bezahlt hat, überträgt er das Anwartschaftsrecht an der Maschine an C, für den er die Kaffeemaschine zunächst absprachegemäß verwahrt. Anschließend wird über das Vermögen des B das Insolvenzverfahren eröffnet. C zahlt die noch offene Kaufpreisforderung an A und verlangt vom Insolvenzverwalter die Kaffeemaschine heraus.

Lösung: C kann die Kaffeemaschine gem. §§ 47 InsO, 985 BGB herausverlangen. Ursprünglich war A Eigentümer der Maschine. Durch die Veräußerung unter Eigentumsvorbehalt an B erlangte dieser ein Anwartschaftsrecht, das er anschließend als Berechtigter gem. §§ 929, 930 BGB analog auf C übertragen hat. Mit Eintritt der Bedingung erstarkt das Anwartschaftsrecht bei C zum Vollrecht Eigentum (gem. § 267 BGB konnte C auch als Dritter den geschuldeten Kaufpreis leisten und damit den Bedingungseintritt herbeiführen). Dem B steht im Zeitpunkt der Insolvenzeröffnung weder das Eigentum noch ein Anwartschaftsrecht an der Kaffeemaschine zu. Das Eigentum ist vielmehr – ohne Durchgangserwerb seitens des B – direkt von A auf C übergegangen. Damit fällt die Kaffeemaschine nicht in die Insolvenzmasse.

Variante: Wie oben, aber B hatte die Maschine unmittelbar nach dem Kauf in seine Wohnung verbracht, wo sie sich auch nach Zahlung des Restkaufpreises durch C noch befindet. Kann der Vermieter die Herausgabe der Sache an C verhindern?

Lösung: Der Vermieter kann die Entfernung der Sache u.a. gem. § 562 b Abs. 1 BGB verhindern, wenn er Inhaber eines Pfandrechts geworden ist. Zwar war die Kaffeemaschine nie (s.o.) „Sache des Mieters" gem. § 562 Abs. 1 BGB. Aber ein Vermieterpfandrecht konnte auch am Anwartschaftsrecht des B entstehen (vgl. Rn. 295). Da C das Anwartschaftsrecht wegen § 936 Abs. 1 S. 3 BGB nicht gutgläubig lastenfrei erwerben konnte, setzt sich das Pfandrecht bei Erstarken zum Vollrecht am Eigentum fort.

Beim Anwartschaftsrecht muss zwischen Erst- und Zweiterwerb unterschieden werden. **Ersterwerb** meint die Entstehung eines Anwartschaftsrechts (beispielsweise bei Erwerb unter Eigentumsvorbehalt – im obigen Beispiel die bedingte Übereignung von A an B), **Zweiterwerb** die Übertragung eines bereits vorhandenen Anwartschaftsrechts (im obigen Beispiel die Übertragung von B an C).

b) Gutgläubiger Ersterwerb des Anwartschaftsrechts

255 **Beispiel:** Eigentümer E verleiht sein Fahrrad an V. Dieser verkauft und übereignet das Fahrrad unter Eigentumsvorbehalt an K.

Der Vorbehaltskäufer kann ein Anwartschaftsrecht von einem Nichtberechtigten gutgläubig gem. §§ 929, 932 BGB analog erwerben, das dann bei Bedingungseintritt zum Vollrecht erstarkt. Hinsichtlich der **Gutgläubigkeit** ist auf den **Zeitpunkt** des Erwerbs des Anwartschaftsrechts abzustellen. Erfährt der Käufer später – aber vor Bedingungseintritt – von der fehlenden Berechtigung seines Verkäufers, kann dies den Eigentumserwerb nicht mehr verhindern (BGHZ 10, 69, 72 ff.). Mit dem Erwerb des durch § 161 Abs. 1 BGB geschützten Anwartschaftsrecht erlangt der Erwerber eine schutzwürdige Rechtsposition (vgl. Rn. 250), die gravierend entwertet würde, wenn eine später eintretende Bösgläubigkeit den Erwerb des Vollrechts noch verhindern würde. Hierbei handelt es sich um eine wichtige Ausnahme von der allgemeinen Regel (vgl. Rn. 82), dass der gute Glaube grundsätzlich in dem Zeitpunkt vorliegen muss, in dem sich der Erwerbstatbestand vollendet (Wortlaut § 932 Abs. 1 S. 1 BGB: „zu der Zeit …").

c) Gutgläubiger Zweiterwerb des Anwartschaftsrechts

Ob ein gutgläubiger Zweiterwerb eines Anwartschaftsrechts möglich ist, hängt maßgeblich davon ab, ob das vom Veräußerer behauptete Anwartschaftsrecht tatsächlich existiert. Nur wenn dies der Fall ist, soll ein gutgläubiger Erwerb möglich sein. **256**

Ausgangsfall: Eigentümer E hat V sein Fahrrad geliehen. V behauptet gegenüber dem gutgläubigen K, das Fahrrad unter Eigentumsvorbehalt von E erworben und den Kaufpreis bereits zur Hälfte bezahlt zu haben. V will K sein angebliches Anwartschaftsrecht verkaufen und übertragen. Kann K gutgläubig erwerben?

Lösung: Ein gutgläubiger Erwerb des Anwartschaftsrechts gem. §§ 929, 932 BGB analog ist nach ganz herrschender Meinung nicht möglich. Zwar hätte V sich durchaus als Eigentümer gerieren und dem gutgläubigen K durch Veräußerung Eigentum am Fahrrad verschaffen können. Mit einem Erst-recht-Schluss kann hier allerdings nicht argumentiert werden. Denn indem V dem K von seiner Stellung als Vorbehaltskäufer berichtet, zerstört er sogleich den guten Glauben an seine Eigentümerstellung, die K nach der Intention des Gesetzgebers grundsätzlich aus dem Besitz hätte herleiten können (vgl. Rn. 67). K müsste hier also den bloßen Worten des V vertrauen, was der Gesetzgeber gerade nicht schützen wollte. Auch könnte ein solches Anwartschaftsrecht nicht zum Vollrecht erstarken, da nie eine Bedingung vereinbart wurde, die erfüllt werden könnte.

Variante: E selbst hat ein Fahrrad unter Eigentumsvorbehalt bei einem Dritten D gekauft und den Kaufpreis zur Hälfte abbezahlt. V leiht sich das Fahrrad bei E und will anschließend ein ihm selbst angeblich zustehendes Anwartschaftsrecht in Höhe von zwei Drittel des Kaufpreises an K übertragen.

Lösung: Im Unterschied zum Ausgangsfall besteht hier das Anwartschaftsrecht tatsächlich. Ob dies ausreicht, um einen gutgläubigen Erwerb zu ermöglichen, ist sehr umstritten. Während nach der wohl h.M. in diesem Fall der gutgläubige Erwerb gem. §§ 929, 932 BGB analog möglich ist (vgl. Grüneberg/*Herrler,* § 929 Rn. 46 auch mit Nachweisen zur a.A.), will eine Gegenansicht auch hier den Schutz des guten Glaubens versagen. Dafür spricht in der Tat, dass der Erwerber K auch in diesem Fall weiß, dass der Veräußerer nicht Eigentümer ist, so dass er sich letztlich wiederum nur auf seine Worte verlassen kann. Auch wenn man der h.M. folgt, kann K das Anwartschaftsrecht jedoch nur mit dem Inhalt erwerben, der tatsächlich besteht (*Medicus/Petersen*, Rn. 475). Um den Bedingungseintritt herbeizuführen, müsste K demnach noch die offene Hälfte – und nicht nur ein Drittel – des ursprünglichen Kaufpreises an den Eigentümer D bezahlen.

257 Ein **Sonderfall** liegt vor, wenn der Verkäufer sich bei der Eigentumsübertragung als Eigentümer geriert, tatsächlich aber nur Inhaber eines Anwartschaftsrechts ist. In diesem Fall kann der Käufer das Eigentum grundsätzlich gutgläubig erwerben. Fehlen aber die Voraussetzungen für einen gutgläubigen Erwerb des Vollrechts, kann die von den Parteien eigentlich beabsichtigte aber erfolglose Übertragung des Vollrechts in die mögliche **Übertragung des Anwartschaftsrechts umgedeutet** werden (§ 140 BGB) bzw. ist diese nach Auffassung der Rspr. in der Eigentumsübertragung als Minus bereits enthalten (vgl. BGHZ 50, 45 ff.).

Beispiel: K kauft bei V einen exklusiven Flachbildschirm unter Eigentumsvorbehalt. Als die B-Bank für die Absicherung bereits bestehender Kredite eine dingliche Sicherheit verlangt, behauptet K, Eigentümer des Gerätes zu sein, und überträgt dieses unter Vereinbarung eines Verwahrvertrags an die gutgläubige B-Bank. Da K hinsichtlich der Übereignung nicht berechtigt war und die Voraussetzungen des gutgläubigen Erwerbs gem. § 933 BGB mangels vollständiger Besitzübergabe nicht vorliegen, konnte die B-Bank kein Eigentum erwerben. Sie wurde aber Inhaberin des Anwartschaftsrechts, das K ihr als Berechtigter gem. §§ 929, 930 BGB analog übertragen konnte.

d) Erlöschen des Anwartschaftsrechts

258 Auch wenn anerkannt ist, dass das Anwartschaftsrecht ein selbständiges dingliches Recht ist, bleibt es doch stets **vom Bestand der Kaufpreisforderung abhängig**. Fällt der Kaufvertrag weg – etwa wegen Rücktritts (vgl. Rn. 246) oder Anfechtung – erlischt auch das Anwartschaftsrecht, weil der Bedingungseintritt nun nicht mehr möglich ist.

Beispiel: V verkauft K eine mobile Klimaanlage unter Eigentumsvorbehalt. K überträgt das Anwartschaftsrecht zur Sicherheit gem. §§ 929, 930 BGB analog auf die Bank B. Später heben V und K den Kaufvertrag einvernehmlich auf. Grundsätzlich ist anerkannt, dass mit dem Wegfall der Kaufpreisforderung auch das Anwartschaftsrecht (hier der B) erlischt. Denn nach Wegfall des Kaufvertrags kann die Bedingung (= vollständige Zahlung des vertraglich geschuldeten Kaufpreises) nicht mehr eintreten. Während dieses Ergebnis für die Fälle etwa des Rücktritts oder der Anfechtung unstreitig ist, wird in der Literatur für den Spezialfall der einverständlichen Vertragsaufhebung teilweise die Zustimmung des Dritten (hier B) gefordert (vgl. Staudinger/*Beckmann*, § 449 Rn. 85).

e) Pfändung des Anwartschaftsrechts

Der Inhaber des Anwartschaftsrechts kann dieses verpfänden (§§ 1204, 1205 BGB analog). Auch gesetzliche Pfandrechte (z.B. Werkunternehmer- oder Vermieterpfandrecht) können an Anwartschaftsrechten begründet werden. Bei Bedingungseintritt setzt sich das Pfandrecht an der Sache fort (§ 1287 BGB analog). Will ein Gläubiger des Anwartschaftsberechtigten im Wege der Zwangsvollstreckung auf das Anwartschaftsrecht zugreifen, kann durch Hoheitsakt ein **Pfändungspfandrecht** begründet werden. Wie dieses technisch zu bewerkstelligen ist, ist umstritten. Rspr. und h.M. vertreten die **Theorie der Doppelpfändung**, wonach sowohl eine Sach- (§§ 808 ff. ZPO) als auch eine Rechtspfändung (§§ 857, 829 ZPO) erforderlich sind (ausführlich, wenn auch im Ergebnis a.A. *Baur/Stürner*, § 59 Rn. 41). **259**

3. Schutz des Anwartschaftsberechtigten

Als Besitzer kann der Anwartschaftsberechtigte die possessorischen **Besitzschutzansprüche** gem. §§ 858 ff. und 1007 BGB geltend machen (vgl. Rn. 194 ff.). Als Vorbehaltskäufer hat der Anwartschaftsberechtigte gem. § 986 Abs. 1 BGB gegenüber dem Vorbehaltsverkäufer auch ein **obligatorisches Recht zum Besitz** (vgl. im Fall der Übereignung der Sache auf einen Dritten auch § 986 Abs. 2 BGB). Umstritten ist die Frage, ob sich aus dem Anwartschaftsrecht auch ein **dingliches Besitzrecht** ergibt. Die wohl h.M. bejaht dies und verschafft dem Anwartschaftsberechtigten damit eine weitere Einwendung aus § 986 Abs. 1 BGB (vgl. Staudinger/*Beckmann*, § 449 BGB Rn. 79). Der BGH hat diese Frage, die insbesondere für den gutgläubigen Erwerber eines Anwartschaftsrechts relevant ist, bisher nicht entschieden, hilft dem Anwartschaftsberechtigten aber gegen den Vindikationsanspruch des Eigentümers mit der Einrede aus § 242 BGB („dolo agit …“), wenn die Erstarkung zum Vollrecht kurz bevorsteht (BGHZ 10, 69). **260**

Nach h.M. kann der Anwartschaftsberechtigte gegen Störungen auch Ansprüche gem. §§ 985, 987 ff., 1004 BGB analog geltend machen. Zudem ist das Anwartschaftsrecht **als sonstiges absolutes Recht anerkannt** und genießt deshalb deliktischen Schutz gem. § 823 Abs. 1 BGB. **261**

Da somit bei einer Beschädigung der Sache grundsätzlich sowohl der Vorbehaltsverkäufer als Eigentümer als auch der Vorbehaltskäufer als Anwartschaftsberechtigter anspruchsberechtigt gem. § 823 Abs. 1 BGB sind, stellt sich die Frage, wer den Schadensersatzanspruch geltend machen kann und wie die Schadensersatzleistung zwischen den Parteien aufzuteilen ist. Nach h.M. kann die Leistung nur an beide gemeinsam erbracht werden (analog §§ 432, 1281 BGB, vgl. *Baur/Stürner*, § 59 Rn. 45 mit entsprechendem Beispiel). Im Innenverhältnis soll dem Anwartschaftsberechtigten der Wert der Sache abzüglich des noch offenen Kaufpreises zustehen.

262 Das Anwartschaftsrecht bietet dem Berechtigten auch Schutz bei Zwangsvollstreckungsmaßnahmen durch Gläubiger des Vorbehaltsverkäufers oder bei dessen Insolvenz: Will ein **Gläubiger des Vorbehaltsverkäufers** im Wege der Zwangsvollstreckung auf die Sache zugreifen, wird auch dem Anwartschaftsberechtigten grundsätzlich die **Drittwiderspruchsklage** zugestanden. In den meisten Fällen scheitert eine durch die Gläubiger des Vorbehaltsverkäufers betriebene Pfändung allerdings schon an den Gewahrsamsverhältnissen (vgl. §§ 808, 809 ZPO), wenn der Anwartschaftsberechtigte nicht zur Herausgabe bereit ist. Fällt der **Vorbehaltsverkäufer in die Insolvenz**, greift § 107 Abs. 1 InsO, der kein Wahlrecht des Insolvenzverwalters vorsieht und die Interessen des Vorbehaltskäufers sichert (zu den Interessen des Vorbehaltsverkäufers bei Vermögensverfall des Anwartschaftsberechtigten vgl. Rn. 249).

D. Sicherungsübereignung

I. Grundlagen und Terminologie

263 Bei einer Sicherungsübereignung übereignet der Sicherungsgeber das Sicherungsgut nach §§ 929, 930 BGB durch Vereinbarung eines Besitzmittlungsverhältnisses an den Sicherungsnehmer. Es handelt sich um ein treuhänderisch ausgestaltetes, nicht akzessorisches Sicherungsmittel zur Absicherung einer Forderung. Die Sicherungsübereignung hat gegenüber dem gesetzlich geregelten Fahrnispfandrecht den Vorzug, dass der Sicherungsgeber unmittelbarer Besitzer der als Sicherheit eingesetzten Sache bleiben und diese daher weiterhin nutzen kann (vgl. Rn. 210). Durch die Sicherungsübereignung werden im Grunde die Voraussetzungen für die Bestellung eines Pfandrechts (das nach § 1205 BGB stets eine Übergabe voraussetzt) umgangen. Daher wurde die Zulässigkeit der Sicherungsübereignung früher in Frage gestellt. Inzwischen ist die Sicherungsübereignung allerdings nicht nur gewohnheitsrechtlich anerkannt, sondern auch vom Gesetzgeber ausdrücklich akzeptiert (vgl. § 51 Nr. 1 InsO).

264 Bei der Sicherungsübereignung müssen mehrere Rechtsbeziehungen unterschieden werden: Anlass für die Sicherungsübereignung ist eine Forderung zwischen einem Schuldner (z.B. Darlehensnehmer) und einem Gläubiger (z.B. Darlehensgeber). Der Sicherungsgeber, der regelmäßig personenidentisch mit dem Schuldner ist, aber auch ein außenstehender Dritter sein kann, übereignet dem Gläubiger nach §§ 929, 930 BGB bewegliche Sachen treuhänderisch als Sicherheit für den Fall, dass

die Forderung nicht rechtzeitig beglichen wird. Derjenige, der das Sicherungsgut übereignet, wird als **Sicherungsgeber**, der Gläubiger als **Sicherungsnehmer** bezeichnet.

Achten Sie darauf, die Begriffe Sicherungsnehmer und Sicherungsgeber nicht zu verwechseln. Der Darlehensnehmer (= Schuldner) kann gleichzeitig auch der Sicherungsgeber sein (soweit er eine ihm gehörige Sache als Sicherheit übereignet), der Darlehensgeber (= Gläubiger) ist stets der Sicherungsnehmer.

Die schuldrechtliche Verknüpfung zwischen der zu sichernden Forde- **265**
rung und der zu übereignenden Sache(n) erfolgt durch den **Sicherungsvertrag**, in dem die Parteien ihre Rechte und Pflichten im Rahmen des Sicherungsverhältnisses regeln, insbesondere welche Sachen als Sicherheit für welche Forderungen übereignet werden sollen (sog. **Zweckbestimmung**). Es bestehen also mit der zu sichernden Forderung, der Sicherungsübereignung und dem Sicherungsvertrag drei verschiedene Rechtsverhältnisse. Der schuldrechtliche Sicherungsvertrag (und nicht die zu sichernde Forderung!) ist der Rechtsgrund für die Sicherungsübereignung.

Beispiel: Stellt sich später heraus, dass der Sicherungsvertrag unwirksam ist, hat dies grds. keine Auswirkungen auf die Wirksamkeit der Sicherungsübereignung (Abstraktionsprinzip). Zwar stellt der Sicherungsvertrag gleichzeitig das Besitzmittlungsverhältnis i.S.v. § 868 BGB dar, das nach §§ 929, 930 BGB zur Übereignung des Sicherungsgutes führt, doch ist für den Erwerb des mittelbaren Besitzes ausreichend, dass das (vermeintliche) Rechtsverhältnis vom unmittelbaren Besitzer tatsächlich geachtet wird (Rn. 18). Allerdings kann der Schuldner die Rückübereignung des Sicherungsgutes gem. § 812 Abs. 1 S. 1 Alt. 1 BGB verlangen.

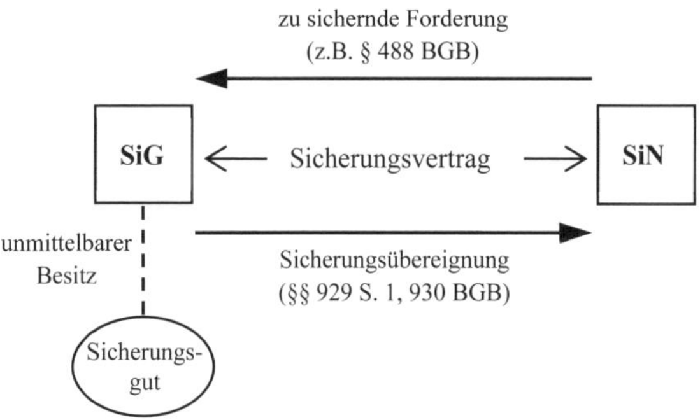

266 Ein Sonderfall liegt vor, wenn Sicherungsvertrag und Übereignung wirksam sind, aber das Darlehen nicht ausgezahlt wurde.

Fall: Die G-Bank hat dem S einen Kredit gewährt. In einem Sicherungsvertrag verpflichtet sich S gegenüber der G-Bank, ein wertvolles Gemälde als Sicherheit für die Forderung gem. §§ 929, 930 BGB zu übereignen, was ordnungsgemäß erfolgt. Später stellt sich heraus, dass das konkrete Darlehen, für das die Sicherheit vereinbart wurde, nie zur Auszahlung gelangt ist.

Lösung: Da die Übereignung wirksam ist, hat S keinen Anspruch auf Herausgabe aus § 985 BGB. Auch ein Anspruch aus Leistungskondiktion besteht in diesem Fall wegen der Wirksamkeit der Sicherungsabrede (Rechtsgrund) nicht. Die h.M. kommt aber – auch wenn eine entsprechende ausdrückliche Vereinbarung im Sicherungsvertrag fehlt – im Wege der ergänzenden Vertragsauslegung zu einem Rückübereignungsanspruch, da der Sicherungsnehmer angesichts des Wegfalls des Sicherungszwecks kein schützenswertes Interesse mehr an einer Eigentümerstellung habe (vgl. *Vieweg/Lorz*, § 12 Rn. 20 m.w.N. auch zur Gegenansicht).

II. Übereignungstatbestand

267 In der Praxis erfolgt die Sicherungsübereignung regelmäßig gem. §§ 929, 930 BGB. Zwingend ist eine Übereignung mittels Besitzkonstituts allerdings nicht, auch eine Übereignung nach §§ 929, 931 BGB käme in Frage, wenn der Sicherungsgeber das Sicherungsgut etwa gerade einem Dritten geliehen oder vermietet hätte. Die Voraussetzungen für die Übereignung nach §§ 929, 930 BGB wurden bereits an anderer Stelle erörtert (vgl. Rn. 57 ff.). Hier sollen sie im Hinblick auf Fragestellungen, die sich typischerweise im Zusammenhang mit der Sicherungsübereignung stellen, nochmals aufgegriffen werden.

1. Einigung

Im Zusammenhang mit der Einigung werden bei der Sicherungsübereignung vorrangig zwei Fragen diskutiert:

a) Bestimmtheitsgrundsatz

268 Da Eigentum als dingliches Recht absolut wirkt und deshalb für jedermann ersichtlich sein muss, wem es zusteht, muss bei einer Übereignung eindeutig bestimmt sein, worauf sich diese bezieht (sog. Bestimmtheitsgrundsatz, vgl. Rn. 11). Schwierigkeiten können auftreten, wenn nicht eine einzelne Sache, sondern eine Sachgesamtheit übertragen

wird. Nach der **sog. Beobachter-Formel** der Rspr. muss es aufgrund einfacher äußerer Abgrenzungskriterien für jeden, der die Parteiabreden kennt, ohne Weiteres ersichtlich sein, welche individuell bestimmten Sachen übereignet worden sind (so schon BGH NJW 1979, 976; NJW 2023, 1053 Rn. 10).

Eine Sachgesamtheit (z.B. ein Unternehmen, ein Warenlager) wie auch das Vermögen einer Person können wegen des Spezialitätsgrundsatzes (vgl. Rn. 11) nicht als solche übereignet werden. Möglich ist aber grundsätzlich die Übereignung mehrerer einzelner Gegenstände unter einer Sammelbezeichnung, wenn die oben genannten Anforderungen an den Bestimmtheitsgrundsatz erfüllt sind.

Ausreichend bestimmt ist die Übereignung grundsätzlich dann, wenn **269** eine eindeutig zu kennzeichnende Sachgesamtheit (z.B. „alle vom Gläubiger produzierten Container") vollständig oder eine qualitativ beschreibbare Teilmenge hiervon (z.B. „alle vom Schuldner produzierten Container mit einem Fassungsvermögen von mehr als 5.000 l") vollständig übertragen wird (sog. „All-Formel", vgl. BGH NJW 1994, 133, 134). Für eine eindeutige Bezeichnung der zu übereignenden Gegenstände ist auch eine räumliche Abgrenzung (z.B. „alle in Halle 7 gelagerten Waren", sog. **Raumsicherungsvertrag**) ausreichend. Die Sicherungsübereignung einer nur dem Umfang nach bestimmten Teilmenge einer Sachgesamtheit (z.B. „30% des in Halle 7 lagernden Weizens") würde demgegenüber gegen den Bestimmtheitsgrundsatz verstoßen.

Der Bestimmtheitsgrundsatz ist auch dann gewahrt, wenn **künftig** **270** noch zu produzierende oder zu erwerbende Sachen mit übereignet werden (z.B. „alle in Halle 7 befindlichen oder in Zukunft dorthin verbrachten Sachen"). Eine solche Vereinbarung wird regelmäßig dann getroffen, wenn der Sicherungsgeber ermächtigt ist, die sicherungshalber übereigneten Waren im Rahmen des ordentlichen Geschäftsverkehrs zu veräußern (siehe Rn. 278). Die neu hereinkommenden Waren dienen dann wirtschaftlich als Ersatz für die ursprünglich sicherungsübereigneten Gegenstände. Wegen der umfassenden Sicherungsübereignung und des wechselnden Bestandes spricht man von **revolvierenden Globalsicherungen**. Die Übereignung der zukünftigen Waren erfolgt durch eine antizipierte dingliche Einigung und ein antizipiertes Besitzkonstitut, wobei der Sicherungsgeber im Normalfall für eine logische Sekunde Durchgangseigentum erwirbt (siehe Rn. 61, vgl. aber auch Rn. 295).

Eine besondere Differenzierung macht die Rspr., wenn der Sicherungsgeber **271** ein sog. **gemischtes Warenlager** übereignen will, in dem sich sowohl Waren befinden, die in seinem Eigentum stehen, als auch Waren, die er unter Eigentumsvorbehalt erworben hat und an denen ihm deshalb bisher nur ein Anwartschaftsrecht (vgl. Rn. 251 f.) zusteht. Als zulässig erachtet wird eine Vereinbarung, nach der vorzugsweise das Eigentum und subsidiär das Anwartschaftsrecht an den im Warenlager befindlichen Sachen übertragen werden soll. Dafür soll es nicht erforderlich sein, die Sachen, die bereits im Eigentum des Sicherungsgebers stehen, und die Vorbehaltsware äußerlich erkennbar zu trennen. Der Sicherungsnehmer erhält bei einer solchen Vereinbarung vielmehr „automatisch" die jeweilige Rechtsposition des Sicherungsgebers übertragen. Dagegen soll unter gleichen Voraussetzungen eine Vereinbarung, nach der nur die Gegenstände im Eigentum des Sicherungsgebers übertragen werden, während Ware unter Eigentumsvorbehalt bei der Sicherungsübertragung ausgeschlossen sein soll, gegen das Bestimmtheitsgebot verstoßen, so dass jegliche Übereignung scheitert. Denn in einem solchen Fall könne nicht ohne Weiteres (sondern erst nach Lektüre der einzelnen Verträge und Buchungsunterlagen) festgestellt werden, welche Gegenstände der Sicherungsübereignung unterfallen (vgl. BGH NJW 1986, 1985, 1986, kritisch u.a. MüKo/*Oechsler*, Anhang nach §§ 929–936 Rn. 5).

Ausgangsfall: Baumaschinengroßhändler S möchte bei der G-Bank einen größeren Kredit aufnehmen. Da die G-Bank eine Sicherheit verlangt, übereignet S ihr zur Sicherung ihrer Forderung alle jetzt oder in Zukunft in seiner Lagerhalle aufbewahrten Schlagbohrmaschinen des Typs Pro 2000. S verpflichtet sich im Sicherungsvertrag zudem, alle aktuellen und zukünftig in die Lagerhalle verbrachten Schlagbohrmaschinen dieses Typs für die G-Bank unentgeltlich zu verwahren. Nach Abschluss der Vereinbarung und Auszahlung des Kredites befinden sich neben Bohrmaschinen anderer Marken und weiterer Baugeräte 50 der im Sicherungsvertrag bezeichneten Maschinen im genannten Raum. S räumt zehn der Maschinen von seiner Lagerhalle in seinen Ausstellungsraum. Dafür werden zehn zwischenzeitlich neu erworbene Pro-2000-Maschinen in das Lager verbracht. Wer ist Eigentümer der 60 Schlagbohrmaschinen Pro 2000?

Lösung: Ursprünglich war S Eigentümer von 50 Schlagbohrmaschinen des Typs Pro 2000. Diese hat er gem. §§ 929, 930 BGB durch Vereinbarung eines Besitzkonstituts (Verwahrvertrag) an die G-Bank übereignet. Es bestehen keine Bedenken gegen die Wirksamkeit der dinglichen Einigung. Insbesondere wurde der Bestimmtheitsgrundsatz beachtet, da alle Schlagbohrmaschinen eines bestimmten Typs übereignet wurden und sich aus der Bezeichnung ohne Weiteres ergab, welche der in der Lagerhalle des S gelagerten Maschinen an die G-Bank übereignet wurden. Die G-Bank hat ihr Eigentum an zehn der Maschinen nicht etwa dadurch verloren, dass S die Waren in einen anderen Raum verbracht hat. Unabhängig von der Frage, ob der Sicherungsvertrag eine Entfernung verbietet, ist mit dem bloßen Umräumen der Maschinen keine rechtsgeschäftliche Handlung verbunden, die zu einem

Wegfall des Eigentums der G-Bank führen könnte. Was die später erworbenen Schlagbohrmaschinen betrifft, hat an diesen laut Sachverhalt zunächst S Eigentum erworben. Aufgrund der antizipierten Einigung und des antizipierten Besitzmittlungsverhältnisses erwirbt die G-Bank gem. §§ 929, 930 BGB auch an diesen Maschinen Eigentum, sobald S diese in die Lagerhalle verbringt.

Variante: S übereignet der G-Bank nur die derzeit in seiner Lagerhalle liegenden 50 Schlagbohrmaschinen Pro 2000. Auf eine Übereignung zukünftig eingehender Ware wird verzichtet. Nachdem S zehn weitere identische Schlagbohrmaschinen erworben hat und diese zu den sicherungsübereigneten Geräten ungeordnet dazu gestellt hat, verlangt die G-Bank Herausgabe „ihrer" 50 Maschinen gem. § 985 BGB, da S mit der Rückzahlung des Kredits in Verzug geraten ist.

Lösung: Voraussetzung für einen Anspruch aus § 985 BGB wäre zunächst, dass die G-Bank Eigentümer der herausverlangten Maschinen ist. Ursprünglich war S Eigentümer der Geräte. Er hat sein Eigentum aber gem. §§ 929, 930 BGB an die G-Bank verloren (siehe Ausgangsfall). Zwar könnte man hinsichtlich der Bestimmtheit Bedenken haben, da sich zum Schluss 60 Pro-2000-Bohrmaschinen in dem Lagerraum befanden, von denen nur 50 übereignet werden sollten, was eine unzulässige Abgrenzung durch bloße Mengenangabe darstellen könnte. Abzustellen ist aber auf den Zeitpunkt der dinglichen Einigung. Zu diesem wurden alle vorhandenen Bohrmaschinen des vereinbarten Typs übertragen, was zulässig ist („AllFormel"). Wenn später weitere typengleiche Maschinen dazu kommen, ändert dies nichts an der ursprünglichen Bestimmbarkeit der Einigung und kann die wirksam abgeschlossene Übereignung nicht mehr in Frage stellen. Sollten durch die Hinzufügung von zehn weiteren identischen Maschinen die einzelnen Maschinen S bzw. der G-Bank mangels jeglicher Unterscheidungsmerkmale nicht mehr zugeordnet werden können (Tatfrage), dürfte es sich um eine Vermengung handeln (§ 948 BGB, vgl. Rn. 124), was zur Konsequenz hätte, dass S und die G-Bank Miteigentum an sämtlichen Schlagbohrmaschinen dieses Typs erlangt haben. Will die G-Bank ihren ideellen Anteil in Höhe von 5/6 der Gesamtzahl in einen realen Anteil verwandeln (§ 752 BGB), müsste sie gem. § 749 Abs. 1 BGB Aufhebung der Gemeinschaft verlangen.

Hinweis: Ein Herausgabeanspruch ergibt sich auch aus dem Sicherungsvertrag, danach war hier aber nicht gefragt.

b) Die auflösend bedingte Übereignung

272 Das wirtschaftliche Interesse der Parteien besteht darin, das Eigentum des Sicherungsgebers als Sicherheit für eine oder mehrere Forderungen einzusetzen. Sobald die Forderungen getilgt sind, hat der Sicherungsnehmer kein Sicherungsinteresse mehr, so dass das Eigentum auf den Sicherungsgeber zurückfallen soll. Die Verpflichtung zur Rückübertragung ergibt sich aus dem Sicherungsvertrag (vgl. Rn. 278). Das gleiche Ergebnis können die Parteien erreichen, wenn sie – ähnlich der Konstruktion beim Eigentumsvorbehalt (vgl. Rn. 234) – die Sicherungsübereignung unter der **auflösenden Bedingung** (§ 158 Abs. 2 BGB) erklären, dass die zu sichernden Forderungen getilgt sind und damit der Sicherungszweck erreicht ist. Eine solche Rechtskonstruktion hätte verschiedene Auswirkungen, die die Position des Sicherungsgebers stärken:

- Eine sicherungsvertragswidrige Verfügung des Sicherungsnehmers über das Sicherungsgut wäre gegenüber dem Sicherungsgeber (relativ) unwirksam (§ 161 Abs. 1 und 2 BGB).
- Aufgrund seiner gesicherten Rechtsposition hat der Sicherungsgeber während der Sicherungszeit ein Anwartschaftsrecht (vgl. Rn. 251 ff.) am Sicherungsgut.
- Mit Erlöschen der gesicherten Forderungen fällt das Eigentum ohne weitere Rechtshandlungen auf den Sicherungsgeber zurück.

Für den Sicherungsnehmer ist die Vereinbarung einer auflösenden Bedingung dagegen nachteilig, da sie in der Praxis die Verwertung des Sicherungsgutes erschwert. Der Sicherungsnehmer müsste wegen § 161 Abs. 2 BGB gegenüber dem potentiellen Käufer nämlich nachweisen, dass die auflösende Bedingung (Tilgung der Forderung) nicht mehr eintreten kann.

273 Die grundsätzliche Möglichkeit, eine solche auflösend bedingte Übereignung zu vereinbaren, steht nicht in Frage. Strittig ist aber, ob auch ohne ausdrückliche Vereinbarung analog der Regelung des § 449 Abs. 1 BGB für den Eigentumsvorbehalt im Zweifel von einer auflösend bedingten Übereignung ausgegangen werden kann. Generell muss die Übereignungserklärung, wenn sie nicht eindeutig ist, anhand der Umstände des Einzelfalls ausgelegt werden (§§ 133, 157 BGB). Da das Gesetz die Sicherungsübereignung gerade nicht als akzessorisches Recht ausgestaltet hat und die Vereinbarung einer Bedingung für den Sicherungsnehmer wie gesehen auch Nachteile bereitet, geht die Rspr. im Zweifel davon aus, dass keine bedingte Übereignung verabredet wurde (BGH NJW 1984, 1184, 1185 f.).

Fall: Als Sicherheit für ein Darlehen überträgt S eine Maschine auf die G-Bank, diese übereignet die Maschine abredewidrig weiter an den gutgläubigen D. Anschließend zahlt S das Darlehen zurück. a)

Wer ist Eigentümer? b) Wie ändert sich die Eigentumslage, wenn S und G vereinbart haben, dass mit Rückzahlung des Darlehens das Eigentum automatisch an S zurückfallen soll?

Lösung: a) S hat nach §§ 929, 930 BGB das Eigentum an der Maschine auf G übertragen. G hat unter Abtretung des gegenüber S bestehenden (zukünftigen) Herausgabeanspruchs (vgl. zum Herausgabeanspruch des Sicherungsnehmers Rn. 278) das Eigentum gem. §§ 929, 931 BGB wirksam auf D weiter übertragen. Dass G damit gegen seine gegenüber S bestehende schuldrechtliche Verpflichtung verstoßen hat, das Eigentum nicht weiter zu übertragen, ist gem. § 137 S. 1 BGB für die Beurteilung der sachenrechtlichen Rechtslage unbeachtlich. D ist somit Eigentümer der Maschine, daran ändert sich auch dann nichts, wenn S das Darlehen an G komplett zurückbezahlt hat.

b) Da die Übereignung von S an G auflösend bedingt war, wird die Zwischenverfügung an D gem. § 161 Abs. 1 und 2 BGB unwirksam, wenn durch Rückzahlung des Darlehens die Bedingung eintritt. Allerdings finden gem. § 161 Abs. 3 BGB die Vorschriften über den gutgläubigen Erwerb vom Nichtberechtigten entsprechende Anwendung, so dass die Sperrwirkung der § 161 Abs. 1 und 2 BGB überwunden werden könnte. Im vorliegenden Fall sind diese Voraussetzungen eigentlich gem. § 934 Alt. 1 BGB erfüllt, da die G-Bank mittelbare Besitzerin ist (Rn. 274). Fraglich ist allerdings, was aus dem Anwartschaftsrecht des S (Rn. 272) wird, das mit Bedingungseintritt zum Vollrecht erstarken soll. Über den Verweis in § 161 Abs. 3 BGB findet auf das Anwartschaftsrecht § 936 Abs. 3 BGB (vgl. Rn. 113 sowie die Parallelproblematik in Rn. 250) entsprechende Anwendung. Danach bleibt „das Recht“, hier also das Anwartschaftsrecht des S, bestehen und erstarkt mit Bedingungseintritt zum Vollrecht. Nach Rückzahlung des Darlehens ist damit wieder S Eigentümer.

2. Besitzmittlungsverhältnis

Die bei der Sicherungsübereignung übliche Eigentumsübertragung **274**
nach §§ 929, 930 BGB erfordert die Vereinbarung eines konkreten Besitzmittlungsverhältnisses (§ 868 BGB, vgl. Rn. 62), aus dem sich Begründung und Zweck der besitzrechtlichen Beziehung, die Art und Weise der Besitzausübung durch den Besitzer und die Beendigungsgründe ergeben. Ein solches Besitzmittlungsverhältnis stellt regelmäßig der Sicherungsvertrag dar, der als „ähnliches Verhältnis“ i.S.v. § 868

BGB gewertet werden kann. Der Sicherungsgeber mittelt als unmittelbarer Fremdbesitzer für den Sicherungsnehmer als mittelbaren Eigenbesitzer den Besitz.

3. Berechtigung des Veräußerers

275 Da sich die Sicherungsübereignung in ihren Tatbestandsvoraussetzungen nicht von einer „normalen" Übereignung unterscheidet, gilt auch hier: Der Sicherungsgeber muss selbst Eigentümer der zu übertragenden Sachen sein oder vom Eigentümer gem. § 185 Abs. 1 BGB dazu ermächtigt worden sein (vgl. Rn. 54). Fehlt es an der Berechtigung, erwirbt der Sicherungsnehmer kein Eigentum, es sei denn, der Tatbestand des gutgläubigen Erwerbs gem. §§ 932 ff. BGB ist erfüllt.

Beispiel: S leiht sich von E eine Maschine. Um seinen Kredit bei der G-Bank abzusichern, überträgt S die Maschine zur Sicherheit gem. §§ 929, 930 BGB auf die G-Bank. Die G-Bank hat keinen Anspruch auf Herausgabe aus § 985 BGB, da der gutgläubige Erwerb gem. § 933 BGB an der fehlenden Übergabe scheitert. Die G-Bank würde erst dann gutgläubig Eigentum erwerben, wenn ihr das Sicherungsgut zum Zwecke der Verwertung von S herausgegeben würde. Eine ähnliche Grundkonstellation liegt dem berühmten Fräsmaschinenfall zu Grunde (vgl. Rn. 95).

276 Die Frage der Berechtigung kann sich auch stellen, wenn der Sicherungsgeber Vorbehaltsware zur Sicherheit übereignet. Legt er seine Rechtsstellung gegenüber dem Erwerber offen und überträgt nur das **Anwartschaftsrecht**, handelt er als Berechtigter. Behauptet er dagegen wahrheitswidrig, Eigentümer der Ware zu sein, käme höchstens ein gutgläubiger Eigentumserwerb in Frage, der aus den oben genannten Gründen regelmäßig scheitert, zudem könnte sich der Vorbehaltsverkäufer ggf. auf § 161 Abs. 1 S. 1 BGB berufen. In einem solchen Fall könnte der Übereignungstatbestand aber gem. § 140 BGB in die Übertragung des Anwartschaftsrechts (vom Berechtigten!) umgedeutet werden, da in der Übereignung des Vollrechts Eigentum als Weniger auch die Übereignung des Anwartschaftsrechts steckt (vgl. Rn. 257).

III. Sicherungsvertrag

1. Abschluss des Sicherungsvertrags

277 Im Sicherungsvertrag, der grundsätzlich formfrei geschlossen werden kann, werden die Rechte und Pflichten von Sicherungsnehmer und Sicherungsgeber geregelt. Regelmäßig sind die Vertragsparteien Gläubiger und Schuldner der zu sichernden (Darlehens-)Forderung. Notwendig ist dies

aber nicht. Auch ein Dritter kann als Sicherungsgeber einspringen und für die Schuld eines anderen (des Schuldners) eine Sicherheit stellen.

Ein deutlich besseres Verständnis vom Sicherungsvertrag (und vom Sicherungseigentum allgemein) erhalten Sie, wenn Sie sich einen Sicherungsvertrag aus der Praxis einmal im Detail anschauen. Ein Muster finden Sie etwa in *Baur/Stürner*, Anhang 7.

2. Inhalt des Sicherungsvertrags

Üblicherweise werden u.a. folgende Punkte im Sicherungsvertrag geregelt: **278**

- **Zweckbestimmung**, die angibt, welche Forderungen durch die Sicherungsübereignung gesichert werden

  Möglich ist die Absicherung mehrerer, auch (sämtlicher) künftiger Forderungen des Gläubigers. Eine solche Klausel kann allerdings im Falle der Verwendung von AGB gegen § 305c BGB verstoßen. Überraschend im Sinne dieser Vorschrift dürfte eine solche Klausel vor allem dann sein, wenn der Sicherungsgeber davon ausgehen darf, mit seiner Sicherheit nur für einen bestimmten in der Höhe beschränkten Kredit zu haften, insbesondere wenn ein Dritter die Sicherheit aus Anlass einer beschränkten Kreditaufnahme des Schuldners stellt (vgl. Staudinger/*Mäsch*, § 305c Rn. 66 mit Nachweisen zur Rspr.)

- **Recht zum Besitz** des Sicherungsgebers und **Herausgabeanspruch** des Sicherungsnehmers

  Ein Recht zum Besitz ergibt sich aus dem Charakter des Sicherungsvertrags auch ohne ausdrückliche Vereinbarung und verhindert die Durchsetzung des Herausgabeanspruchs des Sicherungsnehmers wegen § 986 BGB. Das Recht zum Besitz entfällt bei Eintritt des Sicherungsfalls. Für letzteren Fall oder bei Gefährdung des Sicherungsguts wird für den Sicherungsnehmer ein (zusätzlicher) Herausgabeanspruch aus dem Sicherungsvertrag auch ohne ausdrückliche Erwähnung angenommen.

- **Ermächtigung** des Sicherungsgebers **zur Weiterveräußerung** von sicherungsübereignetem Umlaufvermögen

  Wenn der Sicherungsgeber sein Warenlager als Sicherheit einsetzt, muss ihm zur Aufrechterhaltung seines Geschäftsbetriebs die Weiterveräußerung der Ware möglich sein. Deshalb ist von einer solchen Ermächtigung auch ohne entsprechende Vereinbarung auszugehen. Im Sicherungsvertrag kann die Ermächtigung allerdings an bestimmte Voraussetzungen geknüpft werden. In der Praxis wird die Ermächtigung oft mit einer antizipierten Sicherungsabtretung der Kaufpreisforderung verknüpft. Entsprechend den Regelungen zum Eigentumsvorbehalt (vgl. Rn. 239 ff.) kann man insoweit von einer „verlängerten Sicherungsübereignung" sprechen.

- **Rückübereignungspflicht** des Sicherungsnehmers bei Wegfall des Sicherungszwecks

Auch ohne ausdrückliche Vereinbarung ergibt sich aus dem Sinn des Treuhandvertrags die Pflicht des Sicherungsnehmers zur Rückübereignung. Diese erfolgt, da sich das Sicherungsgut regelmäßig noch beim Sicherungsgeber befindet, nach § 929 S. 2 BGB (vgl. Rn. 56). Die Verjährung der gesicherten Forderung führt allerdings nicht zur Erledigung des Sicherungszwecks (§ 216 Abs. 2 BGB). Eine Rückübertragungspflicht bei Übersicherung wird oft in sog. **Freigabeklauseln** geregelt (vgl. Rn. 282).

– **Verwertung** des Sicherungsguts

Die Verwertung ist möglich nach Eintritt des Sicherungsfalls. Fehlt es an einer Festlegung des Zeitpunkts, kann auf die entsprechende Regelung beim Pfandrecht zurückgegriffen und der Sicherungsfall mit der Fälligkeit der Forderung angenommen werden (§ 1228 Abs. 2 S. 1 BGB analog). Auch für die Verwertung selbst können die Pfandrechtsregeln analog angewendet werden, so dass eine öffentliche Versteigerung durchzuführen ist. Den Parteien ist es jedoch unbenommen, im Sicherungsvertrag eine andere Verwertungsart (insbesondere freihändigen Verkauf) zu vereinbaren.

279 Fehlt eine vertragliche Regelung zu einem oder mehreren Punkten, ist die Lücke im Wege der ergänzenden Vertragsauslegung zu schließen. Liegt eine Regelung vor, weicht diese aber von den üblichen Parteiinteressen ab, ist – insbesondere wenn es sich wie üblich um AGB handelt – die Wirksamkeit der Regelung zu prüfen.

Selbst wenn im Klausursachverhalt nur mitgeteilt wird, dass eine Sicherungsübereignung stattgefunden hat, ohne den Abschluss eines Sicherungsvertrags zu erwähnen, kann bei der Bearbeitung davon ausgegangen werden, dass zumindest konkludent eine Regelung hinsichtlich der zentralen Punkte geschlossen wurde.

Fall: Auf Bitten seines Kreditgebers G übereignet S diesem seinen PKW. Sie vereinbaren, dass S den Wagen weiter nutzen darf und dieser für G nur als Sicherheit für einen Kredit in Höhe von 20.000 € dienen soll. Bei Fälligkeit des Kredits zahlt S nicht. G veräußert daraufhin den PKW an D und übereignet ihm den Wagen nach §§ 929, 931 BGB. S verweigert die Herausgabe an D. Er ist der Auffassung, die Veräußerung sei unwirksam, da man keine entsprechenden Vereinbarungen getroffen habe. Zudem hätte bei einer öffentlichen Versteigerung unstreitig ein um 10% höherer Erlös erzielt werden können. Wie ist die Rechtslage?

Lösung: D kann von S die Herausgabe des Fahrzeugs gem. § 985 BGB verlangen. Da G Eigentümer des Wagens und damit Berechtigter war, konnte er das Eigentum gem. §§ 929, 931 BGB durch Abtretung des Herausgabeanspruchs auf D übertragen. Ob ihm die Übereignung in der vorliegenden Form nach dem Sicherungsvertrag gestattet war, spielt für die dingliche Wirksamkeit der Übereignung keine Rolle (§ 137 S. 1 BGB). Auch kann S sich nicht auf § 986 Abs. 2 BGB berufen. Zwar ergibt sich selbst ohne ausdrückliche Regelung ein Recht des Sicherungsgebers zum Besitz, allerdings ist dieses bei Eintritt des Sicherungsfalls erloschen. Da die Parteien den Zeitpunkt nicht ausdrücklich geregelt haben, kann § 1228 Abs. 2 BGB analog angewendet werden. Somit ist das Recht zum Besitz mit Fälligkeit der gesicherten Forderung entfallen. S kann aber gem. § 280 BGB Schadensersatz in Höhe von 10% des Verkaufserlöses von G verlangen. Da eine ausdrückliche Regelung zur Verwertung des Sicherungsgutes nicht vorlag, ist davon auszugehen, dass die Regelungen zur Verwertung eines Pfandes analoge Anwendung finden. Gegen diese Vorschriften hat G schuldhaft verstoßen. Weder hat er den Verkauf angedroht (§ 1234 BGB), noch hat er den Weg der öffentlichen Versteigerung gewählt (§ 1235 BGB).

IV. Sittenwidrigkeit, insbesondere Übersicherung

1. Sittenwidrigkeit des Sicherungsvertrags

a) Fallgruppen

Rspr. und Literatur diskutieren unter den Aspekten der **Benachteiligung des Sicherungsgebers** (Fallgruppen der Knebelung und der Übersicherung) und der **Benachteiligung anderer Gläubiger** (Fallgruppen der Gläubigergefährdung, der Insolvenzverschleppung und des Kreditbetrugs) die Nichtigkeit des Sicherungsvertrags wegen Sittenwidrigkeit. 280

Ein Fall von **Knebelung** liegt vor, wenn die Vereinbarung im Sicherungsvertrag zu einer wirtschaftlichen Abhängigkeit des Sicherungsgebers in so hohem Maße führt, dass dieser in seiner wirtschaftlichen und sozialen Lebensstellung quasi vernichtet wird (Staudinger/*Heinze*, Anh. zu §§ 929–931 Rn. 82). Erforderlich ist stets eine umfangreiche Gesamtabwägung der objektiven und subjektiven Gesamtumstände.

b) Übersicherung

Von einer Übersicherung spricht man, wenn zwischen der gesicherten Forderung und dem Wert des Sicherungsgutes ein erhebliches Missverhältnis besteht, der Gläubiger also viel mehr erhält, als er zur Absicherung seiner Forderung benötigt. Für die Frage, wann eine Übersicherung vorliegt und welche Rechtsfolgen daran zu knüpfen sind, differenziert die Rspr. zwischen anfänglicher und nachträglicher Übersicherung. Nur bei anfänglicher Übersicherung kann der Sicherungsvertrag sittenwidrig sein (BGH GSZ NJW 1998, 671 ff., zentrale Entscheidung: lesen!). 281

282 Kommt es erst im Laufe der Zeit zu einem nicht nur vorübergehenden Missverhältnis zwischen Forderung und Wert der Sicherheiten, etwa weil die zu sichernde Forderung schon teilweise getilgt wurde oder weil sich der Bestand eines übereigneten Warenlagers weiter erhöht, spricht man von **nachträglicher Übersicherung**. Um diese Situation zu vermeiden, werden in Sicherungsverträgen oft sog. Freigabeklauseln vereinbart. Nach der neueren Rspr. besteht ein ermessensunabhängiger Freigabeanspruch des Sicherungsgebers aber selbst dann, wenn eine entsprechende ausdrückliche Regelung im Vertrag fehlt (BGH GSZ a.a.O.). Das heißt, der Sicherungsgeber kann, wenn die Übereignung nicht ohnehin bedingt erklärt wurde (vgl. Rn. 272), die Sicherheiten herausverlangen, die zur Sicherung der Forderung endgültig nicht mehr benötigt werden. Die Rückgabepflicht folgt gem. § 157 BGB aus dem treuhänderischen Charakter des Sicherungsvertrags und den Interessen der Parteien.

Klauseln in formularmäßigen Sicherungsverträgen, die diesen Anspruch beschränken, etwa weil sie ihn ins Ermessen des Sicherungsnehmers stellen, verstoßen gegen § 307 BGB. An Stelle der unwirksamen Klauseln soll auch in diesen Fällen der ermessensunabhängige Freigabeanspruch treten. Da der Sicherungsgeber somit zu viel geleistete Sicherheit zurück erhält, besteht für die Anwendung von § 138 BGB kein Bedarf.

283 Wann aber kann von einem entsprechenden Missverhältnis ausgegangen werden? Nach Ansicht der Rspr. liegt eine Übersicherung vor, wenn der realisierbare Wert der Sicherheiten 110% der zu sichernden Forderung übertrifft. Den pauschalen Zuschlag von 10% begründet man in Anlehnung an § 171 InsO mit üblichen Feststellungs- und Verwertungskosten, die beim Sicherungsnehmer anfallen können. Ausgangspunkt für die Bewertung des Sicherungsgutes soll – sofern ausnahmsweise vorhanden – der einfach feststellbare Marktpreis sein, anderenfalls soll, um zeitaufwändige Sachverständigengutachten zu vermeiden, auf den Einkaufs- bzw. bei Eigenherstellung auf den Herstellungswert abgestellt werden. Da der realisierbare Wert eines Warenlagers in der Krise aber regelmäßig hinter dem so festgestellten Schätzwert zurück bleibt, macht der BGH in Anlehnung an den Rechtsgedanken des § 237 BGB einen Abschlag von einem Drittel. Eine Übersicherung liegt demnach im Zweifel vor, wenn der Schätzwert 150% der gesicherten Forderungen übersteigt. In dieser Rechnung sollen dann allerdings die 10% Kosten bereits enthalten sein.

284 Eine **anfängliche Übersicherung** liegt demgegenüber vor, wenn bereits bei Vertragsschluss feststeht, dass der Wert der Sicherheiten in einem auffälligen Missverhältnis zu der gesicherten Forderung steht. Um den Wert der Sicherheiten zu bestimmen, erlaubt die Rspr. allerdings keinen Rückgriff auf die Bewertungskriterien, die bei nachträglicher

Übersicherung herangezogen werden. Stattdessen soll dieser unter Berücksichtigung des Einzelfalls ermittelt werden (BGH NJW 1998, 2047). In der Literatur wird diskutiert, ob ein auffälliges Missverhältnis jedenfalls dann gegeben sein soll, wenn der realisierbare Wert der Sicherheiten doppelt so hoch ist wie die zu sichernde Forderung (*Baur/Stürner*, § 57 Rn. 29e). Liegt eine Übersicherung vor, ist der Sicherungsvertrag bei Vorliegen auch des subjektiven Tatbestands, insbesondere bei rücksichtslosem Handeln des Sicherungsnehmers, gem. § 138 BGB nichtig.

2. Sittenwidrigkeit der Sicherungsübereignung

Die Antwort auf die Frage, welche Konsequenzen die Sittenwidrigkeit des Sicherungsvertrags für die Sicherungsübereignung hat, ist umstritten. Wegen des Abstraktionsprinzips kann jedenfalls nicht einfach davon ausgegangen werden, dass die Sittenwidrigkeit des Verpflichtungsgeschäfts (Sicherungsvertrag) quasi automatisch die Sittenwidrigkeit der Übereignung zur Folge hat. Vielmehr gilt, dass die dingliche Einigung grundsätzlich „sittlich neutral" ist. Die wohl h.M. geht allerdings davon aus, dass die Unsittlichkeit in den oben diskutierten Fällen gerade im Vollzug der Leistung liegt, so dass die Unwirksamkeit auf das dingliche Geschäft durchschlägt (vgl. Staudinger/*Heinze*, Anh. zu §§ 929–931 Rn. 98). **285**

Schlägt die Sittenwidrigkeit auf das Verfügungsgeschäft durch, spricht man von **Fehleridentität** (vgl. Rn. 32).

V. Sicherungseigentum in Insolvenz und Zwangsvollstreckung

Welche Rechte Sicherungsgeber bzw. Sicherungsnehmer bei Insolvenz des jeweiligen Vertragspartners und bei Zwangsvollstreckungsmaßnahmen in dessen Vermögen zustehen, hängt davon ab, ob die Sicherungsübereignung in diesem Zusammenhang wie ein Pfandrecht oder wie „normales" Eigentum zu behandeln ist. Zwar stellt die Sicherungsübereignung rechtlich formal die Übertragung des Vollrechts Eigentum dar, wirtschaftlich wollen die Parteien aber eigentlich ein besitzloses Pfandrecht schaffen. **286**

1. Rechte des Sicherungsnehmers

Bei **Insolvenz** des Sicherungsgebers räumt die Rspr. dem Sicherungsnehmer kein Aussonderungsrecht gem. § 47 InsO ein, sondern gesteht ihm nur ein Recht auf abgesonderte Befriedigung gem. § 51 Nr. 1 InsO **287** zu, er wird also – der eigentlichen Intention der Parteien entsprechend – nicht wie ein Eigentümer, sondern wie ein Pfandgläubiger behandelt.

288 Dementsprechend wollen Teile der Literatur dem Sicherungsnehmer auch im Falle der **Zwangsvollstreckung** in das Sicherungsgut beim Sicherungsgeber nur das Recht auf abgesonderte Befriedigung gem. § 805 ZPO zugestehen. Die Rspr. und die h.M. stellen hier dagegen auf die Eigentümerstellung des Sicherungsnehmers ab und gewähren ihm das Recht, eine Drittwiderspruchsklage gem. § 771 ZPO zu erheben.

2. Rechte des Sicherungsgebers

289 Wenn ausnahmsweise der **Sicherungsnehmer insolvent** wird, behandeln Rspr. und h.M. den Sicherungsgeber, obwohl er sein Eigentum im Wege der Sicherungsübereignung übertragen hat, dennoch wie einen Eigentümer und gewähren ihm entsprechend dem lediglich treuhänderischen Charakter der Sicherungsübereignung ein Aussonderungsrecht nach § 47 InsO. Der Sicherungsgeber kann seinen Anspruch auf Aussonderung allerdings erst durchsetzen, wenn der Sicherungszweck durch Tilgung der Forderung oder aus anderen Gründen weggefallen ist.

290 Der Fall der **Zwangsvollstreckung** in das Sicherungsgut durch Gläubiger des Sicherungsnehmers dürfte in der Praxis nur selten vorkommen. Da sich das Sicherungsgut regelmäßig beim Sicherungsgeber befindet, kommt eine Zwangsvollstreckung wegen §§ 808, 809 ZPO nicht in Frage. Missachtet der Gerichtsvollzieher den Gewahrsam des Sicherungsgebers, kann dieser sich schon gegen die Art und Weise der Vollstreckung gem. § 766 ZPO wehren. Hat ausnahmsweise doch der Sicherungsnehmer das Sicherungsgut im Gewahrsam, so dass eine Zwangsvollstreckung durch Gläubiger des Sicherungsnehmers zunächst einmal formal korrekt erfolgen kann, gewähren Rspr. und h.M. dem Sicherungsgeber (insoweit konsequent zum Parallelfall in der Insolvenz) ein Widerspruchsrecht gem. § 771 ZPO.

Insbesondere die Rechtslage bei Vermögensverfall des Sicherungsgebers ist von großer Praxisrelevanz und bietet dem Prüfer eine gute Möglichkeit, sachenrechtliche Fragen mit den prüfungsrelevanten Grundlagen der Zwangsvollstreckung und des Insolvenzrechts zu kombinieren (vertiefend *Baur/Stürner*, § 57 Rn. 30 ff. und *Baur/Stürner/Bruns*, Rn. 46.8).

E. Kollision verschiedener Sicherungsrechte

291 Kollisionen zwischen verschiedenen Sicherungsrechten sind möglich, wenn mehrere Sicherungsgeber für die gleiche Schuld eine Sicherheit gestellt haben oder wenn der Sicherungsgeber denselben Gegenstand mehreren Sicherungsnehmern als Sicherheit zur Verfügung gestellt hat. Die hier dargestellten Konstellationen haben eine besonders hohe Praxis- und Klausurrelevanz.

I. Verlängerter Eigentumsvorbehalt und Globalzession

Bei der Kollision von verlängertem Eigentumsvorbehalt und Globalzession streiten **Finanzgläubiger** (regelmäßig eine Bank) und **Warengläubiger** (Lieferanten) um die Inhaberschaft einer Forderung: **292**

Fall: Unternehmer U nimmt bei der Bank B einen Kredit auf. Zur Sicherheit lässt sich B alle gegenwärtigen und künftigen Ansprüche aus dem Geschäftsverkehr des U gegen Dritte abtreten (sog. Sicherungsglobalzession). Anschließend erwirbt U Ware beim Lieferanten L unter verlängertem Eigentumsvorbehalt. Die Ware verkauft er mit Zahlungsziel drei Monate an D. Wer ist Inhaber der Kaufpreisforderung?

Lösung: Der Kaufvertrag ist zwischen U und D zustande gekommen. Allerdings hatte U seinen Anspruch aus § 433 Abs. 2 BGB im Voraus bereits sowohl an B (Globalzession) als auch an L (im Rahmen des verlängerten EV, vgl. Rn. 241 f.) gem. § 398 BGB abgetreten. Da eine Abtretung – obwohl im Schuldrecht geregelt – eine Verfügung darstellt (wichtig!), gilt grundsätzlich das **Prioritätsprinzip**, wonach die zeitlich frühere Abtretung wirksam ist. Demnach müsste B die Forderung erworben haben und die zweite Abtretung im Rahmen der Vereinbarung mit L ins Leere gehen, da U zu diesem Zeitpunkt nicht mehr Inhaber der Forderung war. Ständige Rspr. und h.M. kommen im Ergebnis wegen der sog. **„Vertragsbruchtheorie"** dennoch zur Bevorzugung des Warenlieferanten: Eine zur Sicherung eines Kredits vereinbarte Globalzession künftiger Kundenforderungen an eine Bank soll nämlich i.d.R. sittenwidrig und nichtig sein (§ 138 BGB), wenn sie nach dem Willen der Vertragsparteien auch solche Forderungen umfasst, die der Schuldner seinen Lieferanten aufgrund verlängerten Eigentumsvorbehalts künftig abtreten muss. Denn der Unternehmer, dem Waren branchenüblich ausschließlich unter verlängertem Eigentumsvorbehalt geliefert werden, wird aufgrund der Globalzession zur Täuschung und zum Vertragsbruch gegenüber seinem Lieferanten verleitet, weil er bei Offenlegung der Globalzession keine Ware mehr auf Kredit erhalten und damit wirtschaftlich in eine Zwangslage geraten würde (BGH NJW 2005, 1192 m.w.N.). Bei nichtiger Globalzession ist die in Folge des verlängerten Eigentumsvorbehalts vereinbarte Abtretung wirksam. Demnach ist L Inhaber der Forderung geworden.

293 In der Praxis versuchen Banken, die Wirksamkeit der Globalzession im Hinblick auf die soeben dargestellte Rspr. zu retten, indem sie mit dem Kreditnehmer einen Ausschluss der Forderungen von der Globalzession vereinbaren, die einem verlängerten Eigentumsvorbehalt unterfallen. Eine solche **Teilverzichtsklausel** akzeptiert die Rspr. aber nur, wenn sie quasi **dingliche Wirkung** hat, also schon die Abtretung der konkreten Forderung verhindert. Obligatorische Teilverzichtsklauseln, die dem Kreditnehmer nur einen schuldrechtlichen Anspruch gegen die Bank auf Rückübertragung einschlägiger Forderungen einräumen, reichen dagegen nicht aus, da sie dem Kreditnehmer und damit auch den Warenlieferanten das Insolvenzrisiko der Bank aufbürden.

294 Anders beurteilt die Rspr. grundsätzlich den Fall, dass der Unternehmer im Rahmen eines **echten Factoringverhältnisses** (= Verkauf von Forderungen gegen Abschlag mit Übernahme des Zahlungsausfallrisikos durch den Käufer, vgl. § 453 BGB) mit der Bank als Ankäufer (= Factor) eine Globalzession vereinbart. Denn in einem solchen Fall kann der Vorbehaltsverkäufer auf das von der Bank für die Forderung gezahlte Entgelt zurückgreifen und steht nicht schlechter, als wenn der Vorbehaltskäufer die offene Kaufpreisforderung gegen den Dritten aufgrund seiner Ermächtigung (vgl. Rn. 241 f.) eingezogen hätte (zu den Details ausführlich vgl. *Vieweg/Lorz*, § 11 Rn. 25 ff.).

II. Sicherungsübereignung und Vermieterpfandrecht

295 Vereinbaren Sicherungsgeber und Sicherungsnehmer, dass alle in einen bestimmten Raum verbrachten oder dort bereits lagernden Waren zur Sicherheit übereignet werden sollen (sog. „**Raumsicherungsvertrag**“, vgl. Rn. 269), stellt sich die Frage, ob das Sicherungseigentum mit einem Vermieterpfandrecht belastet ist, wenn der betreffende Raum vom Sicherungsgeber angemietet wurde. Dies ist wohl nicht der Fall, wenn der Sicherungsnehmer schon vor Einbringung der Ware in den angemieteten Raum Sicherungseigentum erworben hatte, da sich ein Pfandrecht gem. § 562 Abs. 1 BGB nur auf die eingebrachten Sachen des Mieters erstreckt (offengelassen aber in BGHZ 117, 200, 207). Schwieriger ist die Situation, wenn Pfandrecht und Sicherungseigentum eigentlich gleichzeitig entstehen würden:

Fall: Unternehmer U mietet von V eine Lagerhalle. Mit der Bank B vereinbart U, dass diese an allen Waren, die sich gegenwärtig in der

Lagerhalle befinden oder künftig dorthin verbracht werden, zur Sicherung eines bestehenden Kredits Eigentum erlangen soll. Zum Zeitpunkt des Abschlusses dieser Vereinbarung befand sich bereits eine größere Menge Kupfer in der Halle. Später hat U noch Zink und unter Eigentumsvorbehalt erworbenes Messing in der Halle gelagert. V fragt, ob ihm an den Rohstoffen ein Vermieterpfandrecht zusteht.

Lösung: Hinsichtlich des Kupfers war ein Vermieterpfandrecht gem. § 562 BGB bereits vor der Sicherungsübereignung entstanden, so dass U nur entsprechend belastetes Eigentum übertragen konnte. Die Voraussetzungen eines gutgläubig lastenfreien Erwerbs gem. § 936 Abs. 1 S. 3 BGB liegen mangels vollständiger Besitzaufgabe des U nicht vor (vgl. Rn. 113). Schwieriger ist die Situation beim Zink. Hier fallen Entstehung des Vermieterpfandrechts und Sicherungsübereignung im Zeitpunkt der Einbringung in die Halle zusammen. Teile der Literatur wollen beide Sicherungsrechte deshalb gleichrangig behandeln und einen potentiellen Verwertungserlös zwischen ihnen aufteilen (vgl. MüKo/*Oechsler*, Anhang nach §§ 929–936 Rn. 23 m.w.N.), der Bundesgerichtshof hat sich aber für einen **Vorrang des Vermieterpfandrechts** entschieden. Geboten sei eine rechtlich einheitliche Behandlung von Waren, die im Zeitpunkt des Übereignungsvertrags bereits in den Mieträumen lagerten, und solchen Waren, die dem Mieter erst später geliefert worden seien. Dies gelte im Ergebnis ebenfalls für Ware, die der Mieter unter Eigentumsvorbehalt erhalten habe (vgl. BGHZ 117, 200 ff.), so dass V auch ein Pfandrecht am Messing zusteht. Zwar ist U nie Eigentümer des Messings geworden (kein Durchgangserwerb!), das Vermieterpfandrecht entstand aber am Anwartschaftsrecht und setzte sich bei Erstarken zum Vollrecht an diesem fort (vgl. Rn. 254).

III. Pfandrecht und Bürgschaft

Hat für die Forderung des Gläubigers eine Person gebürgt (Personalsicherheit) und eine andere ein Pfand gegeben (Realsicherheit), stellt sich die Frage, wer bei endgültigem Ausfall des Schuldners letztlich auf dem Schaden „sitzen bleiben“ soll: **296**

Fall: Schuldner S schuldet Gläubiger G 10.000 €. Auf Bitten des S hat sich sein Freund F bereit erklärt, für diese Summe gegenüber G zu bürgen, seine Mutter M hat G für die gleiche Schuld ein Goldstück im Wert von ebenfalls 10.000 € verpfändet. Nachdem über das Vermögen des S das Insolvenzverfahren eröffnet wurde, zahlt F die 10.000 € an G. Wie ist die Rechtslage?

Lösung: Zahlt der Bürge F, müsste die gesicherte Forderung des G gegen S gem. § 774 Abs. 1 BGB auf diesen übergehen. Dies hätte zur Folge, dass auch das bestehende Pfandrecht gem. §§ 412, 401 BGB auf F übergeht, so dass er sich aus dem Pfand befriedigen könnte und am Ende die Pfandgeberin M den Schaden hätte. Diese Lösung hat weder die Rspr. noch die Literatur überzeugt. Denn hätte umgekehrt M den G befriedigt, wäre die Forderung des G gegen S auf sie mit der bestellten Bürgschaft übergegangen (§§ 1225, 412, 401 BGB), so dass nunmehr M bei F gem. § 765 BGB Regress hätte nehmen können. Die konsequente Anwendung der gesetzlichen Regeln würde also dazu führen, dass derjenige am Ende ohne Schaden bliebe, der den ursprünglichen Gläubiger als erstes befriedigt. Deshalb wird diese Konstellation auch als „**Wettlauf der Sicherungsgeber**" bezeichnet. Rspr. und h.M. lösen derartige Fälle über den Rechtsgedanken des § 774 Abs. 2 BGB: Zur Vermeidung von Zufallsergebnissen sei es geboten, dass mehrere auf gleicher Stufe stehende Sicherungsgeber ohne eine zwischen ihnen getroffene Vereinbarung untereinander **entsprechend den Gesamtschuldregeln (§ 426 Abs. 1 BGB)** zur Ausgleichung verpflichtet sind, hier also F und M den Schaden im Innenverhältnis im Ergebnis je zur Hälfte tragen (vgl. nur BGHZ 108, 179 ff. m.w.N.).

297 Eine entsprechende Situation wie im vorstehenden Fall gibt es bei einem Nebeneinander von Pfandrecht und Hypothek oder von Hypothek und Bürgschaft. Auch in diesen Fällen erscheint ein Ausgleich über § 426 BGB sinnvoll. Die Rspr. wendet diesen allgemeinen Rechtsgedanken auch auf ein Nebeneinander von Bürgschaft und nichtakzessorischen Sicherheiten – etwa Grundschulden – an (vgl. BGHZ 108, 179 ff.).

Stichwortverzeichnis

(Die Zahlen verweisen auf die Randnummern des Buches)